임계주역 I 육십사괘 해

▣ 이규희(李圭姬)

■ 60평생을 주역과 함께 살았다.

어릴 시절부터, 주역으로 일가를 이루신 부친(白山 李元玉선생)으로부터 주역 이야기를 듣고 자랐다. 성인이 된 뒤 국역연수원에서 성백효 선생님께 주역을 수학하였고, 성균관대학교 대학원 시절에는 이기동 선생님 등 여러 선생님들께 주역을 배웠다. (사)유도회 한문연수원에서 故 장재한 선생님(한문연수원 원장 역임)께 주역을 수학하면서 주역에 더욱 관심을 갖게 되었다.
방송통신대학교 중어중문학과를 졸업한 뒤 주역 이론을 좀더 체계적으로 정립하기 위해 성균관대학교 대학원에 진학했다. 성균관대 대학원에서 석사·박사학위를 취득했다.

주역을 공부하는 한편으로 한국외국어대학교, 중앙대학교, 서경대학교에서 10여년간 한문과 주역 강의를 병행하였다. 현재는 삼일문화원 출판사 소속 임계학당을 운영하며 주역 등을 가르치고 있다.

■ 박사학위 논문으로 「주역의 도덕 실천 원리와 방법에 관한 연구」, 석사 논문으로 「천자문의 철학적 사유 형태에 관한 연구」가 있다. 이 밖에 「주역에서의 '시중지덕'에 대한 고찰」, 「주역의 '도'의 실천 방법에 관한 연구」 등의 논문이 있다.

저서로는 『주역의 연원과 한중 역학의 지평』(공저)이 있다.

▣ 조현숙(趙賢淑)

■ 성균관대학교 유학대학원 석사졸업
■ ㈜ 티케이물산 대표

▣ 최경애(崔卿愛)

■ 한국외국어대학교 철학과 강사
■ 고운 최치원도서관 연구원

임계주역 I 육십사괘 해

林溪周易 I · 六十四卦 · 解

이규희 역주

조현숙 · 최경애 교열

三 一 文 化 院

　인간은 자연으로부터 태어나 자연에서 머물다 다시 자연으로 돌아간다. 자연의 변화는 저절로 그러한 것이고, 저절로 그러한 것을 '도道'라 한다. 그 도[自然]의 변화인 계절[春夏秋冬]을 따라서 만물은 저절로 싹이 트고 자라나고 열매 맺고 씨알을 굳게 지키는 동작[생장수장(生長收藏)]을 끝없이 반복 순환하는데, 이것을 '덕德'이라고 한다. 말하자면 도와 덕의 근원은 자연이라는 것이다. 이러한 자연의 변화인 도에 인간이 알맞게 대처하는 것을 '덕행(德行)' 또는 '시중(時中)'이라 한다.

　자연 현상과 마찬가지로 끊임없이 변화하는 인간사 또한 자연의 법칙을 따른다. 이 법칙에 따르는 도의 실천을 서술한 것이 『주역』이다. 『주역』은 인간사에서 나타날 수 있는 변화의 양상을 여덟 가지의 자연을 설정하여 거기에 음양의 부호와 숫자를 붙여, 선현들이 전하고자 하는 심오한 뜻을 실어 표현한 것이다.

　이 『주역』은 원래 점치는 책으로 시작하였지만, 인문학자인 공자의 해석을 거치면서 자연의 변화에 대한 인간의 대응 방법으로서 도(道)와 덕(德)의 개념이 부여되었다. 공자는 자연이 저절로 변화하는 일정한 법칙을 '도(道)'라고 하였으며, 자연의 변화에 알맞게 대응하는 것이 '덕(德)'이라는 철학적 사유를 부여하신 것이다.

주역에서 설정한 자연의 법칙을 인사에 적용해 도를 따르면 '길'하고 거스르면 '흉'하다는 경고를 제시했다. 또 자신의 과오를 깨달아서 길함으로 향하는 '회(悔)'와 미리 헤아리지 못하여 흉함으로 나아가는 '막힘(吝)', 즉 '길흉회린(吉凶悔吝)'이라는 길의 방향을 제시하여 개과천선(改過遷善)하도록 권면하였다. 따라서 『주역』은 부단한 자기 수양을 통해서 도를 거스르지 않고 알맞게 대처하고 일관되게 덕행을 실천하여 인간의 삶을 성공으로 안내하는 생활의 지침서라 하겠다.

현대인은 기상학의 발달로 일기예보를 보고 날씨 변화에 대처한다. 주역점은 인간이 간여하는 일의 변화로 인해서 봉변당하지 않고 능히 대처하여 순조롭게 하려고 만든 것이다. 그래서 공자께서는 "역은 어떤 사안에 대하여 미리 헤아려 대처함으로써 일을 이루게 하려고 만든 것이다"라고 말씀하셨다.

최근에 학위 논문을 쓰면서, 주역에 이러한 '자연·인도·덕행' 이 세 가지의 깊은 내용이 인간의 삶 속에 담긴 '길흉화복'과 긴밀하게 연관되어 있으며, 주역 속에 철학적 사상으로 표현되어 있다는 사실을 깨달았다. 이를 독자들과 공유하기 위하여 책을 쓰겠다는 목표를 세우게 되었다.

다년간 학교와 여러 단체에서 주역 강의를 하면서, 좀 더 접근하기 편안하고, 이해하기 쉬운 주역책를 써 달라는 요청이 있었다. 부족하나마 그 요구를 이 책에 반영하기 위하여 다음 네 가지 특징을 담아내고자 하였다.

첫째, 육십사괘의 괘상 아래에 각각 자연과 인도와 덕행을 도표화하여 한괘의 대의를 이해하기 쉽도록 정리 하였다.

둘째, 독자들에게 난해한 부분을 해소하기 위하여 자간(字間)에 숨어 있는 뜻을 최대한 펼쳐서 풀이하였다.

　셋째, 본문에 등장하는 특수한 용어는 도표를 이용하여 이해하기 편리하도록 하였다.

　넷째, 전문가와 일반 독자들이 두루 읽을 수 있도록 원문을 넣되 쉽게 풀이하였다.

　아무쪼록 이 책을 통해 주역이 우리 일상생활의 일기예보와 같이, 앞으로 다가올 일을 미리 알려주는 인생길의 예보자이며, 동시에 도와 덕의 실천을 통하여 막히지 않고, 후회가 없는 삶을 영위하기 위한 '인생철학의 안내자'라는 사실을 알게 되기를 바라는 마음이다. 독자 여러분의 애정어린 질정을 바란다.

　　　　　신축辛丑년 초하初夏에　이규희李圭姬 쓰다.

■ **주역상경**

▣ 주역하경

주 역 상 경

1. 중천건(重天乾)

☰ 건상(乾上) 건하(乾下)

자연(自然)	인도(人道)	덕행(德行)
天行健 春夏秋冬 천 행 건　춘 하 추 동	仁禮義智 · 本性 · 明德 인 예 의 지　본 성　명 덕	自彊不息 자 강 불 식

　　건괘의 자연은 위에 하늘[양]이 있고 아래에도 하늘[양]이 있어 하늘이 겹쳐 있는 형상으로, 하늘의 운행이 굳세어 쉬지 않고 끝없이 순환하고 유행하는 모습이다.

　　따라서 천도의 운행이 거침없이 유행하여 봄 · 여름 · 가을 · 겨울 사계절이 끊임없이 순환하는 것을 모방하여 설정한 인도는, 인간의 본성인 인 · 의 · 예 · 지를 상황에 맞게 실행하는 것이다.

　　인도를 실천하는 덕행은 하늘에서 부여받은 본성[양심]을 쉬지 않고 실현하여 도덕적 삶을 향유하는 것이다.

乾은 元코 亨코 利코 貞하니라
건　　원　　형　　이　　정

⇨ 건괘는 원하고 형하고 이하고 정한 것이다.

☞ 건은 굳세어 쉼이 없는 것을 이르니, 원형이정은 하늘의 운행순서를 말한다.

　　원형이정을 지도로 보면 춘하추동이 되고, 인도로 보면 인예의지가 되고, 만물

　　로 보면 생장수성이 된다.(地道春夏秋冬　人道仁禮義智　萬物生長遂成)

彖曰 大哉라 乾元이여 萬物이 資始하나니 乃統天
단왈 대재　　건원　　　만물　　자시　　　　내통천

이로다 雲行雨施하여 品物이 流形하나니라 大明終
　　　 운행우시　　　품물　 유형　　　　　 대명종

始하여 六位時成하나니 時乘六龍하여 以御天하나
시　　 육위시성　　　　 시승육용　　　 이어천

니라 乾道變化에 各正性命하나니 保合大和하니 乃
　　 건도변화　 각정성명　　　　 보합대화　　 내

利貞하니라 首出庶物에 萬國이 咸寧하나니라
이정　　　　 수출서물　 만국　 함녕

⇨ 단에 말하였다. "위대하다, 건의 원이여! 만물이 (그것을) 바탕으로 시작하

니, 이에 천도를 통솔하도다. 구름이 흘러 다니고 비가 내려 만물이 형체를 형성하는 과정이다. (성인이 천도의)시작과 끝을 크게 밝혀서 여섯 자리에 상황에 알맞게 (효사를)이루어 놓았으니, (군자는)상황에 알맞게 여섯 용(6효)을 이용하여 천도를 실천한다. 건도가 변화함에 각각 성명을 바르게 하고 대화를 보합하니, 곧 정도를 굳게 지킴이다. (성인이) 만인 중에 군주로 나옴에 만국이 모두 편안하게 된다."

☞ 단사는 주(BC1121~BC249)나라 문왕이 붙인 말로서 한 괘의 대의를 설명한 것이다. 대화를 보합한다는 것은, 천지 만물을 형성하는 과정, 즉 바람 불고, 춥고, 무덥고, 비 내리고, 햇빛이 강하며 건조한 것이니, 하늘이 만물의 원리原理를 모두 갖추고 있음을 이른다.

상사 象辭

象曰 天行이 健하니 君子 以하여 自彊不息하나니라
상 왈 천 행　　건　　　군 자 이　　　자 강 불 식

⇨ 상에 말하였다. "하늘의 운행이 굳세니 군자가 이 이치를 본받아서 스스로 힘쓰고 쉬지 않는다."

☞ 상은 대상과 소상이 있는데, 6효로 이루어진 것을 대상이라 하고, 3효로 이루어진 것을 소상이라 한다. 단사 아래의 상왈은 한 괘 전체의 상을 풀이한 것이라 대상전이라 하고, 효사 아래에 있는 상왈은 한 효의 상을 풀이한 것이라 소상전이라고 한다. 하늘의 도는 지극히 성실함이니, 군자의 성공은 오직 지극히 성실함에 달려 있음을 의미한다. 『서경』의 성공은 쉬지 않음에 달려 있다는 말과 같다.(功在不舍)

初九는 潛龍이니 勿用이니라　象曰 潛龍勿用은 陽
초구　　잠용　　　물용　　　　상왈　잠용물용　　　양

在下也라
재 하 야

▷ 초구는 못에 잠겨 있는 용이니, 쓰지 말아야 한다. 상에 말하였다. "잠겨
　　있는 용이니 쓰지 말라는 것은 양이 아래에 있기 때문이다."

☞ 양기가 아래에 있을 때에는 인간사로 보면 군자가 미천한 자리에 있어서 쓸
　　수가 없는 것과 같은 것이다.

九二는 見龍在田이니 利見大人이니라　象曰 見龍在
구이　　현룡재전　　　이견대인　　　　상왈　현룡재

田은 德施普也라
전　　덕시보야

▷ 구이는 출현한 용이 밭에 있으니, 대인을 만나봄이 이롭다. 상에 말하였
　　다. "출현한 용이 밭에 있다는 것은 덕을 베풂이 넓은 것이다."

☞ 대인을 만나봄이 이롭다는 것은 아직 지위를 얻지 못했기 때문이다. 2효에서
　　의 대인은 위에 있는 대인 5효를 가리킨다.

九三은 君子終日乾乾하여 夕惕若하면 厲하나 无咎
구삼　　군자종일건건　　　석척약　　　려　　　무구

리라 象曰 終日乾乾은 反復道也라
　　상왈　종일건건　　반복도야

⇨ 구삼은 군자가 종일토록 힘쓰고 힘써 저녁까지도 두려워하면 위태로우나 허물이 없는 것이다. 상에 말하였다. "종일토록 힘쓰고 힘쓴다는 것은 도리를 반복하여 익히는 것이다."

☞ 3효는 거듭 강하고 중도가 없으며, 하괘의 위에 있으니 위태로운 자리이다.

九四는 或躍在淵하면 无咎리라 象曰 或躍在淵은
구사　　혹약재연　　　　무구　　　상왈　혹약재연

進无咎也니라
진 무 구 야

⇨ 구사는 혹 뛰어오르더라도 연못에 있으면 허물이 없는 것이다. 상에 말하였다. "혹 뛰어오르더라도 연못에 있으면 허물이 없다는 것은 나아감에 허물이 없는 것이다."

☞ 4효는 내괘에서 외괘로 변화하는 자리이기 때문에, 변화에 적응하기 위하여 자신을 시험한 뒤에 나아가면 허물이 없는 것이다.

九五는 飛龍在天이니 利見大人이니라 象曰 飛龍
구오　　비룡재천　　　이견대인　　　　상왈　비룡

在天은 大人造也라
재천　　대인조야

⇨ 구오는 나는 용이 하늘에 있으니, 대인을 만나봄이 이롭다. 상에 말하였다. "나는 용이 하늘에 있다는 것은 대인의 일이다."

☞ 5효는 괘의 주체로써 강건하고 중정함으로 높은 지위에 거하였으니, 성인의 덕으로 성인의 지위에 있는 것과 같다.

上九는 亢龍이니 有悔리라 象曰 亢龍有悔는 盈不
상구　　항용　　　유회　　　상왈 항용유회　　영불

可久也라
가구야

↪ 상구는 끝까지 올라간 용이니, 후회가 있는 것이다. 상에 말하였다. "끝까지 올라간 용이라 후회가 있다는 것은 가득하면 오래 갈 수 없기 때문이다."

☞ 지나침이 있으면 뉘우침이 있는 것이다. 기미를 아는 군자는 진퇴·존망의 때를 알아 지나침이 없게 하고자 하는 것이다.

用九는 見群龍하되 无首하면 吉하리라 象曰 用九
용구　　견군룡　　　무수　　　길　　　　상왈 용구

는 天德이니 不可爲首也라
천덕　　　불가위수야

↪ 순양을 쓰는 도는 여러 용을 보되 앞장서지 않으면 길한 것이다. 상에 말하였다. "순양을 쓰는 것은 하늘의 덕이니, (사람으로서는)시작이 될 수 없다.

☞ 64괘 중에서 오직 순양을 쓰는 건괘와 순음을 쓰는 곤괘만이 용구用九와 용육用六이라는 부연 설명이 있다. 이는 괘상이 순수한 양이나 음으로 이루어졌기 때문이다. 순수한 것은 자연이므로 점쳐서 건괘 곤괘가 나오면 조금 늦추어서 하면 길한 것이다.

2. 중지곤(重地坤)

☷☷ 곤상(坤上) 곤하(坤下)

자연(自然)	인도(人道)	덕행(德行)
地勢 含弘光大 지세 함 홍 광 대	至柔而動剛 지 유 이 동 강	厚德載物 후 덕 재 물

　곤괘의 자연은 위에 땅[음]이 있고 아래에도 땅[음]이 있어, 땅을 거듭한 형상이다. 땅의 형세는 기울어져 있어 순하게 운행되고, 땅의 형태는 두터워 만물의 원료(原料)를 모두 함유하고 있는 것이며, 땅의 특징은 정할 때는 유순하나 동할 때에는 강건하다.

　따라서 자연을 모방하여 설정한 인도는 동하지 않을 때는 지극히 유순하나 동할 때에는 강건하게 대처하는 것이다.

　인도를 실천하는 덕행은 후덕한 마음으로 유순하게 모든 사람을 포용하는 것이다.

坤은 元하고 亨하고 利牝馬之貞이니 君子의 有攸
곤　　원　　　형　　　　이빈마지정　　　　군자　　유유

往이니 先하면 迷하고 後하면 得하리니 主利하니
왕　　　선하면　미하고　후하면　득하리니　주리하니

라 西南은 得朋이요 東北은 喪朋이나 安貞하면 吉
　　서남　　득붕　　　동북　　상붕　　　안정　　　길

하니라

▷ 곤괘는 크게 형통하고 암말처럼 마음을 곧고 굳게 함이 이로우니, 군자가
갈 바를 둠이다. 먼저 하면 미혹하고 뒤에 하면 이득이 될 것이니, 이로움
을 주장한다. 서쪽과 남쪽은 벗을 얻고 동쪽과 북쪽은 벗을 잃을 것이나,
정도를 지키는 것을 편안하게 여기면 길한 것이다.

☞ 건괘는 강건함을 정貞으로 삼고, 곤괘는 유순함을 정貞으로 여긴다. 이로움을
주장한다는 것은, 만물이 모두 그 형체를 이루었음을 이른다(乾以剛固爲貞 坤
則柔順而貞).

彖曰 至哉라 坤元이여 萬物이 資生하나니 乃順承
단왈 지재　　　곤원이여　만물　　자생하나니　내순승

天이니 坤厚載物이 德合无疆하니 含弘光大하여 品
천　　　곤후재물　　덕합무강　　　함홍광대　　　품

物이 咸亨하나니라 牝馬는 地類니 行地无疆하며
물   함 형   빈마   지류   행지무강

柔順利貞이 君子攸行이라 先하면 迷하여 失道하고
유순이정   군자유행   선   미   실도

後하면 順하여 得常하리라 西南得朋은 乃與類行이
후   순   득상   서남득붕   내여류행

요 東北은 喪朋이나 乃終有慶하리니 安貞之吉이
   동북   상붕   내종유경   안정지길

應地无疆이니라
응 지 무 강

▷ 단에 말하였다. "지극하다, 곤의 원이여! 만물이 그것을 바탕으로 낳아서 기르니, 이에 순하게 천도를 이음이니, 땅이 두터워 물건을 실어줌은 그 덕이 (천도의) 끝없는 덕에 합함이니, 품어줌이 넓고 지세가 성대하여 만물을 모두 형통하게 하는 것이다. 암말은 땅의 부류이니 땅을 걸어감에 끝이 없으며, 유순하고 정도를 굳게 지켜 이로우니 군자가 행할 바이다. 앞장서면 미혹되어 도리를 잃고, 뒤따르면 유순하여 떳떳함을 얻는 것이다. 서남으로 가면 벗을 얻는다는 것은 동류와 함께 감이요, 동북은 벗을 잃으나 끝내는 경사가 있을 것이니, 바른 도리를 편안하게 여겨서 길함이 지도의 끝없음에 상응하는 것이다."

☞ 건괘에서 건원乾元을 바탕으로 시작한다는 것은 기운의 시작이고, 곤괘에서 곤원坤元을 바탕으로 시작한다는 것은 형체의 시작을 이른다. 함홍광대含弘光大는 땅이 만물을 이루는 원료原料를 모두 포괄하고 있는 것을 이른다.(始者氣之始 生者形之始)

象曰 地勢坤이니 君子以하여 厚德으로 載物하나니라
상왈 지세곤   군자이   후덕   재물

⇨ 상에 말하였다. "땅의 형세가 곤괘이니, 군자가 이 이치를 본받아서 두터운
   덕으로 만물을 실어준다."

☞ 곤坤은 음의 성질이고 지地는 음의 형상이다(坤者陰之性也 地者陰之體也).

효사 爻辭

初六은 履霜하면 堅氷이 至하나니라 象曰 履霜堅
초육   이상   견빙   지   상왈 이상견

氷은 陰始凝也니 馴致其道하여 至堅氷也하나니라
빙   음시응야   순치기도   지견빙야

⇨ 초육은 서리를 밟으면 단단한 얼음에 이른다. 상에 말하였다. "서리를 밟으
   면 단단한 얼음에 이른다는 것은 음이 처음 응결되는 것이니, 그 도를 점차
   적으로 이루어 단단한 얼음에 이르는 것이다.

☞ 음기가 처음 응결하여 서리가 되고 얼음이 되는 것이니, 모든 일은 처음에 경
   계해야 함을 이른다. 『예기』에 이런 경계가 있다. "군자는 처음을 삼가야 한
   다. 털끝만한 차이가 천리나 어긋나는 것이다(君子愼始 差若豪氂 繆以千里)."

六二는 直方大라 不習이라도 无不利하니라 象曰
육이　　직방대　　불습　　　무불리　　　상왈

六二之動이 直以方也니 不習无不利는 地道光也라
육이지동　　직이방야　　불습무불리　　지도광야

⇨ 육이는 정직하고 방정하고 위대하다. 익히지 않아도 이롭지 않음이 없다.
　상에 말하였다. "육이의 동함이 정직하고 방정하니 익히지 않아도 이롭지
　않음이 없다는 것은 땅의 도가 빛남이다."

☞ 직방대直方大는 마음이 정직하고 행동이 방정하고 덕이 큰 것이다. 익히지 않
　아도 이롭지 않음이 없다는 것은 자연스러움을 이르니, 성인에게 있어서는 묵
　묵히 도에 부합되는 것이다.(不習而无所不利謂其自然　在聖人則從容中道也).

六三은 含章可貞이니 或從王事하여 无成有終이니
육삼　　함장가정　　　혹종왕사　　　무성유종

라 象曰 含章可貞이니 以時發也요 或從王事는 知
　　상왈　함장가정　　　이시발야　　혹종왕사　　지

光大也라
광대야

⇨ 육삼은 아름다움을 머금고 굳게 지킬 수 있으니, 혹 왕의 일에 종사할 때
　이룸은 없어도 마침은 있어야 한다. 상에 말하였다. "아름다움을 머금고 지
　킬 수 있으나 때에 따라 베풀어야 할 것이요, 혹 왕의 일에 종사한다는 것
　은 지혜가 밝고 크기 때문이라."

☞ 음양이 서로 섞여 있는 것을 문채라 하고 문채가 이루어진 것을 장章이라 한
　다.(陰陽相雜曰文　文之成者曰章)

六四는 括囊이면 无咎며 无譽리라 象曰 括囊无咎
육사   괄낭   무구   무예   상왈 괄낭무구

는 愼不害也니라
   신 불 해 야

⇨ 육사는 주머니 입구를 묶듯이 하면 허물이 없으며 칭찬도 없을 것이다. 상
   에 말하였다. "주머니 입구를 묶듯이 하면 허물이 없다는 것은 삼가면 해롭
   지 않음이다."

☞ 주머니 입구를 묶는다는 것은 삼가는 것이고 허물이 없다는 것은 해롭지 않다
   는 것이다(括囊者愼也 无咎者不害也).

六五는 黃裳이면 元吉이리라 象曰 黃裳元吉은 文
육오   황상   원길   상왈 황상원길   문

在中也라
재 중 야

⇨ 상에 말하였다. "황색 치마처럼 하면 크게 선하여 길하다는 것은 문채가
   가운데 있기 때문이라."

☞ 오방색에서 황은 중앙의 색이고, 치마는 아래를 꾸미는 것이다. 곧 중도를 가
   지고 낮추어 따라야 함을 이른다.(黃中色 裳下飾)

   ※ 오방색은 동은 청색, 남은 적색, 서는 백색, 북은 흑색, 중앙은 황색이다.

上六은 龍戰于野하니 其血이 玄黃이로다 象曰 龍
상육   용전우야   기혈   현황   상왈 용

戰于野는 其道窮也라
전 우 야　　　　기 도 궁 야

⇨ 상육은 용이 들에서 싸우니, 그 피가 검고 누렇다. 상에 말하였다. "용이 들에서 싸우는 것은 그 도가 극에 달했기 때문이다."

☞ 음은 양을 따르는 자이나 성함이 지극하면 대항하여 다툰다. 들은 나아가 밖에 이름을 이르고, 검고 누른 것은 음양이 모두 상함을 이른다(陰從陽者也 然盛極則抗而爭).

3. 수뢰준(水雷屯)

☵ 감상(坎上) 진하(震下)

자연(自然)	인도(人道)	덕행(德行)
雲雷 天造草昧 운 뢰 천 조 초 매	宜建侯而不寧 의 건 후 이 불 녕	經綸 경 륜

　준괘의 자연은 위에 물이 있고 아래에는 우레가 있어, 구름이 빽빽하게 끼고 천둥이 치며 천운이 처음 열려 만물이 어렵게 시작하는 때이다.

　따라서 자연을 모방하여 설정한 인도는 어려운 상황에 대처하는 방법이니, 제후 즉, 도와줄 사람을 찾음이 마땅하고 처음부터 편안할 것을 바라지 말아야 하는 것이다.

　인도를 실천하는 덕행은, 어떤 일이든지 처음 시작할 때에는 어렵기 때문에 실끝을 가지런히 하듯이 치밀한 계획을 세워서 실행하는 것이다.

屯은 元亨하고 利貞하니 勿用有攸往이요 利建侯하
준   원형   이정   물용유유왕   이건후

니라

⇨ 준괘는 크게 형통하고 정도를 굳게 지킴이 이로우니, 갈 바를 두지 말고
  제후를 세움이 이롭다.

☞ 준괘는 물건이 처음 생기는 것이다(屯者 物之始生也).

단사 彖辭

彖曰 屯은 剛柔始交而難生하며 動乎險中하니 大亨
단왈 준   강유시교이난생   동호험중   대형

貞은 雷雨之動이 滿盈일새라 天造草昧에는 宜建侯
정   뇌우지동   만영   천조초매   의건후

요 而不寧이니라
   이불녕

⇨ 단에 말하였다. "준괘는 강함과 유함이 처음 사귀어 어려움이 발생하며, 험
  한 속에서 동하니 크게 형통하고 정고함은 우레와 비의 움직임이 가득하기
  때문이다. 천운이 처음 시작되어 어두울 때에는 마땅히 제후를 세워야 하
  고 편안히 여기지 말아야 한다."

☞ 강유가 처음 사귀었다는 것은 아래에 있는 진괘를 이르고, 어려움이 생겼다는 것은 위에 있는 감괘를 이른다(始交謂震 難生謂坎).

상사 象辭

象曰 雲雷屯이니 君子以하여 經綸하나니라
상왈 　운뢰준　　　　군자이　　　　　경륜

➪ 상에 말하였다. "구름과 우레가 만난 것이 준괘이니, 군자가 이 이치를 본받아서 실끝을 가지런히 하듯이 치밀하게 다스려야 한다."

☞ 계사전에 이런 말이 있다. '군주가 치밀하지 못하면 신하를 잃고, 신하가 치밀하지 못하면 자신의 몸을 잃고, 기미가 드러난 일에 치밀하지 못하면 성공을 해친다.'(君不密則失臣 臣不密則失身 幾事不密則害成)

효사 爻辭

初九는 磐桓이니 利居貞하며 利建侯하나니라 象曰
초구　　반환　　　이거정　　　이건후　　　　　상왈

雖磐桓하나 志行正也며 以貴下賤하니 大得民也
수반환　　　지행정야　　이귀하천　　　대득민야

로다

➪ 초구는 머뭇거려야 하는 상황이니, 정도에 거함이 이로우며 제후를 세움이 이롭다. 상에 말하였다. "비록 머뭇거려야 하나 뜻은 정도를 행하려 하며, 귀한 신분으로서 천한 이에게 몸을 낮추니, 크게 민심을 얻음이다."

☞ 귀한 신분으로 천한 이에게 낮춘다는 것은 양이 음의 아래에 있음을 이른다 (以陽而來居陰下).

六二는 屯如邅如하며 乘馬班如하니 匪寇면 婚媾리
육이   준여전여   승마반여   비구   혼구

니 女子貞하여 不字라가 十年에야 乃字로다 象曰
     여자정   부자   십년   내자   상왈

六二之難은 乘剛也요 十年乃字는 反常也라
육이지난   승강야   십년내자   반상야

➪ 육이는 어렵게 여기고 머뭇거리며 말을 탔다가 내려와 나란히 서 있으니, 적에게 가려 하는 것이 아니라 혼인할 짝에게 가려고 하는 것이다. 여자가 정도를 지키면서 시집가지 않다가 10년이 되어서야 비로소 시집을 가는 것이다. 상에 말하였다. "육이의 어려움은 강을 타고 있기 때문이요, 10년이 되어서야 시집감은 떳떳한 도리로 돌아오는 것이다."

☞ 혼인할 짝은 5효를 이르고, 도적은 초효를 이르니, 도적은 이치가 아닌데 이르는 자이다. 10은 수의 마지막이니, 하고자 하는 일이 늦게 이루어짐을 의미한다(婚媾正應也 寇非理而至者).

六三은 卽鹿无虞라 惟入于林中이니 君子幾하여 不
육삼   즉록무우   유입우임중   군자기   불

如舍니 往하면 吝하리라 象曰 卽鹿无虞는 以從禽也
여사   왕   인   상왈 즉 록 무 우   이 종 금 야

요 君子舍之는 往하면 吝窮也라
   군 자 사 지   왕   인 궁 야

⇨ 육삼은 사슴을 쫓는데 안내자가 없어 길을 잃고 숲속으로 빠져들어가는 것
   일 뿐이니, 군자는 기미를 알아 그만두는 것만 못하니, 그대로 가면 막힐 것
   이다. 상에 말하였다. "사슴을 쫓되 안내자가 없음은 짐승을 탐내어 쫓았기
   때문이고, 군자가 그만두는 것은 가면 막히고 곤궁하기 때문이다."

☞ 일이 불가한데 망녕되게 동함은 욕심을 따르는 것이다. 점치는 자에게 경계한
   것이다(事不可而妄動 以從欲也).

六四는 乘馬班如니 求婚媾하여 往하면 吉하여 无
육사   승 마 반 여   구 혼 구   왕   길   무

不利하리라 象曰 求而往은 明也라
불리   상왈 구 이 왕   명 야

⇨ 육사는 말을 탔다가 내려와 나란히 섬이니, 혼인할 짝을 구하러 가면 길하
   여 이롭지 않음이 없는 것이다. 상에 말하였다. "혼인할 짝을 구하러 감은
   현명한 것이다."

☞ 군주에게 신임을 얻은 자이나, 그 재주가 부족하여 어려움을 구제하지 못하고
   보필할 짝을 구하여야 일을 이루는 자이다. 노자는 '남을 아는 사람은 지혜롭
   고 자신을 아는 사람은 현명하다고 했다.(知人者智 自知者明)'

九五는 屯其膏니 小貞이면 吉하고 大貞이면 凶하
구오　　준기고　　소정　　　길　　　대정　　　흉

리라 象曰 屯其膏는 施未光也라
　　　상왈 준기고　　시미광야

⇨ 구오는 은택을 베풀기가 어려우니, 조금씩 바로잡으면 길하고 크게 바로잡
　으면 흉한 것이다. 상에 말하였다. "은택을 베풀기 어렵다는 것은 베풂이
　빛나지 못하는 것이다."

☞ 오효가 높은 자리에 거하고 바름을 얻었으나, 어려운 때를 당하여 보필할 수
　있는 양강 군자가 없어, 덕을 베풀기 어려운 것이다.

上六은 乘馬班如하여 泣血漣如로다 象曰 泣血漣
상육　　승마반여　　　　읍혈연여　　　　상왈　읍혈연

如어니 何可長也리오
여　　　　하가장야

⇨ 상육은 말을 탔다가 내려와 나란히 서서 피눈물을 줄줄 흘리는 상황이다.
　상에 말하였다. "피눈물을 줄줄 흘리니 어찌 오래갈 수 있겠는가."

☞ 괘는 전체의 일이고 효는 일 중의 한때이다. 상효는 어려움이 궁극에 이르러
　어찌할 줄을 알지 못하는 자이다(夫卦者事也 爻者事之時也).

4. 산수몽(山水蒙)

☶ 간상(艮上) 감하(坎下)

자연(自然)	인도(人道)	덕행(德行)
山下出泉 산 하 출 천	養正聖功 양 정 성 공	果行育德 과 행 육 덕

　몽괘의 자연은 위에 산이 있고 아래에는 물이 있어, 산의 아래에서 샘물이 처음 흘러나와 아직 많지 않은 형상이며, 또한 어디로 흘러갈지 모르는 모습이다.

　따라서 자연을 모방하여 설정한 인도는 아직 어려서 몽매하여 학습하여 사람의 도리를 배워야 하는 것이니, 훌륭한 스승을 찾아서 교육을 받아야 하는 것이다.

　인도를 실천하는 덕행은 배운 것을 과감하게 실천하고 덕과 능력을 기르는 것이다.

蒙은 亨하니 匪我求童蒙이라 童蒙求我니 初筮어
몽　　형　　　　비아구동몽　　　동몽구아　　초서

든 告하고 再三이면 瀆이라 瀆則不告니 利貞하
　　곡　　　　재삼　　　　독　　　독즉불곡　　　이정

니라

⇨ 몽괘는 형통하니, 내가 어린아이에게 구하는 것이 아니라 어린아이가 나에
게 구함이니, 처음 점쳐서 묻거든 가르쳐 주고 두 번 세 번 물으면 여러
번 되묻는 것이다. 여러 번 되물으면 가르쳐 주지 않으니, 정도를 지킴이
이롭다.

☞ 『예기禮記』에 '와서 배운다'는 말은 들어봤어도 '가서 가르친다'는 말은 들어
보지 못했다고 하였다(禮聞來學 不聞往敎).

彖曰 蒙은 山下有險하고 險而止蒙이라 蒙亨은 以
단왈　몽　　산하유험　　　험이지몽　　　몽형은　이

亨行이니 時中也요 匪我求童蒙 童蒙求我는 志應
형행　　　시중야　　　비아구동몽　동몽구아　　지응

也요 初筮告는 以剛中也요 再三瀆 瀆則不告는
야　　초서곡　　이강중야　　재삼독　독즉불곡

瀆蒙也일새니 蒙以養正이 聖功也라
독몽야　　　　몽이양정　　성공야

⇨ 단에 말하였다. "몽괘는 산 아래에 험함이 있고, 험하여 멈춰 있는 것이 몽이다. 몽이 형통함은 형통할 수 있는 도로써 행함이니, 때에 알맞게 하는 것이고, 내가 동몽을 구하는 것이 아니라 동몽이 나에게 구함은 뜻이 응하기 때문이다. 처음 점쳐서 물으면 알려 준다는 것은 강직하고 중정한 도로써 하기 때문이고, 두 번 세 번 물으면 여러 번 되묻는 것이니, 여러 번 되물으면 가르쳐 주지 않음은 버릇없는 몽이기 때문이니, 어릴 때에 바름을 기르는 것은 성인이 되는 공부이다."

☞ 동몽童蒙은 사람이 아직 순수하여 욕심이 생기기 이전의 어린이를 이르고, 독몽瀆蒙은 버릇없는 어린이를 이른다(純未發之謂蒙).

[상사 象辭]

象曰 山下出泉이 蒙이니 君子以하여 果行하며 育
상 왈　산 하 출 천　　몽　　　군 자 이　　　　과 행　　　　육

德하나니라
덕

⇨ 상에 말하였다. "산 아래에서 샘물이 나옴이 몽괘이니, 군자가 이 이치를 본받아서 행실을 과단성 있게 하며 덕을 기른다."

☞ 샘물이 이제 막 나와서 흘러가지 못함을 보고는 의를 보면 과단성 있게 행하고, 처음 나와서 향하는 바가 없음을 보면 이로써 그 밝은 덕을 기르는 것이다(明明德).

初六은 發蒙하되 利用刑人하여 用說桎梏이니 以往
초육　　발몽　　　　이용형인　　　　용탈질곡　　　　이왕

이면 吝하리라 象曰 利用刑人은 以正法也라
인　　　　상왈　이용형인　　이정법야

➪ 초육은 몽매함을 깨우쳐주되 사람에게 올바른 법으로 몽매한 질곡을 벗겨
주움이 이로우니, 몽매한 상태로 가면 막히는 것이다. 상에 말하였다. "사람
에게 형벌을 씀이 이로움은 법을 바르게 적용하는 것이다."

☞ 몽매함을 깨우칠 때는 마땅히 형벌과 규칙을 보여주어서 그들에게 위엄을 알
게 한 뒤에 가르치고 인도해야 한다. 그러나 계속해서 형벌을 씀은 이롭지 않
다(專用刑以爲治 則苟免而无恥).

九二는 包蒙이면 吉하고 納婦면 吉하리니 子克家
구이　　포몽　　　길　　　납부　　　길　　　　자극가

로다 象曰 子克家는 剛柔接也라
　　　상왈　자극가　　강유접야

➪ 구이는 몽매한 자를 포용하면 길하고 부인의 말도 받아들이면 길한 것이니,
자식이 집안을 다스리는 것이다. 상에 말하였다. "자식이 집안을 다스림은
강유가 만나기 때문이다."

☞ 순임금이 덕치로 유명한 이유는 '묻기를 좋아하시고 가까운 이의 말도 잘 살펴서 백성
들에게 중도를 썼기 때문이다.'(舜好問而好察邇言 用其中於民)

六三은 勿用取女니 見金夫하고 不有躬하니 无有利
육삼　　물용취녀　　견금부　　　불유궁　　　무유리

하니라 象曰 勿用取女는 行不順也라
　　　　상왈 물용취녀　　행불순야

⇨ 육삼은 여자를 취함에 쓰지 말아야 하니, 돈이 있는 남자를 보고 몸을 두지 않으니, 이로운 것이 없다. 상에 말하였다. "여자를 취함에 쓰지 말라는 것은 행실을 삼가지 않기 때문이다."

☞ 3효의 정응이 상효인데 멀리 가서 따르지 않고, 가까이 있는 2효를 따르니, 행실을 삼가지 않는 자이다.

六四는 困蒙이니 吝하도다 象曰 困蒙之吝은 獨遠
육사　　곤몽　　　인　　　　상왈 곤몽지인　　독원

實也라
실 야

⇨ 육사는 곤궁한 몽이니 막히는 것이다. 상에 말하였다. "곤궁한 몽이라 막힘은 홀로 양에서 멀기 때문이다."

☞ 사효는 음유로서 몽매한데 강명의 원조가 없어서 스스로 몽매함을 깨우칠 길이 없다(四以陰柔而蒙闇 无剛明之親援).

　※ 『예기禮記』에 "교육은 장점을 길러주고 단점을 고쳐주는 것이다(敎者長善而救失也)."라고 하였다.

六五는 童蒙이니 吉하니라 象曰 童蒙之吉은 順以巽也
육오　　동몽　　　길　　　　상왈　동몽지길　　순이손야

일새라

➩ 육오는 동몽이니, 길하다. 상에 말하였다. "동몽의 길함은 순하고 겸손하기
　때문이다."

☞ 유순함과 중도로써 높은 자리에 거하여 아래로 2효와 응하니, 순일하고 개발
　되지 않아 남을 따르는 자이다(柔中居尊 下應九二 純一未發 以聽於人).
　※『서경』에 순임금이 요임금을 평하시기를 "여러 사람에게 상의하여 자기의 부족한 생각
　　을 버리고 남을 따르는 자는 오직 요임금만이 능하셨다(稽于衆 舍己從人 惟帝時克)
　　"라고 하였다.

上九는 擊蒙이니 不利爲寇요 以禦寇하니라 象曰
상구　　격몽　　　불리위구　　이어구　　　　　상왈

利用禦寇는 上下順也라
이용어구　　　상하순야

➩ 상구는 몽매한 자를 치는 자이니, 원수를 만드는 것은 이롭지 않고 원수를
　막아줌이 이롭다. 상에 말하였다. "원수를 막음이 이로움은 상하가 따르기
　때문이다."

☞ 강함으로써 위에 거하여 어린이를 다스림이 지나치게 강하다. 다스림이 너무
　지나치면 도리어 해가 됨을 이른다(攻治太深 則反爲之害).

5. 수천수(水天需)

☵☰ 감상(坎上) 건하(乾下)

자연(自然)	인도(人道)	덕행(德行)
雲上於天 운 상 어 천	須也 수 야	飮食宴樂 음 식 연 락

수괘의 자연은 위에 물이 있고 아래에는 구름이 있어, 구름이 하늘로 올라가나 아직 비를 이루지는 못한 형상이다. 감괘의 괘덕은 험함이고 건괘의 덕은 강건함이며 그 성질은 위로 올라가는 것이니, 양이 위로 올라가려고 하나 험한 것이 앞에 가로막고 있는 모습이다.

따라서 자연을 모방하여 설정한 인도는 적당한 때를 기다리는 것이다.

인도를 실천하는 덕행은 음식을 먹으면서 편안하게 기다려야 하고 조급하게 움직여 기회를 놓쳐서는 안 되는 것이다.

需는 有孚하여 光亨하고 貞吉하니 利涉大川하니라
수 　유부　 광형하고　 정길하니　 이 섭 대 천

⇨ 수괘는 정성이 있어서 광명하여 형통하고 정도를 지켜서 길하니 큰 내를
　건넘이 이롭다.

☞ 성실함이 마음속에 있는 것을 부孚라 하고, 성실함이 일에 드러난 것을 신信
　이라고 한다.(誠存於中之謂孚 誠見於事之謂信)

彖曰 需는 須也니 險이 在前也나 剛健而不陷하니
단왈 수 　수야니　 험이　 재전야나　 강 건 이 불 함

其義不困窮矣라 需有孚光亨貞吉은 位乎天位하여
기 의 불 곤 궁 의　　 수유부광형정길은　 위 호 천 위

以正中也요 利涉大川은 往有功也라
이 정 중 야　 이 섭 대 천　 왕 유 공 야

⇨ 단에 말하였다. "수괘는 기다림이니, 험한 것이 앞에 있으나, 강건하여 험함
　에 빠지지 않으니, 그 뜻이 곤궁하지 않은 것이다. 수괘에 정성이 있어서
　빛나고 형통하고 바름이라 길한 것은, 천자의 자리에 처하여 바름과 중도로써
　하기 때문이고, 큰 내를 건넘이 이로움은 가면 공적이 있기 때문이다."

☞ 정성이 있다는 것은 양이 가운데 자리에 있음을 말한다. 천자의 자리는 5효
　를 가리키고, 바름과 중도로써 한다는 것은 2효를 가리킨다(以剛實居中 爲孚
　之象).

象曰 雲上於天이 需니 君子以하여 飮食宴樂하나니라
상 왈 운 상 어 천　　　수　　　군 자 이　　　　음 식 연 락

⇨ 상에 말하였다. "구름이 하늘로 올라감이 수괘이니, 군자가 이 이치를 본받아서 음식을 먹으면서 편안히 즐기는 것이다."

☞ 구름이 비가 되어 만물을 적셔주는 것은, 사람이 음식을 먹고 즐기는 것과 같은 것이다. 이 괘에서 음양의 기운이 서로 감응하였으나 아직 비가 내리는 은택을 이루지 못함은, 군자가 재주와 덕을 쌓았으나 아직 현실에 실행하지 못함과 같은 것이다(陰陽之氣交感 而未成雨澤 猶君子畜其才德 而未施於用也).

효사 爻辭

初九는 需于郊라 利用恒이니 无咎리라 象曰 需于
초 구　　　수 우 교　　　이 용 항　　　　무 구　　　　상 왈 수 우

郊는 不犯難行也요 利用恒无咎는 未失常也라
교　　　불 범 난 행 야　　　이 용 항 무 구　　　미 실 상 야

⇨ 초구는 교외에서 기다림이다. 항심을 씀이 이로우니, 허물이 없는 것이다. 상에 말하였다. "교외에서 기다린다는 것은 어려움을 무릅쓰고 가지 않는 것이고, 항심을 씀이 이롭고 허물이 없다는 것은 아직 떳떳한 도리를 잃지 않았기 때문이다."

☞ 초효는 험한 곳에서 멀기 때문에 교외에서 기다림이 되니, 경계하지 않아도

되는 것이다. 군자가 때를 기다릴 때는 편안하게 종신토록 할 듯이 여긴다. 이 것이 바로 떳떳함을 쓰는 도리이다. 『맹자』에 "순임금은 마른 밥을 먹고 푸성 귀를 먹을 때에는 마치 종신토록 그럴 것만 같았다(舜之飯糗茹草也 若將終身 焉)"라고 한 것이 이러한 경우다.

九二는 需于沙라 小有言하나 終吉하리라 象曰 需
구 이   수 우 사   소 유 언   종 길   상 왈 수

于沙는 衍으로 在中也니 雖小有言하나 以吉로 終
우 사   연   재 중 야   수 소 유 언   이 길   종

也리라
야

⇨ 구이는 모래사장에서 기다림이다. 조금 구설이 있으나 끝내 길한 것이다. 상에 말하였다. "모래사장에서 기다린다는 것은 너그러움으로 중도에 있기 때문이니, 비록 조금 구설이 있으나 길함으로 마치는 것이다."

☞ 2효는 초효보다 물에서 가깝다. 그래서 모래사장이라고 하였다. 언어의 상해 는 재해 중에 작은 것이다.(言語之傷 災害之小者)

九三은 需于泥니 致寇至리라 象曰 需于泥는 災在
구 삼   수 우 니   치 구 지   상 왈 수 우 니   재 재

外也라 自我致寇하니 敬愼이면 不敗也리라
외 야   자 아 치 구   경 신   불 패 야

⇨ 구삼은 진흙에서 기다림이니, 도적에 이르게 된 것이다. 상에 말하였다. "진흙에서 기다림은 재앙이 밖에 있는 것이다. 내가 스스로 도적에 이른 것

이니, 공경하고 삼가면 실패하지 않는 것이다."

☞ 삼효는 상체의 위험함과 매우 가까우므로 재앙이 밖에 있다고 하였다. 도적을
  말한 것은 해로움의 큰 것이다(寇則害之大者).

六四는 需于血이니 出自穴이로다 象曰 需于血은
육사   수우혈   출자혈   상왈 수우혈

順以聽也라
순 이 청 야

➪ 육사는 험한 곳에서 기다림이니, 구덩이에서 나온 것이다. 상에 말하였다.
  "험한 곳에서 기다린다 함은 이치에 순함으로 (때를) 따르는 것이다."

☞ 피는 살상하는 자리이고 구덩이는 음이 거처하는 곳이다. 사효는 감괘이니, 피
  에서 기다리는 상이 된다.

九五는 需于酒食이니 貞하고 吉하니라 象曰 酒食
구오   수우주식   정   길   상왈 주식

貞吉은 以中正也라
정길   이 중 정 야

➪ 구오는 술과 음식을 마련해 놓은 곳에서 기다림이니, 올바르고 길하다. 상
  에 말하였다. "연회장에서 기다려 올바르고 길하다는 것은 중정으로써 하
  기 때문이다."

☞ 술과 음식은 잔치하고 즐기는 도구이니 편안히 기다림을 말한 것이다.(酒食宴
  樂之具 言安以待之)

上六은 入于穴이니 有不速之客三人이 來하리니 敬
상육   입우혈   유불속지객삼인   내   경

之면 終吉이리라 象曰 不速之客來敬之終吉은 雖不
지   종길   상왈 불속지객래경지종길   수부

當位나 未大失也라
당위   미대실야

⇨ 상육은 동굴로 들어갔는데, 부르지 않은 손님 세 사람이 올 것이니, 이들을
  공경하면 끝에 가서 길한 것이다. 상에 말하였다. "부르지 않은 손님이 옴
  에 공경하면 종국에 길하다는 것은 비록 자리에 마땅하지 않으나 큰 실수가
  없기 때문이다."

☞ 자리가 마땅하지 않다는 것은 초청하지 않은 손님이라는 뜻이다.

6. 천수송(天水訟)

☰ 건상(乾上) 감하(坎下)

자연(自然)	인도(人道)	덕행(德行)
天與水違行 천 여 수 위 행	尙中正也 상 중 정 야	作事謀始 작 사 모 시

　송괘의 자연은 위에 하늘이 있고 아래에는 물이 있어, 하늘과 물이 어긋나게 가는 형상이다. 건괘의 덕은 강함이고 감괘의 덕은 위험한 것이니, 위험함과 굳셈이 어긋나게 가서 송사가 일어나는 상황이다.

　따라서 자연을 본받아 설정한 인도는 송사가 일어날 때에는 신중함과 중정함으로 해결하는 것을 숭상하는 것이다.

　인도를 실천하는 덕행은 일을 시작할 때 중정의 도로써 신중하게 계획하여 송사가 일어나지 않게 하는 것이다.

訟은 有孚나 窒하여 惕하니 中은 吉하고 終은 凶하
송 유부 질   척   중   길   종   흉

니 利見大人이요 不利涉大川하나라
　 이견대인   불리섭대천

⇨ 송괘는 성실함이 있으나 막혀서 근심하니 중도로써 하면 길하고 끝까지 하
　 면 흉하니, 대인을 만나봄이 이롭고 큰 내를 건넘은 이롭지 않다.

☞ 송괘는 논쟁과 소송을 상징한다. 유부有孚는 마음이 진실하여 양심을 속이지
　 않는 것이다(訟卦象徵爭論訴訟 有孚者心誠實而不詐僞也).

象曰 訟은 上剛下險하여 險而健이 訟이라 訟有孚
단왈 송   상강하험   험이건   송   송유부

窒惕中吉은 剛來而得中也요 終凶은 訟不可成也요
질척중길   강래이득중야   종흉   송불가성야

利見大人은 尙中正也요 不利涉大川은 入于淵也라
이견대인   상중정야   불리섭대천   입우연야

⇨ 단에 말하였다. "송괘는 위는 강하고 아래는 험하여 험하고 굳센 것이 송이
　 다. 송사함에 진실함이 있어도 막혀서 근심하나 중도로써 하면 길하다는
　 것은, 강이 와서 중도를 얻은 것이고, 끝까지 하면 흉함은 송사를 끝까지

해서는 안 되기 때문이고, 대인을 만나봄이 이로움은 중정함을 숭상하기 때문이고, 큰 내를 건넘이 이롭지 않음은 깊은 곳으로 빠져들어가기 때문이다."

☞ 송사는 옳고 그름을 분별해주기를 구하는 것이다. 그러므로 대인을 만나봄이 이롭다(訟者 求辯其曲直也 故利見於大人).

상사 象辭

象曰 天與水違行이 訟이니 君子以하여 作事謀始하
상 왈 천 여 수 위 행   송   군 자 이   작 사 모 시

나니라

➪ 상에 말하였다. "하늘과 물이 어긋나게 감이 송괘이니, 군자가 이 이치를 본받아서 일을 시작할 때 잘 계획해야 한다."

☞ 무릇 일할 때에는 반드시 처음에 잘 계획하여 분쟁의 발단을 발생하지 않게 해야 한다. 『서경』에 처음에 잘 계획해야 한다는 경계를 "털끝만한 차이가 천리나 어긋난다(差若毫釐繆以千里)"라고 하였다.

효사 爻辭

初六은 不永所事면 小有言하나 終吉이리라 象曰
초 육   불 영 소 사   소 유 언   종 길   상 왈

不永所事는 訟不可長也니 雖小有言이나 其辯이
불영소사　　　송불가장야　　　수소유언　　　기변

明也라
명야

⇨ 초육은 송사하는 일을 오래 끌지 않으면, 다소 말이 있으나 끝에 가서는 길한 것이다. 상에 말하였다. "송사하는 일을 오래 끌지 말아야 하는 것은, 쟁송은 오랫동안 해서는 안 되기 때문이니, (오래 끌지 않는다면) 비록 다소 말이 있으나 분별함이 밝은 것이다."

☞ 송사는 좋은 일이 아니고 부득이해서 하는 것이기 때문에, 끝까지 하면 흉하다. 초효가 분별함이 밝다는 것은 4효인 정응이 있기 때문이다(上有剛陽之正應 辯理之明).

九二는 不克訟이니 歸而逋하여 其邑人이 三百戶면
구이　　　불극송　　　귀이포　　　기읍인　　　삼백호

无眚하리라 象曰 不克訟하여 歸逋竄也니 自下訟上
무생　　　상왈　불극송　　　귀포찬야　　　자하송상

이 患至掇也리라
환지철야

⇨ 구이는 쟁송을 이기지 못함이니, 돌아가 도망하여 고을 사람이 3백호가 있는 곳으로 가면 재앙이 없을 것이다. 상에 말하였다. "쟁송을 이기지 못하여 돌아가 도망하여 숨는 것은 아랫사람으로서 윗사람에게 쟁송을 걸기 때문이니, 근심의 미침이 주워 담듯 한 것이다."

☞ 고을의 집 3백호가 있는 곳으로 피하라는 것은, 스스로 낮추고 겸손하게 하여 재앙과 근심을 면함을 말한다(邑人三百戶 言自處卑約 以免災患).

六三은 食舊德하여 貞하면 厲하나 終吉이리니 或
육삼　식구덕　　정　려　　종길　　혹

從王事하여 无成이로다 象曰 食舊德하니 從上이라
종왕사　　무성　　상왈　식구덕　　종상

이라도 吉也리라
길야

⇨ 육삼은 옛 덕에 걸맞게 식록을 받아서 바름을 지키면 위태로우나 끝에 가서
는 길한 것이니, 혹 왕의 일에 종사하더라도 성공은 자처하지 말아야 한다.
상에 말하였다. "옛 덕에 걸맞게 식록을 받는 것이니, 윗사람을 따르더라도
길할 것이다."

☞ '식구덕食舊德'은 본래의 분수에 처함을 이르고, 윗사람을 따르면 길하다는 것은,
남을 따르면 길함을 이른다(食舊德謂處其素分 從上吉謂隨人則吉).

九四는 不克訟이라 復卽命하여 渝하여 安貞하면 吉
구사　　불극송　　복즉명　　투　　안정　　길

하리라 象曰 復卽命渝安貞은 不失也라
　　　상왈　복즉명투안정　　불실야

⇨ 구사는 쟁송을 이기지 못함이니, 올바른 이치로 나아가 쟁송하려는 마음을
바꾸어 편안하게 정도를 지키면 길한 것이다. 상에 말하였다. "올바른 이치
로 나아가 마음을 바꾸어 편안하게 정도를 지키는 것은 올바른 이치를 잃는
것이 아니다."

☞ 4효는 건체이나 음의 자리에 거했기 때문에 쟁송하지 못하고 마음을 바꾸어
바른 이치로 돌아간다(知分).

九五는 訟에 元吉이라 象曰 訟元吉은 以中正也라
구 오   송   원 길   상 왈 송 원 길   이 중 정 야

⇨ 구오는 쟁송함에 크게 길하다. 상에 말하였다. "송사함에 크게 길하다는 것
  은 중정한 도로써 하기 때문이다."

☞ 5효는 송사를 다스리는 주체자이다. 양강 중정으로 높은 지위에 있어 중정한
  도로써 송사를 다스리는 자이니, 대인의 길함이다.

上九는 或錫之鞶帶라도 終朝三褫之리라 象曰 以訟
상 구   혹 사 지 반 대   종 조 삼 치 지   상 왈 이 송

受服이 亦不足敬也라
수 복   역 부 족 경 야

⇨ 상구는 혹 관복을 하사받더라도 하루아침에 세 번 빼앗기는 것이다. 상에
  말하였다. "쟁송으로 관복을 받은 것은 또한 공경할 만한 것이 못 되기 때
  문이다."

☞ 상효는 강으로서 위에 처하여 송사를 끝까지 하는 자이다. 중정의 도리가 없
  으면서 송사를 끝까지 하면 화를 취하고 몸을 다친다(取禍喪身).

7. 지수사(地水師)

☷☵ 곤상(坤上) 감하(坎下)

자연(自然)	인도(人道)	덕행(德行)
地中有水 지 중 유 수	能以衆正 능 이 중 정	容民畜衆 용 민 휵 중

　사괘의 자연은 위에 땅이 있고 아래에는 물이 있어, 땅속에 물이 고여있는 형상이며, 물이 고여서 많아지면 수맥을 이루어 움직이는 모습이다.

　따라서 자연을 모방하여 설정한 인도는 물이 모여서 수맥을 이루어 흘러가듯이, 많은 사람을 바르게 인도하는 것이다.

　인도를 실천하는 덕행은 백성을 포용하고 대중을 기르는 것이니, 땅이 온갖 물건을 받아들이고 만물을 길러내듯이 백성을 포용하고 길러주는 것이다.

괘사 卦辭

師는 貞이니 丈人이라야 吉하고 无咎하리라
사　　정　　　장　인　　　　길　　　무　구

⇨ 사괘는 정도로써 해야 하니 장인이라야 길하고 허물이 없을 것이다.

☞ 사괘는 한 양으로 여러 음의 주관자가 되어 아래에 있으니 장수의 상이다. 장
　인은 노련하고 진중하여 시급한 일을 능숙하고 막힘없이 처리하는 자이다(師
　以一陽爲衆陰之主而在下 將帥之象也, 丈人者老成·持重·練達時務者也).
　※『손자孫子』에 이런 말이 있다. "훌륭한 장수는 지혜·신의·어짊·용기·위엄이 있는
　　자이다(將者 智信仁勇嚴也)."

단사 彖辭

彖曰 師는 衆也요 貞은 正也니 能以衆正하면 可以
단왈　사　　중야　　　정　　정야　　능이중정　　　　가이

王矣리라 剛中而應하고 行險而順하니 以此毒天下
왕의　　　강중이응　　　행험이순　　　　이차독천하

而民從之하니 吉하고 又何咎矣리오
이민종지　　　길　　　우하구의

⇨ 단에 말하였다. "사는 무리이고 정은 바름이니, 무리를 바르게 하면 왕 노
　릇할 수 있는 것이다. 강이 중에 있으며 응여가 있고, 험함을 행하나 순하
　게 따르니, 이로써 천하에 해독을 끼치나 백성들이 따르니, 길하고 또 무슨

허물이 있겠는가."

☞ 2효는 괘주가 되어 강으로써 중덕을 가지고 통솔함에 모든 음이 순하게 따르
는 형상이다. 상괘는 순하고 하괘는 위험함이니 위험한 일을 행하여도 순하게
따르는 것이다(上順下險 行險而順也).

상사 象辭

象曰 地中有水師니 君子以하여 容民畜衆하나니라
상 왈　 지 중 유 수 사 　　 군 자 이 　　　 용 민 휵 중

⇨ 상에 말하였다. "땅속에 물이 있는 것이 사괘이니, 군자가 이 이치를 본받
아서 백성을 포용하고 무리를 모은다."

☞ 땅속에 물이 모여 있는 것을 가지고 군사에 비유한 것은, 백성들 사이에서 병
사를 얻음과 군사는 여럿이 모여서 숨어있는 형상이기 때문이다.

※ 『손자孫子』에 이런 말이 있다. "군사의 최상의 태세는 형체가 드러나지 않게 하는 데
이르는 것이다(形兵之極 至于無形).

효사 爻辭

初六은 師出以律이니 否면 臧이라도 凶하니라 象曰
초 육　 사 출 이 률 　　 부 　 장 　　　 흉 　　　 상 왈

師出以律이니 失律하면 凶也리라
사 출 이 율 　　　 실 률 　　 흉 야

⇨ 초육은 군대를 출동하되 군율로써 해야 하니, 그렇지 않으면 승리하더라도 흉하다. 상에 말하였다. "군사가 출동하면 군율로써 다스려야 하니, 군율을 잃으면 흉하다."

☞ 초효에서 군율을 말한 것은 점치는 자가 시작을 삼가고 법을 지켜야 함을 경계한 것이다(戒占者當謹始而守法也).

九二는 在師하여 中할새 吉코 无咎하니 王三錫命
구이   재사   중   길   무구   왕 삼 사 명

이로다 象曰 在師中吉은 承天寵也요 王三錫命은
        상 왈 재 사 중 길   승 천 총 야   왕 삼 사 명

懷萬邦也라
회 만 방 야

⇨ 구이는 군사의 일에 있어서 중도로써 하여 길하고 허물이 없으니, 왕이 명령을 세 번이나 내리도다. 상에 말하였다. "군사를 일으킴에 중도로써 하여 길하다는 것은 천자의 총애를 받는 것이고, 왕이 세 번 명령을 내리는 것은 만방을 품어주기 때문이다."

☞ 모든 일에 세 번 이른다는 것은 지극함을 말한 것이다(凡事至于三者 言極也).

六三은 師或輿尸면 凶하리라 象曰 師或輿尸면 大
육삼   사 흑 여 시   흉   상 왈 사 흑 여 시   대

无功也니라
무 공 야

⇨ 육삼은 군사를 일으킴에 혹 시체를 수레에 싣고 돌아올 것이니, 흉한 것이다. 상에 말하였다. "군사를 일으킴에 혹 시체를 싣고 돌아온다는 것은 크게 공이 없는 것이다."

☞ 혹 시체를 싣고 돌아온다는 것은, 음으로써 양위에 거하여 재주가 약하고 뜻만 강하며 중정의 도가 없어서, 분수가 아닌 것을 범하기 때문이다(以陰居陽 才弱志剛 不中不正而犯非其分).

六四는 師左次니 无咎로다 象曰 左次无咎는 未失
육사   사좌차   무구   상왈 좌차무구   미실

常也라
상야

⇨ 육사는 군대가 후퇴하여 주둔하니, 허물이 없는 것이다. 상에 말하였다. "군사를 후퇴하여 주둔시킴은 상도를 잃지 않음이다."

☞ 4효는 음으로써 음자리에 거하여 전진할 수 없음을 알고, 후퇴하여 군사를 주둔시켜 군사를 잃지 않는다(陰柔而居陰得正).

六五는 田有禽이어든 利執言하면 无咎리라 長子帥
육오   전유금   이집언   무구   장자솔

師니 弟子輿尸하면 貞이라도 凶하리라 象曰 長子
사   제자여시   정   흉   상왈 장자

帥師는 以中行也요 弟子輿尸는 使不當也라
솔사   이중행야   제자여시   사부당야

⇨ 육오는 밭에 짐승이 있으면 잡는 것이 이로우니, (그렇게 하면) 허물이 없을 것이다. 장자가 군사를 거느려야 하니, 제자들이 군사를 거느리면 시체를 싣고 돌아올 것이니 바르게 하더라도 흉할 것이다. 상에 말하였다. "장자가 군사를 거느리는 것은 중도로써 행하는 것이요, 제자들이 군사를 거느리면 시체를 싣고 돌아온다는 것은 부리는 것이 마땅하지 않기 때문이다."

☞ 5효는 군대를 운용하는 주체이니, 군대를 일으키고 장수를 임명하는 도리를 말하였다. 점쳐서 5효가 나오면 위임하기를 전일하게 해야 함을 경계하였다.

上六은 大君이 有命이니 開國承家에 小人勿用이니
상육   대군   유명   개국승가   소인물용

라 象曰 大君有命은 以正功也요 小人勿用은 必亂
상왈   대군유명   이정공야   소인물용   필난

邦也일새라
방야

⇨ 상육은 대군이 명령을 내림이니, 나라를 개척해주고 가문을 계승해줌에 소인을 쓰지 말아야 한다. 상에 말하였다. "대군이 명령을 두는 것은 공적을 바르게 평가함이고, 소인은 쓰지 말라는 것은 반드시 나라를 어지럽히기 때문이다."

☞ 상육은 군사의 일이 끝나고 논공행상할 때이다. 논공행상을 할 때에는 공을 바르게 적용하되 소인에게는 작위를 주어서는 안 됨을 경계한 것이다.

※『순자』에 이런 말이 있다. "치세는 군자에게서 나오고 난세는 소인에게서 나온다(治生 乎君子 亂生乎小人)."

8. 수지비(水地比)

☷☵ 감상(坎上) 곤하(坤下)

자연(自然)	인도(人道)	덕행(德行)
地上有水 지 상 유 수	相輔也 下順從也 상 보 야　 하 순 종 야	建萬國 親諸侯 건 만 국　 친 제 후

　비괘의 자연은 위에 물이 있고 아래에는 땅이 있어, 땅 위로 물이 흘러가는 형상이니, 물이 땅위로 흘러갈 때는 밀착되어 틈이 없는 상태이다.

　따라서 자연을 본받아 설정한 인도는 서로 도와줌에 한마음이 되어, 윗사람은 아랫사람을 보호하고 아랫사람은 윗사람에게 순종하는 것이다.

　인도를 실천하는 덕행은 만국을 세우고 제후를 친애하는 것이다.

比는 吉하니 原筮하되 元永貞이면 无咎리라 不寧이
비　길　　　원서　　　원영정　　　무구　　　불녕

어야 方來니 後면 夫라도 凶하리라
　　　방래　　후　부　　　　흉

⇨ 비괘는 길하니 점친 것을 살피되 크게 선하고, 항심이 있고, 정도를 지키는
　사람을 따르면 허물이 없는 것이다. 편안하게 여기지 않던 사람도 바야흐
　로 올 것이니, 뒤늦으면 대장부라도 흉할 것이다.

☞ 비괘는 서로 친애하고 돕는 것이다. 만일 서로 친애하고 따르는 뜻이 빠르지
　못하여 뒤늦으면 친애함을 이루지 못한다(比者 相親輔也라. 若相從之志 不疾
　而後 則不能成比).

彖曰 比는 吉也며 比는 輔也니 下順從也라 原筮元
단왈　비　길야　비　보야　　　하순종야　　　원서원

永貞无咎는 以剛中也요 不寧方來는 上下應也요 後
영정무구　　　이강중야　　　불녕방래　　　상하응야　　후

夫凶은 其道窮也라
부흉　　　기도궁야

⇨ 단에 말하였다. "비괘는 길한 것이며 비괘는 보필하는 것이니, 아래가 순하
게 따르는 것이다. '점을 살펴서 크게 선하고 항심이 있고, 정도를 지키는
사람을 따르면 허물이 없다는 것은, 강중으로 하기 때문이고, 편안하게 여
기지 않던 사람도 바야흐로 찾아오는 것은 상하가 응하기 때문이고, 뒤에
오면 장부라도 흉하다는 것은 그 도가 궁하기 때문이다."

☞ 군주의 덕이 될 만함은 크게 선함. 가운데 거함. 음양의 바름을 얻어서 오래
하고 굳게 지킬 수 있는 것이다(爲君德 元也居中得正 能永而貞也).

상사 象辭

象曰 地上有水比니 先王이 以하여 建萬國하고 親
상 왈　지 상 유 수 비　　선 왕　이　　　　건 만 국　　　　친

諸侯하니 라
제 후

⇨ 상에 말하였다. "땅 위에 물이 있는 것이 비괘이니, 선왕이 이 이치를 본받
아서 만국을 세우고 제후를 친애한다."

☞ 만국을 세움은 백성을 친애하는 것이고, 제후를 친애하고 어루만짐은 천하를
친애하는 것이다(建立萬國所以比民也 親撫諸侯所以比天下也).

初六은 有孚比之라야 无咎리니 有孚盈缶면 終來有
초육　　유부비지　　　무구　　　　유부영부　　종래유

他吉하리라 象曰 比之初六은 有他吉也니라
타길　　　　상왈　비지초육　　유타길야

⇨ 초육은 정성을 가지고 따라야 허물이 없는 것이니, 정성이 질장구에 가득
　차듯 하면, 종국에 가서는 다른 길함이 있을 것이다. 상에 말하였다. "비괘
　의 초육이 다른 길함이 있는 것이다."

☞ 다른 길함이 있다는 것은, 뜻하지 않은 길함이 있는 것이다. 서로 친하고 따르
　는 도리는 진실함과 믿음을 근본으로 삼는다. 정성이 있다는 것은 마음이 성
　실하여 양심을 속이지 않는 것이다(相比之道以誠信爲本 有孚者心誠實而不詐
　僞也).

六二는 比之自內니 貞하여 吉하도다 象曰 比之自
육이　　비지자내　　정　　　길　　　　　상왈　비지자

內는 不自失也라
내　　부자실야

⇨ 육이는 따르기를 안으로부터 하니, 정도가 있어서 길한 것이다. 상에 말하
　였다. "따르기를 안으로부터 한다는 것은 스스로를 잃지 않는 것이다."

☞ 2효는 안에 처하여 자기의 중정한 도를 지켜서 윗사람이 구하기를 기다리니,
　이는 자신을 잃지 않는 것이다.(守己中正之道以待上之求乃不自失也)

六三은 比之匪人이라 象曰 比之匪人이니 不亦傷
육삼　　비지비인　　　상왈　비지비인　　　불역상

乎아
호

⇨ 육삼은 그릇된 사람을 따르는 것이다. 상에 말하였다. "그릇된 사람을 따르
　　니 해롭지 않겠는가."

☞ 3효는 중정하지 못하고 가까이 있는 사람이 모두 중정하지 못하다. 4효는 음
　　유로서 중하지 못하고, 2효는 응여가 있고 초와 가까워 모두 중정하지 못하니,
　　그릇된 사람이다(三不中正 而所比皆不中正 四陰柔而不中 二存應而比初 皆不
　　中正 匪人也).

六四는 外比之하니 貞하여 吉하도다 象曰 外比於賢
육사　　외비지　　　정　　　길　　　　상왈　외비어현

은 以從上也라
　　이종상야

⇨ 육사는 밖으로 친비하니, 정도가 있는 사람을 따르는 것이라 길하다. 상에
　　말하였다. "밖으로 현자를 친비함은 윗사람을 따르는 것이다."

☞ 음유로서 음자리에 거하여 분수를 알고, 밖으로 중정한 5효와 친비하여 따르
　　니, 길한 방도이다(以柔居柔 外比九五 爲得其正 吉之道也).

九五는 顯比니 王用三驅에 失前禽하며 邑人不誡니
구오　　현비　　왕용삼구　　실전금　　　읍인불계

吉하도다 象曰 顯比之吉은 位正中也요 舍逆取順이
길　　　　상왈 현비지길　　위정중야　　사역취순

失前禽也요 邑人不誡는 上使中也일새라
실 전 금 야　　읍 인 불 계　　상 사 중 야

⇨ 구오는 드러나게 친비함이니, 왕이 삼면에서 몰이함을 씀에 앞에 있는 짐승
을 잃으며, 읍인이 경계하지 않으니, 길한 것이다. 상에 말하였다. "드러내
놓고 친비하여 길하다는 것은 자리가 정중하기 때문이요, 거역하는 것을
버리고 순종하는 것을 취하는 것이 앞의 짐승을 잃는 것이요, 읍인이 경계
하지 않음은 윗사람의 부림이 중도에 알맞기 때문이다."

☞ 왕이 삼면에서 몰이한다는 것은, 상나라의 성탕이 유세하러 다닐 때에 사면에
서 그물을 쳐놓고 짐승을 잡으려는 사람을 보고, 한 면을 터주라고 명령한 것
이다. 고을 사람들이 경계하지 않는다는 말은 지극히 공평하고 사사로움이 없
어서 원근과 친소의 구별이 없음을 말한 것이다(好生之德 言其至公不私 无遠
邇親疎之別也).

上六은 比之无首니 凶하니라 象曰 比之无首는 无
상 육　　비 지 무 수　　흉　　　　상 왈 비 지 무 수　　　　무

所終也니라
소 종 야

⇨ 상육은 친비함에 시작이 없는 것이니, 흉한 것이다. 상에 말하였다. "친비
함에 시작이 없음은 마칠 것이 없는 것이다."

☞ 음이 위에 거하였고 친비함의 끝이다. 친비함에 시작이 없음은 종말에 이르면
흉한 것이다. 이는 비괘의 종에 근거하여 말하였다.(六居上 比之終也 比之无首
至終則凶也 此據比終而言)

9. 풍천소축(風天小畜)

☴ 손상(巽上) 건하(乾下)

자연(自然)	인도(人道)	덕행(德行)
風行天上 풍 행 천 상	施未行也 시 미 행 야	懿文德 의 문 덕

　소축괘의 자연은 위에는 바람이 있고 아래에는 하늘이 있어, 바람이 하늘 위로 불어서 만물에 영향을 주지 못하는 형상이다. 또한 자연법칙은 양이 먼저 나아가고 음이 뒤따르는 것인데, 이괘의 특징은 음효가 괘의 주체가 되어 괘의 전체를 주관하는 모습이다.

　따라서 자연을 모방하여 설정한 인도는 베풂을 아직 실행할 수 없는 것이다.

　인도를 실천하는 덕행은 문덕을 확충하여 실력을 쌓고 능력을 연마하여야 덕을 베풀 수 있는 것이다.

小畜은 亨하나 密雲不雨는 自我西郊일새니라
소축　　　형　　　밀운불우　　　자아서교

▷ 소축괘는 형통하나 빽빽하게 구름은 끼었으나 비가 내리지 않음은 우리의
서쪽 교외로부터 시작하기 때문이다.

☞ 양이 선창하면 음이 화답함은 순리이므로 조화를 이루는 것이고, 만일 음이
양보다 먼저 선창하면 순리가 아니므로 조화하지 못하는 것이니, 조화하지 못
하면 비를 이루지 못한다(陽倡而陰和 順也 故和 若陰先陽倡 不順也 故不和 不
和則不能成雨).

※『서경書經』에 암탉이 새벽을 알리면 집안이 망한다고 하는 것이 같은 이치이다
(牝鷄之晨 惟家之索).

彖曰 小畜은 柔得位而上下應之할새 曰小畜이라 健
단왈　소축　　　유득위이상하응지　　　　왈소축　　　건

而巽하며 剛中而志行하여 乃亨하니라 密雲不雨는
이손　　　강중이지행하여　　　내형　　　　밀운불우

尚往也요 自我西郊는 施未行也라
상왕야　　　자아서교　　　시미행야

▷ 단에 말하였다. "소축괘는 유가 지위를 얻고 상하가 응하므로 소축괘라고

한 것이다. 굳세고 공손하며 강이 중에 있어 뜻이 행해져 이에 형통하는 것이다. 빽빽한 구름이 비가 되지 않는다는 것은 아직 더 올라가야 하기 때문이고, 우리 서쪽 교외로부터 시작한다는 것은 베풂이 아직 행해지지 못하는 것이다.

☞ 구름은 음양의 기운이니, 두 기운이 사귀어 화합하면 서로 쌓이고 굳어져 비를 이룬다(雲陰陽之氣 二氣交而和 則相畜固而成雨).

상사 象辭

象曰 風行天上이 小畜이니 君子以하여 懿文德하
상 왈 풍 행 천 상　　소 축　　　군 자 이　　　의 문 덕

나니라

⇨ 상에 말하였다. "바람이 하늘 위에서 부는 것이 소축괘이니, 군자가 이 이치를 본받아서 아름다운 문덕을 쌓는다."

☞ 군자가 온축하는 것 중의 큰 것은 도덕과 경륜의 사업이고, 작은 것은 문장과 재능과 예술이다(大則道德經綸之業 小則文章才藝).

효사 爻辭

初九는 復이 自道어니 何其咎리오 吉하니라 象曰
초 구　　복　　자 도　　　하 기 구　　　길　　　　상 왈

復自道는 其義吉也라
복 자 도　　기 의 길 야

⇨ 초구는 돌아감이 도로부터 함이니, 어찌 허물이 있겠는가. 길한 것이다. 상에
　말하였다. "돌아감을 도로부터 함은 의리상 길한 것이다."

☞ 초효는 양효이고 건괘의 체이다. 양은 위에 있는 물건이고 또 강건한 재질이
　니, 충분히 위로 나아갈 수 있다(初九陽爻而乾體 陽在上之物 又剛健之才 足以
　上進).

九二는 牽復이니 吉하니라　象曰 牽復은 在中이라
구 이　　견 복　　　　길　　　　　　상 왈 견 복　　　재 중

亦不自失也라
역 부 자 실 야

⇨ 구이는 이끌고 돌아가는 것이니, 길한 것이다. 상에 말하였다. "이끌고 돌
　아감은 가운데 자리에 있어서, 또한 스스로 잃지 않기 때문이다."

☞ 내괘인 건괘의 세 양은 뜻이 같으며, 2효는 점점 음과 가까워지나, 강중이기
　때문에 초구를 이끌고 돌아가는 것이다(牽連初而復).

九三은 與脫輻이며 夫妻反目이로다　象曰 夫妻反目
구 삼　　여 탈 복　　부 처 반 목　　　　　상 왈 부 처 반 목

은 不能正室也라
　　불 능 정 실 야

⇨ 구삼은 수레에 바퀴통이 빠지며, 부부간에 반목하도다. 상에 말하였다. "부
　부간에 반목하는 것은 집안을 바로잡지 못하기 때문이다."

☞ 3효는 강하고 중도가 없으며, 음과 매우 가까이 있으나 또 정응이 아니고, 다만 음양이 서로 좋아하여 얽매이고 저지되어 스스로 나아가지 못한다. 그러므로 수레에 바퀴통이 빠진 상이 있는 것이다. 그러나 뜻이 강하기 때문에 또 화평하게 지내지 못하여 그와 다툰다. 그러므로 또 부부간에 반목하는 상이 된다(剛而不中 爲夫妻反目之象).

六四는 有孚면 血去하고 惕出이니 无咎리라 象曰
육사   유부   혈거   척출   무구   상왈

有孚惕出은 上合志也라
유부척출   상합지야

⇨ 육사는 정성이 있으면 위태로운 곳에서 떠나 근심에서 벗어나니 허물이 없는 것이다. 상에 말하였다. "정성이 있으면 위태로운 곳에서 떠나고, 근심에서 벗어남은 위와 뜻이 부합되기 때문이다."

☞ 역에서 '혈'은 상해와 위태로움이 있는 곳을 의미하고, 유로써 강을 제재하는 방도는 정성을 다하여 감동시키는 것이다. 위와 뜻이 부합된다는 말은 5효와 합함을 이른다.

※『노자』에 "유약한 것이 강한 것을 이긴다(柔弱勝剛强)"라고 했다.

九五는 有孚라 攣如하여 富以其隣이로다 象曰 有
구오   유부   련여   부이기린   상왈 유

孚攣如는 不獨富也라
부련여   부독부야

⇨ 구오는 정성이 있어서 한마음이 되어 그 이웃을 부유하게 하도다. 상에 말하였다. "정성이 있어서 한마음이 된다는 것은 홀로 부를 누리는 것이 아니다."

☞ 5효는 군주의 자리로서, 저축하는 때를 당하여 홀로 부자가 되지 않고 전체를 부유하게 하는 자이다.

※『춘추春秋』에 훌륭한 사람의 부를 포상이라 하고 못난 사람의 부를 재앙이라고 하였다.(善人富謂之賞 淫人富謂之殃)

上九는 旣雨旣處는 尙德하여 載니 婦貞이면 厲하
상구   기우기처   상덕   재   부정   려

리라 月幾望이니 君子征이면 凶하리라 象曰 旣雨
월 기 망   군 자 정   흉   상 왈 기 우

旣處는 德이 積載也요 君子征凶은 有所疑也니라
기 처   덕   적 재 야   군 자 정 흉   유 소 의 야

⇨ 상구는 이미 비가 오고 이미 그침은 덕을 숭상하여 가득한 것이니, 부인이 바로잡으려 하면 위태로운 것이다. 달이 거의 보름이 되었으니 군자가 바로잡으려 하면 흉한 것이다. 상에 말하였다. "이미 비 오고 이미 그침은 덕이 쌓여 가득한 것이고, 군자가 바로잡으려 하면 흉한 것은, 의심할 것이 있기 때문이다."

☞ 역에서 비는 화합을 의미한다. 이미 비 오고 이미 그쳤다는 것은 쌓임의 도가 이루어진 것이다. 음이 양을 저지하고 유가 강을 제재함은, 마치 부인이 남편을 제재하고 신하가 군주를 제재하는 경우와 같은 것이니, 위태로운 것이다.

10. 천택리(天澤履)

≡ 건상(乾上) 태하(兌下)

자연(自然)	인도(人道)	덕행(德行)
上天下澤 상 천 하 택	履虎尾 不咥人 이 호 미　부 질 인	辨上下定民志 변 상 하 정 민 지

리괘의 자연은 위에 하늘이 있고 아래에는 못이 있어, 위에 있어야 마땅한 것은 위에 있고 아래에 있어야 마땅한 것은 아래 있는 것이다. 또 건괘의 덕은 강건함과 성실함이고, 태괘의 덕은 기쁨과 윤택하게 하는 것이다.

따라서 자연을 모방하여 설정한 인도는 기뻐함으로 강건한 이에게 응하는 것이라, 호랑이 꼬리를 밟아도 사람을 물지 않는 것이 된다.

인도를 실천하는 덕행은 상하를 변별하여 백성의 뜻을 안정시키는 것이다.

履虎尾라도 不咥人이라 亨하니라
이 호 미　　　　 부 질 인　　　　 형

⇨ 이괘는 호랑이의 꼬리를 밟더라도 사람을 물지 않으니 형통한다.

☞ 이괘는 예법이니, 사람이 실천해야 하는 도리이다. 호랑이 꼬리를 밟아도 사람
을 물지 않는다는 것은, 예를 실천하면 모든 일이 순조로움을 의미한다(履禮
人所履之道也).

※『예기』에 "예는 오고가는 것을 숭상하며, 예는 자신을 낮추고 남을 높이는 것이며, 예
는 절도를 넘지 않는 것이다(禮尙往來, 禮者自卑而尊人, 禮不踰節)."라고 하였다.

彖曰 履는 柔履剛也니 說而應乎健이라 是以履虎尾
단 왈　이　　 유 리 강 야　　　 열 이 응 호 건　　　　 시 이 이 호 미

不咥人亨이라 剛中正으로 履帝位하여 而不疚면 光
부 질 인 형　　　 강 중 정　　　 이 제 위　　　　 이 불 구　　　 광

明也라
명 야

⇨ 단에 말하였다. "이괘는 유가 강을 밟는 것이니, 기쁨으로써 건에 응한다.
이 때문에 범의 꼬리를 밟더라도 사람을 물지 않아서 형통하는 것이다. 강
건함과 중도와 바름으로써 제왕의 자리에 나아가 하자가 없으면 광명한 것
이다."

☞ 광명은 덕이 성하여 빛나는 것이다(光明 德盛而輝光也).

　※『예기』에 "진실된 마음은 예의 근본이고 의리는 예의 문채이다(忠信禮之本也 義理
　禮之文也)."라고 하였다.

상사 象辭

象曰 上天下澤이 履니 君子以하여 辨上下하여 定
상 왈　상 천 하 택　　이　　군 자 이　　　변 상 하　　　　정

民志하나니라
민 지

⇨ 상에 말하였다. "위는 하늘이고 아래는 못인 것이 이괘이니, 군자가 이 이
　치를 본받아서 상하를 분별하여 백성의 뜻(목표)을 정해준다."

☞ 하늘이 위에 있고 못이 아래에 있음은 거처함이 알맞은 것이다. 상하를 구분
　하는 것이 예의 근본이다.

효사 爻辭

初九는 素履니 往하여 无咎리라 象曰 素履之往은
초 구　　소 리　　왕　　　무 구　　　상 왈　소 리 지 왕

獨行願也라
독 행 원 야

⇨ 초구는 평소대로 행함이니 가면 허물이 없는 것이다. 상에 말하였다. "평소대로 행하여 가는 것은 홀로 원하는 것을 행하는 것이다."

☞ 홀로 원하는 것을 행한다는 것은, 낮은 신분을 편안히 여겨 분수를 지켜야 함을 이른다(禮不踰節).

九二는 履道坦坦하니 幽人이라 貞하고 吉하리라
구이   이 도 탄 탄   유 인   정   길

象曰 幽人貞吉은 中不自亂也라
상 왈 유 인 정 길   중 부 자 난 야

⇨ 구이는 가는 길이 탄탄하니, 자중하는 사람이라 정도를 굳게 지켜서 길할 것이다. 상에 말하였다. "자중하는 사람이라 정도를 지켜서 길함은 중도가 있어서 스스로 어지럽혀지지 않기 때문이다."

☞ 유인幽人의 경계는 음의 도를 행해야 함을 이르니, 조급해서는 안되고 편안한 마음으로 중도를 행해야 함을 이른다(幽對明言).

六三은 眇能視며 跛能履라 履虎尾하여 咥人이니
육 삼   묘 능 시   파 능 리   이 호 미   질 인

凶하고 武人이면 爲于大君이로다 象曰 眇能視는
흉   무 인   위 우 대 군   상 왈 묘 능 시

不足以有明也요 跛能履는 不足以與行也요 咥人之
부 족 이 유 명 야   파 능 리   부 족 이 여 행 야   질 인 지

凶은 位不當也요 武人爲于大君은 志剛也라
흉   위 부 당 야   무 인 위 우 대 군   지 강 야

⇨ 육삼은 애꾸눈으로 볼 수 있으며 절름발로 걸을 수 있는 상황이다. 범의 꼬리를 밟아 사람을 무니 흉하고, 굳센 사람처럼 행하면 대군에게 당하도다. 상에 말하였다. "애꾸눈으로 볼 수 있음은, 밝게 볼 수 없는 것이고, 절름발이로 걸을 수 있음은, 더불어 갈 수가 없는 것이다. 사람을 물어 흉함은 자리가 마땅하지 않기 때문이고, 굳센 사람처럼 행하면 대군에게 당함은 뜻이 강하기 때문이다."

☞ 양의 자리에 음효로 온 것은, 자질은 약한데 뜻만 강하기 때문에 위험한 곳을 밟는 것이 된다. 그래서 호랑이 꼬리를 밟아 물린다고 표현하였다(志剛體柔).

九四는 履虎尾나 愬愬이면 終吉이리라 象曰 愬愬
구사   이 호 미   색 색   종 길   상 왈 색 색

終吉은 志行也라
종 길   지 행 야

⇨ 구사는 호랑이의 꼬리를 밟으나, 두려워하고 두려워하면 끝에 가서 길한 것이다. 상에 말하였다. "두려워하고 두려워하여 끝에 가서 길하다는 것은 뜻이 행해지는 것이다."

☞ 4효는 5효의 아래에 있기 때문에 두려움이 많은 자리이다. 「계사전」에 '2효는 칭찬이 많고 4효는 두려움이 많은데, 그 이유는 임금의 자리에 가깝기 때문(二多譽 四多懼 近也)이라고 하였다.

九五는 夬履니 貞이라도 厲하리라 象曰 夬履貞厲
구오   쾌 리   정   려   상 왈 쾌 리 정 려

는 位正當也일새라
   위 정 당 야

⇨ 구오는 과감하게 행함이니, 정도를 지키더라도 위태로운 것이다. 상에 말하였다. "과감하게 행하여 정도를 지키더라도 위태로움은 자리가 정당하기 때문이다."

☞ 5효는 군주의 자리이다. 그러나 이괘에 있어서는 훌륭한 신하의 의논을 받아들이지 않고 과감하게 행함이 된다.

   ※ 『서경』에 순임금이 요임금 평하시기를 "여러 사람과 의론하여 자기의 사사로운 마음을 버리고 남을 훌륭한 의견을 따랐다(稽于衆 舍己從人)."라고 하였다.

上九는 視履하여 考祥하되 其旋이면 元吉이리라
상구   시리   고상   기선   원길

象曰 元吉在上이 大有慶也니라
상왈 원길재상   대유경야

⇨ 상구는 자신이 걸어온 길을 뒤돌아보아 그 행실을 헤아려 선하였으면 크게 길한 것이다. 상에 말하였다. "크게 길함이 위에 있음에 크게 경사가 있는 것이다."

☞ 선旋은 행동거지가 완벽하여 지극하지 않음이 없음을 이른다

   (旋謂周旋完備无不至也, 人之行貴乎有終).

11. 지천태(地天泰)

䷊ 곤상(坤上) 건하(乾下)

자연(自然)	인도(人道)	덕행(德行)	
天地交 천 지 교	上下交而其志同也 상 하 교 이 기 지 동 야	財成天地之道 재 성 천 지 지 도	輔相天地之宜 보 상 천 지 지 의

　태괘의 자연은 위에 땅이 있고 아래에는 하늘이 있어, 땅의 기운은 올라가고 하늘의 기운은 내려와 서로 교제하여 크게 형통하는 것이다.

　따라서 자연을 모방하여 설정한 인도는 윗사람과 아랫사람이 사귀어 그 뜻이 서로 같은 것이다.

　인도를 실천하는 덕행은 천지의 도를 재단하여 절기를 이루며, 천지의 마땅함을 돕는 것이다. 성인이 자연의 법칙을 때에 알맞게 절기를 만들고 지형을 살펴서 백성들에게 절기와 지형의 이치를 가르쳐서 이치에 마땅하게 살아가도록 다스려 나가는 것이다.

괘사 卦辭

泰는 小往하고 大來하니 吉하여 亨하니라
태　　소 왕　　　대 래　　　길　　　　형

⇨ 태괘는 작은 것이 가고 큰 것이 오니, 길하여 형통하는 것이다.

☞ 태괘는 천지가 사귀어 음양 두 기운이 통하는 것이다. 작은 것은 음을 이르고 큰 것은 양을 이른다. 상괘는 간 것이 되고 하괘는 온 것이 된다(小謂陰 大謂陽).

단사 彖辭

象曰 泰小往大來吉亨은 則是天地交而萬物通也며
단 왈　 태 소 왕 대 래 길 형　　 즉 시 천 지 교 이 만 물 통 야

上下交而其志同也라 內陽而外陰하며 內健而外順
상 하 교 이 기 지 동 야　　 내 양 이 외 음　　　 내 건 이 외 순

하며 內君子而外小人하니 君子道長하고 小人道消
　　　내 군 자 이 외 소 인　　　 군 자 도 장　　　 소 인 도 소

也라
야

⇨ 단에 말하였다. "태괘에서 작은 것이 가고 큰 것이 와서 길하고 형통하다는 것은 천지가 사귀어 만물이 형통하고, 상하가 사귀어 그 뜻이 같아지는 것이다. 내괘는 양괘이고 외괘는 음괘이며, 안은 굳세고 밖은 유순하며 군자가 안에 있고 소인이 밖에 있으니, 군자의 도가 자라나고 소인의 도가 사라

지는 것이다."

☞ 군자는 양을 일컫고 소인은 음을 일컫는다. 안은 강직하고 밖이 유순함은 군
자의 모습이다(外柔內剛).

상사 象辭

象曰 天地交泰니 后以하여 財成天地之道하며 輔相
상왈　천지교태　　후이　　　재성천지지도　　　　보상

天地之宜하여 以左右民하나니라
천지지의　　　이좌우민

⇨ 상에 말하였다. "천지가 사귀는 것이 태괘이니, 제후가 이 이치를 본받아서
천지의 도를 재단하며 천지의 마땅함을 도와서 백성을 좌우한다."

☞ 천지의 도를 재단한다는 것은, 천도는 성(誠)자 하나일 뿐인데, 그것을 4계절
로 나누고 24절기로 나누어 적절하게 설명해 놓았음을 이른다. 천지의 마땅함
을 돕는다는 것은, 천시天時와 지리地理를 마땅하게 이용하여 화육의 공을 돕
는 것을 이른다.

효사 爻辭

初九는 拔茅茹라 以其彙征이니 吉하니라 象曰 拔
초구　　발모여　　이기휘정　　　길　　　상왈 발

茅征吉은 志在外也라
모 정 길　　　지 재 외 야

⇨ 초구는 띠풀을 뽑는 것과 같다. 그 무리들과 함께 감이니, 길한 것이다. 상에 말하였다. "띠풀을 뽑는 것과 같아서 나아가면 길한 것은 뜻이 밖에 있는 것이다."

☞ 띠풀을 뽑는 것과 같다는 것은, 군자가 나아갈 때는 반드시 동류들과 함께 가서 서로 의지하며 선행을 권하고 뜻을 이룬다(君子相賴以濟).

九二는 包荒하며 用馮河하며 不遐遺하며 朋亡하면
구 이　　　포 황　　　용 빙 하　　　불 하 유　　　붕 망

得尚于中行하리라 象曰 包荒得尚于中行은 以光大
득 상 우 중 행　　　상 왈　포 황 득 상 우 중 행　　　이 광 대

也라
야

⇨ 구이는 어리석은 사람을 포용하며, 황하를 맨몸으로 건너며, 멀리 있는 사람을 버리지 않고, 붕당을 없애면 중도를 행하는 데에 배합될 것이다. 상에 말하였다. "어리석은 사람을 포용해 줌이 중도를 행하는 데 배합된다는 것은 (덕망이) 빛나고 큰 것이다."

☞ 천지가 통할 때에 군자가 지혜智 · 어짊仁 · 용기勇 세 가지 덕을 발휘하는 모습이다.

※『중용』에는 지혜·어짊·용기 세가지 통용되는 덕을 도로 들어가는 문이라 하였다 (以知仁勇三達德 爲入道之門).

九三은 无平不陂며 无往不復이니 艱貞이면 无咎하
구삼　　무평불피　　무왕불복　　　간정이면　　무구

여 勿恤이라도 其孚라 于食에 有福하리라 象曰 无
　물 휼　　　　　기부　　우식　　유복　　　　상왈 무

往不復은 天地際也라
왕불복　　천지제야

⇨ 구삼은 평평하기만 하고 기울지 않는 것은 없으며, 가기만 하고 돌아오지
　않는 것은 없으니, 어렵게 여기고 정도를 굳게 지키면, 허물이 없어 근심하
　지 않더라도 신망을 받아, 식록을 먹음에 복이 있는 것이다. 상에 말하였
　다. "가고서 돌아오지 않음이 없음은 천지의 경계선이기 때문이다."

☞ 3효는 형통함이 지극히 성한 것이다. 성함이 지극하면 반드시 쇠하는 것은 자
　연의 법칙이다(物極必反).

六四는 翩翩히 不富以其隣하여 不戒以孚로다 象曰
육사　　편편　　불부이기인　　　불계이부　　　상왈

翩翩不富는 皆失實也요 不戒以孚는 中心願也라
편편불부　　개실실야　　불계이부　　중심원야

⇨ 육사는 부지런하고 부지런히 날아 부유하지 않으면서도 그 이웃을 이끌고
　내려오려 하는데, 경계하지 않고 믿는다. 상에 말하였다. "부지런하고 부지
　런히 부유하지 않으면서도 이웃을 이끌고 내려온다는 것은 모두 실을 잃은
　것이고, 경계하지 않고 믿는 것은 마음속으로 원하기 때문이다."

☞ 사람이 부유할 때 따르는 것은 이익 때문이고, 부유하지 않은데도 따르는 것
　은 뜻이 같기 때문이다(夫人富而其類從者爲利也　不富而從者其志同也).

六五는 帝乙歸妹니 以祉며 元吉이리라 象曰 以祉
육오　　제을귀매　　이지　　원길　　　　상왈 이지

元吉은 中以行願也라
원길　　중이행원야

⇨ 육오는 제을이 여동생을 시집보냄이니, 이로써 복을 받는 것이며 크게 선하
　여 길한 것이다. 상에 말하였다. "복을 받으며 크게 길하다는 것은, 중도로
　써 원하는 것을 행하기 때문이다."

☞ 임금이 여동생을 시집보낸다는 것은 아래에 있는 어진 신하에게 의지하고 겸
　손하게 낮춤을 비유한 것이다.

　　※『시경』에 이런 말이 있다. "선현들의 말씀에 풀베고 나무하는 사람에게도 물어라(先民
　　　有言 詢于芻蕘)."

上六은 城復于隍이라 勿用師요 自邑告命이니 貞이
상육　　성복우황　　　물용사　　자읍고명　　　정

라도 吝하니라 象曰 城復于隍은 其命이 亂也라
　　인　　　　　상왈 성복우황　　기명　　난야

⇨ 상육은 성이 무너져 해자로 돌아옴이니 군사를 쓰지 말 아야 하고, 읍으로
　부터 명이 알려질 것이니 정도를 지키더라도 막히는 것이다. 상에 말하였
　다. "성이 무너져 해자로 돌아온다는 것은 그 명이 어지럽기 때문이다."

☞ 성이 해자로 돌아온다는 것은, 통함이 지극함에 이르러 막히게 됨을 이르고,
　명이 읍으로부터 고해진다는 것은, 사사로움에서 나옴을 이른다.

12. 천지비(天地否)

☰☷ 건상(乾上) 곤하(坤下)

자연(自然)	인도(人道)	덕행(德行)
天地不交 천 지 불 교	上下不交而不通也 상 하 불 교 이 불 통 야	儉德辟難 不可榮以祿 검 덕 피 난 불 가 영 이 록

　비괘의 자연은 하늘이 위에 있고 땅이 아래에 있어, 하늘의 기는 위에 머물러 있고 땅의 기도 그대로 땅에 머물러 있어, 천지의 기가 사귀지 않아 만물이 형통하지 못하는 것이다. 괘의 재질을 보면 양을 상징하는 군자의 무리가 물러나고, 음을 상징하는 소인의 무리가 나아가는 형상이다.

　따라서 자연을 모방하여 설정한 사람의 도리는 윗사람과 아랫사람이 사귀지 않아 마음이 통하지 않는 것이다.

　인도를 실천하는 덕행은 능력을 감추어 어려움을 피하고 녹봉으로 영화를 누리지 않는 것이다.

否之匪人이니 不利君子貞하니 大往小來니라
비 지 비 인   불 리 군 자 정   대 왕 소 래

➪ 비괘는 인도가 아니니, 군자가 정도를 고집함에 이롭지 않으니, 큰 것이
   가고 작은 것이 오기 때문이다.

☞ 비괘는 태괘와 정반대로 상하가 사귀지 않는 것이다. 천지가 사귀지 않으면
   만물을 낳지 못하니 이는 인도가 없는 것이다(天地不交 則不生萬物 是无人道).

단사 彖辭

象日 否之匪人이니 不利君子貞이라 大往小來면 則
단 왈 비 지 비 인   불 리 군 자 정   대 왕 소 래   즉

是天地不交而萬物不通也며 上下不交而天下无邦
시 천 지 불 교 이 만 물 불 통 야   상 하 불 교 이 천 하 무 방

也라 內陰而外陽하며 內柔而外剛하며 內小人而外
야   내 음 이 외 양   내 유 이 외 강   내 소 인 이 외

君子하니 小人道長하고 君子道消也라
군 자   소 인 도 장   군 자 도 소 야

➪ 단에 말하였다. "비괘는 인도가 아니니 군자가 정도를 고집함이 이롭지 않
   다. 큰 것이 가고 작은 것이 오면 천지가 사귀지 않아 만물이 통하지 않으
   며, 상하가 사귀지 않아 천하에 나라가 없는 것이다. 안에는 음이 있고 밖

에는 양이 있으며, 안은 유약하고 밖은 강건하며, 안에는 소인이 있고 밖에는 군자가 있으니, 소인의 도가 자라나고 군자의 도가 사라지는 것이다."

☞ 상하가 통하지 않아서, 윗사람은 윗사람일 뿐이고 아랫사람은 아랫사람일 뿐이라면, 비록 나라가 있으나 실제로는 나라가 없는 것이다(上自爲上 下自爲下 則雖有邦國 實與無邦國同矣).

상사 象辭

象曰 天地不交否니 君子以하여 儉德辟難하여 不可
상왈 천지불교비 군자이 검덕피난 불가

榮以祿이니라
영이록

⇨ 상에 말하였다. "천지가 사귀지 않음이 비괘이니, 군자가 이 이치를 본받아서 덕을 거둬들여 환난을 피하여 녹봉으로써 영화롭게 누리지 말아야 한다."

☞ 비괘는 소인이 뜻을 얻는 때이니, 군자가 귀하고 영화로운 지위에 거하면, 환난이 반드시 그 몸에 미친다(否者 小人得志之時 君子居顯榮之地 禍患必及其身).

※ 『노자』에 이런 말이 있다. "멈출 곳을 알면 위태롭지 않다(知止所以不殆)."

효사 爻辭

初六은 拔茅茹라 以其彙로 貞이니 吉하여 亨하니
초육 발모여 이기휘 정 길 형

라 象曰 拔茅貞吉은 志在君也라
　　상왈　발 모 정 길　　지 재 군 야

▷ 초육은 띠풀을 뽑는 것과 같다. 그 무리를 이끌고 정도를 지킴이니, 길하여
　형통한 것이다. 상에 말하였다. "띠풀을 뽑는 것과 같이 그 무리를 이끌고
　정도를 지켜서 길함은 뜻이 군주에게 있는 것이다."

☞ 비괘의 때에는 아래에 있는 자가 군자가 된다(否之時 在下者君子也).

六二는 包承이니 小人은 吉하고 大人은 否나 亨하
육 이　　포 승　　소 인 　 길　　　대 인 　 비　　형

니라 象曰 大人否亨은 不亂群也라
　　상왈　대 인 비 형　　불 란 군 야

▷ 육이는 감추고 받들 생각을 하고 있으니 소인은 길하고, 대인은 막히나 형
　통한 것이다. 상에 말하였다. "대인이 막히나 형통한다는 것은 소인의 무리
　에게 어지럽혀지지 않는 것이다."

☞ 포승은 내면에 군자를 해칠 마음을 숨기고 겉으로 받드는 척하는 것이고, 대
　인은 몸은 막히나 도는 형통하는 것이다(大人身雖否而道之亨也).

六三은 包羞로다 象曰 包羞는 位不當也일새라
육 삼　　포 수　　상왈　포 수　　위 부 당 야

▷ 육삼은 수치스러운 일을 생각하고 있도다. 상에 말하였다. "수치스러운 일
　을 생각하고 있음은 자리가 마땅하지 않기 때문이다."

☞ 소인의 정상이 지극한 자여서 군자를 해칠 마음이 백일하에 드러난 것이다(極
　小人之情狀者也).

九四는 有命이니 无咎하여 疇離祉리라 象曰 有命
구사　　유명　　　무구　　　　주이지　　　　상왈 유명

无咎는 志行也라
무구　　　지행야

⇨ 구사는 천명이 있으니 허물이 없어 무리가 복을 받는 것이다. 상에 말하였
　　다. "천명이 있어서 허물이 없음은 뜻만 행해지는 것이다."

☞ 태괘와 비괘는 무리지어 움직이기 때문에 무리가 복을 받는 것이고, 천명이
　　있음은 5효의 명령을 받는 것이다(有命者 受九五之命也).

九五는 休否라 大人의 吉이니 其亡其亡이라아 繫
구오　　휴비　　대인　　길　　　기망기망　　　　　계

于苞桑이리라 象曰 大人之吉은 位正當也일새라
우포상　　　　상왈 대인지길　　위정당야

⇨ 구오는 비색함을 그치게 하는지라 대인의 길함이니, 이러다 망하지, 이러
　　다 망하지 하고 두려워해야, 무성한 뽕나무에 매어놓듯이 안전할 것이다.
　　상에 말하였다. "대인이라야 길함은, 지위가 정당하기 때문이다."

☞ 대인은 덕이 천지와 같고, 밝음이 일월과 같고, 순서를 지킴이 사시와 같고,
　　길함과 흉함을 앎이 귀신과 같은 자이다. 뽕나무는 뿌리가 깊고 견고하여 잘
　　뽑히지 않는 특징이 있다(桑之爲物이 其根深固).

上九는 傾否니 先否하고 後喜로다 象曰 否終則傾
상구　　경비　　선비　　　후희　　　상왈 비종즉경

하나니 何可長也리오
　　　　하 가 장 야

➪ 상구는 비색함이 기울어짐이니, 먼저는 막히고 뒤에는 기쁘다. 상에 말하였다. "막힘이 끝나면 기울어지게 되니, 어찌 오래가겠는가."

☞ 사물의 이치는 극에 이르면 반드시 반전된다(物極必反).

13. 천화동인(天火同人)

☰ 건상(乾上) 이하(離下)

자연(自然)	인도(人道)	덕행(德行)
天與火 천 여 화	文明以健 문 명 인 건	類族辨物 유 족 변 물

　동인괘의 자연은 위에 하늘이 있고 아래에는 불이 있어, 하늘과 불이 만난 것이다. 하늘의 기운은 위에 있고 불의 기운도 타면서 위로 올라가는 것이니 같은 성질을 가지고 있다. 건괘의 괘덕은 굳셈과 성실함이고 이괘의 괘덕은 밝음과 붙음이니, 같은 무리로서 서로 더불어 밝음을 이어가는 것이다.

　따라서 자연을 모방하여 설정한 인도는 문명함을 성실하게 행하는 것이다.

　인도를 실천하는 덕행은 같은 무리로서 사물을 변별하는 것이다.

同人于野면 亨하리니 利涉大川이며 利君子貞하니라
동 인 우 야　　　형　　　　　이 섭 대 천　　　　이 군 자 정

⇨ 다른 사람과 한마음이 되기를 들에서 하면 형통할 것이니 큰 내를 건넘이
　이로우며 군자가 정도를 지킴이 이롭다.

☞ 남과 한마음이 되는 것을 들에서 한다는 것은 사사로움이 없음을 이른다
　(同人于野謂无私也).

단사 彖辭

象曰 同人은 柔得位하며 得中而應乎乾할새 曰 同
단왈 동인　　유득위　　　　득 중 이 응 호 건　　　왈 동

人이라 同人于野亨利涉大川은 乾行也요 文明以健
인　　　동 인 우 야 형 이 섭 대 천　　건 행 야　　문 명 이 건

하고 中正而應이 君子正也니 唯君子야 爲能通天下
　　　중 정 이 응　군 자 정 야　　유 군 자　　위 능 통 천 하

之志하나니라
지 지

⇨ 단에 말하였다. "동인괘는 유가 바른 자리를 얻었으며, 중을 얻어 건에 응
　하므로 동인이라 한 것이다.　'다른 사람과 한마음이 되어 형통하고 대천을
　건넘이 이롭다'는 것은, 건의 행실이고, 문명하고 굳건하며 중정으로 응함

이 군자의 정도이니, 오직 군자라야 천하 사람의 마음을 알 수 있다."

☞ 문명하면 이치를 밝게 알 수 있고, 강건하면 자신의 사욕을 이길 수 있다(文明則能燭理　剛健則能克己).

象曰 天與火同人이니 君子以하여 類族으로 辨物하
상왈 천 여 화 동 인　　　군 자 이　　　유 족　　　변 물

나니라

▷ 상에 말하였다. "하늘과 불이 만난 것이 동인괘이니, 군자가 이치를 본받아서 같은 무리로써 사물을 분별한다."

☞ 하늘이 위에 있는데 불의 성질이 타며 올라가서 불이 하늘과 함께 하므로, 동인의 뜻이 된 것이다(火性炎上 水性潤下).

初九는 同人于門이니 无咎리라 象曰 出門同人을
초 구　　　동 인 우 문　　　무 구　　　상 왈 출 문 동 인

又誰咎也리오
우 수 구 야

▷ 초구는 다른 사람과 한마음이 되는 것을 문을 나가서 하니, 허물이 없는

것이다. 상에 말하였다. "문을 나가서 다른 사람과 한마음이 되는 것을 또 누가 탓하겠는가."

☞ 양이 동인의 초효에 거하여 계응하는 것이 없으니, 이는 편벽됨과 사사로움 이 없어서, 다른 사람과 함께하기를 공정하게 하는 자이다(初而无係應是无偏 私也).

六二는 同人于宗이니 吝하도다 象曰 同人于宗은
육 이 　　동 인 우 종 　　　　　　　 인 　　　　　　　 상 왈 동 인 우 종

吝道也라
인 도 야

⇨ 육이는 다른 사람과 한마음이 되는 것을 종당에서 하니 막히는 것이다. 상 에 말하였다. "다른 사람과 한마음이 되는 것을 종당에서 함은 막히는 도 이다."

☞ 오효와 정응이 되므로 종당에서 남과 한마음이 되는 것이다. 계응하는 사람과 함께하면, 이는 편벽되게 한마음이 되는 것이다(同人貴大同).

九三은 伏戎于莽하고 升其高陵하여 三歲不興이로
구 삼 　　복 융 우 망 　　　　 승 기 고 릉 　　　　　 삼 세 불 흥

다 象曰 伏戎于莽은 敵剛也요 三歲不興이어니 安
　　 상 왈 복 융 우 망 　　 적 강 야 　　 삼 세 불 흥 　　　　　 안

行也리오
행 야

⇨ 구삼은 우거진 풀숲에 병사를 매복시키고 그 높은 언덕에 올라가서 3년이

되어도 일어나지 못함이다. 상에 말하였다. "병사를 풀숲에 매복시킴은 적
이 강하기 때문이요, 3년이 되어도 일어나지 못하니, 어떻게 행하겠는가."

☞ 강하면서 중도가 없고, 위에 정응이 없어 육이와 함께 하고자 하나 정응이 아
니며, 구오에게 공격을 당할까 두려워하는 것이다(强暴之人).

九四는 乘其墉하되 弗克功이니 吉하니라 象曰 乘
구 사   승 기 용   불 극 공   길   상 왈 승

其墉은 義不克也요 其吉은 則困而反則也라
기 용   의 불 극 야   기 길   즉 곤 이 반 칙 야

⇨ 구사는 그 담에 올라가나 공격하지 않으니, 길한 것이다. 상에 말하였다.
"그 담에 올라감은 의리상 이기지 못하기 때문이고, 그 길함은 곤궁하게 여
겨서 법칙으로 돌아오기 때문이다."

☞ 사효는 강하고 중정하지 못하면서 그 마음이 2효와 함께하고자 한다. 강으로
서 유의 자리에 거하였기 때문에 곤하면 능히 돌아오는 뜻이 있다(以剛居柔
故有困而能反之義).

九五는 同人이 先號咷而後笑니 大師克이라야 相遇
구 오   동 인   선 호 도 이 후 소   대 사 극   상 우

로다 象曰 同人之先은 以中直也요 大師相遇는 言
     상 왈 동 인 지 선   이 중 직 야   대 사 상 우   언

相克也라
상 극 야

⇨ 구오는 다른 사람과 한마음이 되는데 먼저는 울부짖다가 나중에는 웃으니,

큰 군사로 싸워 이겨야 서로 만난다. 상에 말하였다. "다른 사람과 한마음이 되는데 먼저 울부짖음은 마음속이 곧기 때문이고, 큰 군사로 싸워 이겨야 서로 만남은 서로 이길 만함을 말한다."

☞ 구오가 2효와 함께 하고자 하나 3, 4 두 양효에게 막혔다. 그러나 간사함은 정도를 이기지 못하여 비록 막히는 바가 되었다 하더라도 끝내는 반드시 합함을 얻는다(事必歸正).

上九는 同人于郊니 无悔니라 象曰 同人于郊는 志
상구 　　동인우교 　　무회 　　　상왈 동인우교 　　　지

未得也라
미 득 야

⇨ 상구는 다른 사람과 한마음이 되는 것을 교외에서 하니, 후회가 없는 것이다. 상에 말하였다. "다른 사람과 한마음 되는 것을 교외에서 한다는 것은 뜻을 얻지 못하는 것이다."

☞ 교외는 멀리 밖에 있는 지역이다. 상구는 밖에 거하고 응이 없어서 끝내 더불어 함께하는 자가 없다(終无與同者也).

14. 화천대유(火天大有)

☰ 이상(離上) 건하(乾下)

자연(自然)	인도(人道)	덕행(德行)
火在天上 화재천상	剛健而文明　應天而時行 강건이문명　응천이시행	遏惡揚善　順天休命 알악양선　순천휴명

　대유괘의 자연은 위에 태양이 있고 아래에는 하늘이 있어, 태양이 하늘의 위에 떠 있는 형상이다. 건괘의 괘덕은 강건함과 성실함이고, 이괘의 괘덕은 문명함과 붙음이다.

　따라서 자연을 모방하여 설정한 인도는 강건함과 문명함으로 자연의 이치에 순응하고 때에 알맞게 대처하는 것이다.

　인도를 실천하는 덕행은 악함을 막고 선행을 드러내어 천운을 따르고 천명을 편안하게 여기는 것이다.

大有는 元亨하니라
대유   원형

⇨ 대유괘는 크게 형통하는 것이다.

☞ 대유괘는 큰 것을 소유하는 것이다(大有 所有之大也).

彖曰 大有는 柔得尊位하고 大中而上下應之할새 曰
단왈 대유   유득존위   대중이상하응지   왈

大有니 其德이 剛健而文明하고 應乎天而時行이라
대유   기덕   강건이문명   응호천이시행

是以元亨하니라
시이원형

⇨ 단에 말하였다. "대유괘는 유가 높은 자리를 얻고 크게 중하며 상하가 응하
   므로 대유괘라 하였으니, 그 덕이 강건하고 문명하며 하늘의 이치에 응하
   여 때에 맞게 행한다. 이 때문에 크게 형통하는 것이다."

☞ 하늘의 운행에 순응함은 천시에 순응하는 것이다(順應乾行 順乎天時也).

象曰 火在天上이 大有니 君子以하여 遏惡揚善하여
상왈 화재천상　　대유　　군자이　　　알악양선

順天休命하나니라
순천휴명

⇨ 상에 말하였다. "불이 하늘 위에 있는 것이 대유괘이니, 군자가 이 이치를
본받아서 악을 막고 선을 드러내어 하늘의 아름다운 명에 순종한다."

☞ 불이 하늘 위에 있어서 비추는 바가 넓으니, 대유의 상이 된다. 천명은 선
만 있고 악이 없다. 그러므로 악을 막고 선을 드러냄이 하늘에 순종하는
것이다(天命有善而无惡 故休命).

효사 爻辭

初九는 无交害니 匪咎나 艱則无咎리라 象曰 大有
초구　　무교해　　비구　　간즉무구　　　상왈 대유

初九는 无交害也라
초구　　무교해 야

⇨ 초구는 유해함에 인접해 있지 않으니 비난은 없으나 어렵게 여기고 조심하
면 허물이 없는 것이다. 상에 말하였다. "대유괘의 초구는 유해함에 인접해
있지 않은 것이다."

☞ 초효는 아직 성대함에 이르지 않았고, 응여가 없어서 교만하고 넘치는 잘못이 없다.

九二는 大車以載니 有攸往이면 无咎리라 象曰 大
구이　　대거이재　　유유왕　　　무구　　　상왈 대

車以載는 積中不敗也라
거 이 재　　적 중 불 패 야

▷ 구이는 큰 수레에 실음이니, 갈 바를 두면 허물이 없는 것이다. 상에 말하
였다. "큰 수레로 실음은 가운데에 많이 쌓아도 무너지지 않는 것이다."

☞ 강건하면 재주가 감당할 수 있고, 유에 거하면 겸손하고, 중도를 얻으면 허물
이 없다(剛健則才勝, 居柔則謙順, 得中則无過).

九三은 公用亨于天子니 小人은 弗克이니라 象曰
구삼　　공용형우천자　　소인　　불극　　　　상왈

公用亨于天子는 小人은 害也리라
공 용 형 우 천 자　　소인　　해 야

▷ 구삼은 공후가 (대유로써)천자를 형통하게 해야 함이니, 소인은 감당하지
못한다. 상에 말하였다. "공후가 천자를 형통하게 해야 하는데, 소인은 해
롭게 한다."

☞ 3효는 하괘의 위에 거하였으니 공후, 제후, 인군의 상이다. 양으로써 정위에
거하여 크게 소유한 것을 천자에게 올리는 자이다.

※ 『예기』에 소인은 가난하면 구차하고 부유하면 교만해 진다고 하였다(小人 貧斯約 富
斯驕).

九四는 匪其彭이면 无咎리라 象曰 匪其彭无咎는
구사　　비기방　　　　무구　　　상왈　비기방무구

明辨晳也라
명변절야

➯ 구사는 지나치게 성하게 하지 않으면 허물이 없는 것이다. 상에 말하였다.
　"지나치게 성하게 하지 않으면 허물이 없다는 것은 분별함이 밝은 것이다."

☞ 사효는 인군과 가까운 높은 자리이니, 만일 너무 성함에 처하면 흉함과 허물
　을 이룬다(二多譽 四多懼).

六五는 闕孚交如니 威如면 吉하리라 象曰 闕孚交
육오　　궐부교여　　위여　　길　　　　상왈　궐부교

如는 信以發志也요 威如之吉은 易而无備也일새라
여　　신이발지야　　위여지길　　이이무비야

➯ 육오는 그 믿음으로 사귀니, 위엄이 있으면 길한 것이다. 상에 말하였다.
　"그 믿음으로 사귐은 신의로써 뜻을 펼침이요, 위엄이 있으면 길한 것은 쉽
　게 여겨 대비함이 없기 때문이다."

☞ 군주의 도리는 강함을 귀하게 여기므로 너무 유순하면 폐위되니, 마땅히 위엄
　으로써 다스리면 길한 것이다(君道貴剛 太柔則廢).

上九는 自天祐之라 吉无不利로다 象曰 大有上吉은
상구　　자천우지　　길무불리　　　　상왈　대유상길

自天祐也라
자천우야

⇨ 상구는 하늘에서 도우므로 길하여 이롭지 않음이 없다. 상에 말하였다. "대유괘의 상효가 길한 것은 하늘에서 돕기 때문이다."

☞ 하늘이 돕는 것은 순조로운 것이요, 사람이 돕는 것은 믿어주는 것이다
(天之所助者順也, 人之所助者信也).

15. 지산겸(地山謙)

☷☶ 곤상(坤上) 간하(艮下)

자연(自然)	인도(人道)	덕행(德行)
地中有山 지 중 유 산	惡盈而好謙 오 영 이 호 겸	裒多益寡 稱物平施 부 다 익 과　칭 물 평 시

　겸괘의 자연은 위에 땅이 있고 아래에 산이 있어, 땅속에 산이 있는 형상이다. 산은 본래 땅보다 높히 있는 것이지만 지극히 겸손함을 표현하기 위하여 이렇게 자연을 설정한 것이다.

　자연을 모방하여 설정한 인도는 오만한 사람을 미워하고 겸손한 사람을 좋아하는 것이다.

　인도를 실천하는 덕행은 많은 것에서 덜어서 적은 것에 더해주고 물건을 저울질하여 공평하게 베풀어 주는 것이다.

謙은 亨하니 君子有終이니라
겸　　　형　　　　군 자 유 종

⇨ 겸괘는 형통하니, 군자에게 유종의 미가 있는 것이다.

☞ 소유하고도 자처하지 않음을 겸손이라고 한다(所有而不居謂之謙).

단사 彖辭

象曰 謙亨은 天道下濟而光明하고 地道卑而上行이
단왈 겸 형　　　천 도 하 제 이 광 명　　　　지 도 비 이 상 행

라 天道는 虧盈而益謙하고　地道는　變盈而流謙하
　천 도　　휴 영 이 익 겸　　　지 도　　　변 영 이 류 겸

고 鬼神은 害盈而福謙하고 人道는 惡盈而好謙하나
　귀 신　　해 영 이 복 겸　　　인 도　　오 영 이 호 겸

니 謙은 尊而光하고 卑而不可踰니 君子之終也라
　겸　　존 이 광　　　비 이 부 가 유　　　군 자 지 종 야

⇨ 단에 말하였다. "겸괘가 형통함은, 천도는 아래로 교제하여 광명하고, 지도
는 낮아 위로 간다. 하늘의 도는 가득한 것을 이지러지게 하고 부족한 것을
더해주며, 땅의 도는 가득한 것을 변하게 하여 부족한 데로 흐르게 하며,
귀신은 오만한 자를 해치고 겸손한 자에게 복을 주고, 사람의 도는 오만한
자를 싫어하고 겸손한 자를 좋아하나니, 겸손하면서 높이 있으면 빛나고,

낮은 데 있어도 (법도를) 지나치지 않으니, 군자의 끝마침이다."

☞ 겸손은 사람의 지극한 덕이니, 안으로는 덕에 그쳐있고 밖으로는 유순하게 대
   처하는 것이다. 귀신은 조화의 자취를 이른다(謙者人之至德, 鬼神謂造化之跡).

상사 象辭

象曰 地中有山이 謙이니 君子以하여 衰多益寡하여
상 왈 지 중 유 산　　겸　　군 자 이　　　　부 다 익 과

稱物平施하나니라
칭 물 평 시

⇨ 상에 말하였다. "땅 가운데 산이 있는 것이 겸괘이니, 군자가 이 이치를 본
   받아서 많은 데에서 덜어서 적은 데에 더해주어, 물건을 저울질하여 베풂
   을 공평하게 한다."

☞ 땅은 낮은 것이고 산은 높은 것인데, 땅속에 산이 있다고 한 것은 밖으로는
   유순하고 안에는 덕이 쌓임을 이른다.

효사 爻辭

初六은 謙謙君子니 用涉大川이라도 吉하니라 象曰
초 육　　겸 겸 군 자　　용 섭 대 천　　　　길　　　　상 왈

謙謙君子는 卑以自牧也라
겸 겸 군 자　　비 이 자 목 야

➪ 초육은 겸손하고 겸손한 군자이니, 큰 내를 건너더라도 길한 것이다. 상에
    말하였다. "겸손하고 겸손한 군자라 함은 낮춤으로 자신을 기르는 것이다."

☞ 유순함으로 아래에 처함은 겸손이요, 겸괘의 아래에 처함도 겸손함이다.

六二는 鳴謙이니 貞하고 吉하니라 象曰 鳴謙貞吉
육이   명겸   정   길   상왈 명겸정길

은 中心得也라
  중심득야

➪ 육이는 겸손이 (마음속에서) 밖으로 나타남이니, 바르고 길한 것이다. 상에
    말하였다. "겸손함이 밖으로 드러나는 것은 겸손한 덕을 마음속에 얻은 것
    이다."

☞ 유순함으로 중위에 거하였으니, 이는 겸손한 덕이 가운데에 쌓인 것이다.

    ※『맹자』에 "아름다운 덕이 마음속에 있으면 사지에 드러난다(美在其中而暢於四支)"라
      고 했다.

九三은 勞謙이니 君子有終이니 吉하니라 象曰 勞
구삼   노겸   군자유종   길   상왈 노

謙君子는 萬民이 服也라
겸군자   만민   복야

➪ 구삼은 공로가 있으면서도 겸손함이니, 군자가 유종의 미가 있는 것이니
    길한 것이다. 상에 말하였다. "공로가 있으면서도 겸손한 군자에게는 만민
    이 복종하는 것이다."

☞ 3효는 괘의 주체로서 하괘에 거하여 강하면서 정을 얻었으니, 공로가 있으면
    서도 공손함이 된다.

    ※『노자』에 "공을 이루고 물러나는 것은 하늘의 도(功遂身退 天之道)"라고 했다.

六四는 无不利撝謙이니라 象曰 无不利撝謙은 不違
육사 무불리휘겸   상왈 무불리휘겸 불위

則也라
칙 야

⇨ 육사는 (자신에게) 겸손함을 지휘하여 이롭지 않음이 없다. 상에 말하였
다. "겸손함을 지휘하여 이롭지 않음이 없다는 것은 법칙을 어기지 않은
것이다."

☞ 4효는 군주의 아래에 있고 공덕이 있는 3효의 위에 있어서 반드시 겸손함을
베풀어야 한다. 편안하게 여기지 말아야 한다.

六五는 不富以其隣이니 利用侵伐이니 无不利하리
육오 불부이기린   이용침벌   무불리

라 象曰 利用侵伐은 征不服也라
  상왈 이용침벌   정불복야

⇨ 육오는 부유하지 않으면서도 그 이웃을 거느리니, 침벌을 씀이 이로우니,
이롭지 않음이 없는 것이다. 상에 말하였다. "침벌함이 이로움은 복종하지
않는 자를 정벌하는 것이다."

☞ 군주의 도는 위엄과 겸덕과 중덕이 있어야 천하를 회유하고 복종시킬 수 있다.

上六은 鳴謙이니 利用行師하여 征邑國이니라 象曰
상육 명겸   이용행사   정읍국   상왈

鳴謙은 志未得也니 可用行師라야 征邑國也라
명겸 지미득야   가용행사   정읍국야

⇨ 상육은 겸손하고자 하는 마음이 밖으로 드러남이니, 군대를 출동시켜 읍국을 정벌하여야 이롭다. 상에 말하였다. "겸손하고자 하는 마음이 밖으로 드러난다는 것은 뜻을 얻지 못함이니, 군대를 출동하여야 읍국을 정벌할 수 있다."

☞ 군대는 강함을 의미하고, 읍국을 정벌함은 윗자리의 강함으로 사사로움을 다스림을 이른다.

16. 뇌지예(雷地豫)

☵ 진상(震上) 곤하(坤下)

자연(自然)	인도(人道)	덕행(德行)
雷出地奮 뇌 출 지 분	順以動豫 순 이 동 예	作樂崇德 殷薦之上帝 以配祖考 작 악 숭 덕 은 천 지 상 제 이 배 조 고

　예괘의 자연은 위에 우레가 있고 아래에는 땅이 있어, 우레가 땅속에서 나와 분발하여 진동하는 형상이다. 진괘의 덕은 움직임과 위엄이고 곤괘의 덕은 유순하게 따르는 것이라, 자연의 이치를 순하게 따라 움직여서 즐거운 것이다.

　따라서 자연을 모방하여 설정한 인도는 유순하게 동하여 기쁜 것이다.

　인도를 실천하는 덕행은 음악을 만들어 덕을 숭상하며, 제수품을 상제에게 풍성하게 올리고 조상을 상제에게 짝이 되도록 배향하는 것이다.

豫는 利建侯行師하니라
예   이 건 후 행 사

⇨ 예괘는 제후를 세우고 군사를 행함이 이롭다.

☞ 위가 동함에 아래가 순하게 따름은 제후가 왕을 따르고 군사들이 명령을 따르
　는 형상이다(順以動豫　豫和樂也).

단사 彖辭

象曰 豫는 剛應而志行하고 順以動이 豫라 豫順以
단 왈 예   강 응 이 지 행   순 이 동   예   예 순 이

動이라 故로 天地도 如之온 而況建侯行師乎아 天
동   고   천 지   여 지   이 황 건 후 행 사 호   천

地以順動이라 故로 日月이 不過而四時不忒하고
지 이 순 동   고   일 월   불 과 이 사 시 불 특

聖人이 以順動이라 則刑罰淸而民服하나니 豫之時
성 인   이 순 동   즉 형 벌 청 이 민 복   예 지 시

義大矣哉라
의 대 의 재

⇨ 단에 말하였다. "예괘는 강이 응하여 뜻이 행해지고, 순함으로써 동하여 즐
　거운 것이다. 예괘는 순함으로써 동한다. 그러므로 천지도 이와 같은데, 하

물며 제후를 세우고 군대를 출동시킴에 있어서랴! 천지는 순함으로 동한다.

그러므로 해와 달이 지나치지 않아 사시가 어그러지지 않고, 성인이 순함

으로 동하기 때문에 형벌이 투명하여서 백성들이 복종하니, 예괘의 때와

뜻이 크도다.”

☞ 천지의 도와 만물의 이치와 성인의 덕은 모두 순하게 동함을 찬양한 것이다

　(天地之道 萬物之理 聖人之德 皆至順而已).

상사 象辭

象曰 雷出地奮이 豫니 先王이 以하여 作樂崇德하
상왈　뇌출지분　　예　　선왕　　이　　　작악숭덕

여 殷薦之上帝하여 以配祖考하니라
　은 천 지 상 제　　　이 배 조 고

▷ 상에 말하였다. “우레가 땅속에서 나와 분발함이 예괘이니, 선왕이 이 이치

　를 본받아서 음악을 만들고 공덕을 높여서 성대하게 상제께 올려 조고를

　배향하였다.”

☞ 곤괘는 순하고 진괘는 동함이니, 순하게 동하는 조화가 가운데 쌓여서 소리로

　나타나는 것이 음악의 상이다(順動和積中而發於聲 樂之象也).

　※ 『예기』에 “음악은 하늘과 땅(자연)의 조화(樂者 天地之和也)”라고 하였다.

初六은 鳴豫니 凶하니라　象曰 初六鳴豫는 志窮하
초육　　명예　흉하니라　　상왈 초육명예　　지궁

여 凶也라
흉 야

▷ 초육은 즐거움을 소리로 나타냄이니, 흉하다. 상에 말하였다. "초육이 즐거
　움을 소리로 드러냄은 뜻이 궁하여 흉한 것이다."

☞ 예괘가 비록 즐거움을 주장하나 사람을 빠지게 하기 쉬우니, 빠지면 뒤집어져
　서 근심하게 된다(豫雖主樂 然易以溺人).

　※『문중자』에 이런 말이 있다. "쉽게 기뻐하는 자는 반드시 슬픈 일이 많다
　　(易樂者必多哀)."

六二는 介于石이라　不終日이니 貞하고 吉하니라
육이　　개우석　　　부종일이니 정하고 길하니라

象曰 不終日貞吉은 以中正也라
상왈 부종일정길　　이중정야

▷ 육이는 절개가 돌과 같아서 하루가 끝나기 전에 정도로 돌아오니, 바르고
　길하다. 상에 말하였다. "하루가 끝나기 전에 정도로 돌아와 바르고 길하다
　함은 중정하기 때문이다."

☞ 군자는 은미함을 보면 드러남을 알고, 유함을 보면 강함을 안다. 기미를 아는
　것이 이와 같으면 사람들이 우러러보는 자이다(君子見幾而作 順理而動).

六三은 盱豫라 悔며 遲하여도 有悔리라 象曰 盱豫
육삼 우예 회 지   유회   상왈 우예

有悔는 位不當也일새라
유회   위 부 당 야

⇨ 육삼은 쳐다보고 기뻐하므로 후회가 있으며, 늦게 깨우쳐도 후회가 있는
   것이다. 상에 말하였다. "쳐다보고 기뻐하여 후회가 있다는 것은 자리가 마
   땅하지 않기 때문이다."

☞ 3효는 자처함이 마땅하지 못하여 중정을 잃었다. 이 때문에 진퇴에 후회가 있
   다(自處不當 失中正也 是以進退有悔).

九四는 由豫라 大有得이니 勿疑면 朋이 盍簪하리
구사 유예 대유득   물의   붕   합잠

라 象曰 由豫大有得은 志大行也라
  상왈 유예대유득   지대행야

⇨ 구사는 말미암아 즐거워하므로 크게 얻음이 있으니, 의심하지 않으면 벗들
   이 모여들 것이다. 상에 말하였다. "말미암아 기뻐하여 크게 얻음이 있다는
   것은 뜻이 크게 행해지는 것이다."

☞ 예괘는 4효가 괘주가 된다. 괘의 오직 한 양이 높은 자리에 거하여 괘가 그것
   을 말미암아 예괘가 된 것이다(豫以九四為主 卦惟一陽 而居上位 卦之所由以為
   豫者).

六五는 貞疾하나 恒不死로다 象曰 六五貞疾은 乘
육오 정질   항불사   상왈 육오정질 승

剛也요 恒不死는 中未亡也라
강야   항불사   중미망야

⇨ 육오는 (존위는) 정고하게 지키나 (권세를 잃는) 병통이 있고, 항상 죽지
  않는다. 상에 말하였다. "육오가 정고하게 지키나 병통이 있다는 것은 강을
  탔기 때문이고, 항상 죽지 않는다는 것은 중도를 잃지 않았기 때문이다."

☞ 음으로써 군주의 자리에 거함은 권세를 잃는 것이고, 중위에 거함은 지위를
  잃지 않는 것이다(六居尊位 權雖失而位未亡也).

上六 冥豫니 成하나 有渝면 无咎리라 象曰 冥豫
상육 명예   성   유투   무구   상왈 명예

在上이어니 何可長也리오
재 상   하 가 장 야

⇨ 상육은 (이치에) 어두우면서 즐거워함이니, (즐거움은) 이루어지나 변함이
  있으면 허물을 돌릴 곳이 없는 것이다. 상에 말하였다. "즐거움에 빠져 어
  두우면서 위에 있으니, 어찌 오래가겠는가."

☞ 즐거움에 빠져 혼미함이 극도에 이르렀으니, 재앙과 허물이 미칠 것이다(昏冥
  於豫 至於終極 災咎行及矣).

17. 택뢰수(澤雷隨)

☱☳ 태상(兌上) 진하(震下)

자연(自然)	인도(人道)	덕행(德行)
澤中有雷 택 중 유 뢰	天下隨時 천 하 수 시	嚮晦入宴息 향 회 입 연 식

　수괘의 자연은 위에 못이 있고 아래에는 우레가 있어, 못 속에서 우레가 진동하니 못의 물이 우레의 진동에 따라서 움직이는 형상이다. 태괘의 덕은 기쁨과 은택이고, 진괘의 덕은 움직임과 위엄이니, 기쁜 마음으로 동하여 따르는 것이다.

　따라서 자연을 모방하여 설정한 인도는 천하의 사람들이 기쁨으로 때를 따르는 것이다.

　인도를 실천하는 덕행은 저녁이 되면 들어가 편안히 쉬는 것이다.

隨는 元亨하니 利貞이라 无咎리라
수　　원형　　　　이정　　　무구

⇨ 수괘는 크게 형통하니 정도를 지킴이 이롭다. 허물이 없을 것이다.

☞ 수괘는 따름을 뜻한다. 군자를 따르고 의를 따르고 적당한 때를 따르는 등 정
　도를 따르면 크게 형통하는 것이다.

彖曰 隨는 剛來而下柔하고 動而說이 隨니 大亨하
단왈　수　　강래이하유　　　　동이열　　수　　　대형

고 貞하여 无咎하여 而天下隨時하나니 隨時之義
　　정　　　무구　　　이천하수시　　　　수시지의

大矣哉라
대의재

⇨ 단에 말하였다. "수괘는 강이 와서 유에게 낮추고 동하고 기뻐하는 것이
　수이니, 크게 형통하고 정고하여 허물이 없어서 천하가 때를 따르니, 때를
　따르는 뜻이 크도다."

☞ 군자의 도는 때를 따라 움직이는 것이다(君子之道 隨時而動).

　※『논어』에 "군자는 하나로 정해진 그릇처럼 살지 않는다(君子不器)."고 했다.

象曰 澤中有雷 隨니 君子以하여 嚮晦入宴息하나니라
상 왈 택 중 유 뢰 수　　　군 자 이　　　　향 회 입 연 식

⇨ 상에 말하였다. "못 가운데에 우레가 있는 것이 수괘이니, 군자가 이 이치
　　를 본받아서 날이 어두워지면 방에 들어가 편안히 쉰다."

☞ 때에 따르는 마땅함은 만사가 다 그러하나, 가장 분명하고 또 가까운 것을 취
　　하여 말하였다(隨時之宜 萬事皆然 取其最明且近者言之).

初九는 官有渝니 貞이면 吉하니 出門交면 有功하
초 구　　　관 유 투　　정　　　길　　　　출 문 교　　유 공

리라 象曰 官有渝에 從正이면 吉也니 出門交有功
상 왈 관 유 투　　종 정　　　길 야　　출 문 교 유 공

은 不失也라
불 실 야

⇨ 초구는 관에 변화가 있을 것이니, 정도를 지키면 길하고 문을 나서서 사귀
　　면 공덕이 있는 것이다. 상에 말하였다. "관에 변화가 있을 때에 정도를 따
　　르면 길한 것이니, 문을 나서서 사귀면 공덕이 있다는 것은 (법칙을)잃지
　　않는 것이다."

☞ '관官'은 평소에 하던 일을 말한다. 문을 나서서 사귄다는 것은 사사로운 정에
　　이끌리지 않는 것이다(出門而交는 非牽於私).

六二는 係小子면 失丈夫하리라 象曰 係小子면 弗
육이 　　계소자　　실장부　　　　　　상왈　계소자　　불

兼與也리라
겸 여 야

⇨ 육이는 소자에 얽매이면 장부를 잃는 것이다. 상에 말하였다. "소자에 얽매
　이면 겸하여 친할 수가 없는 것이다."

☞ 소자는 초효이고 장부는 5효이다(人從正 當專一也).

　※ 『공자가어』에 이런 말이 있다. "오직 따르는 바에 따라서 화도 되고 복도 되니, 군자는
　　 그 따름 바를 삼가야 한다(以所從爲禍福 故君子愼其所從)."

六三은 係丈夫하고 失小子하니 隨에 有求를 得하
육삼　　계장부　　　실소자　　　　수　　유구　　득

나 利居貞하니라 象曰 係丈夫는 志舍下也라
　이 거 정　　　　　상 왈　계 장 부　　지 사 하 야

⇨ 육삼은 장부와 맺고 소자를 떠나니, 따름에 구하는 것을 얻으나 정고하
　게 거함이 이롭다. 상에 말하였다. "장부와 맺음은 뜻이 아래를 버리는
　것이다."

☞ 양효가 위에 있으면 장부이고 아래에 있으면 소자이다. 장부는 4효이고 소자
　는 초효이다.

九四는 隨에 有獲이면 貞이라도 凶하니 有孚하고
구사　　수　　유획　　　정　　　　　흉　　　유부

在道하고 以明이면 何咎리오 象曰 隨有獲은 其義
재도　　　이명　　　하구　　　상왈　수유획　　기의

凶也요 有孚在道는 明功也라
흉야　　유부재도　　명공야

⇨ 구사는 따름에 얻음이 있으면 바르더라도 흉하니, 정성을 가지고 정도에
　있고 밝음을 쓰면 무슨 허물이 있겠는가. 상에 말하였다. "따름에 얻음이
　있음은 그 의리상 흉하고, 정성을 가지고 정도에 있음은 명철한 공로이다."

☞ 4효는 군주와 가까운 자리에 있으면서 5효와 덕이 같다. 의심받기 쉬운 자리
　이므로 공적을 군주에게 돌려야 한다. 만약 인심이 자기를 따른다면 위태롭고
　의심받게 되므로 흉한 것이다(二多譽 四多懼 近也).

九五는 孚于嘉니 吉하니라　象曰 孚于嘉吉은 位正
구　오　　부우가　　길　　　　상　왈　부우가길　　위정

中也일새라
중　야

⇨ 구오는 믿음으로써 선을 행함이니, 길하다. 상에 말하였다. "믿음으로 선을
　행하여 길함은 자리가 정중하기 때문이다."

☞ 5효는 정중한 도로써 2효의 정중한 도를 따른다. 따름은 중도를 얻음을 선을
　여긴다(隨以得中爲善).

上六은 拘係之요 乃從維之라　王用亨于西山이로다
상육　　구계지　　내종유지　　　왕용형우서산

象曰 拘係之는 上窮也라
상왈 구계지　　상궁야

⇨ 상육은 잡고 동여매고 가는 모습이 곧 묶여서 가는 것과 같다. 태왕이 서산에서 형통하게 하였다. 상에 말하였다. "구부리고 이어간다는 것은 위로 궁하기 때문이다."

☞ 상효는 유순으로 수괘의 끝에 거하였으니, 따름에 지극한 자이다. 구부리고 이어간다함은 따름의 지극함이 붙잡아 묶어놓는 것과 같이 하는 것이다(以柔順而居隨之極 極乎隨者也).

18. 산풍고(山風蠱)

☶ 간상(艮上) 손하(巽下)

자연(自然)	인도(人道)	덕행(德行)
山下有風 산 하 유 풍	巽而止 손 이 지	振民育德 진 민 육 덕

고괘의 자연은 위에는 산이 있고 아래에는 바람이 있어, 산의 아래에서 바람이 불어 온갖 물건이 어지럽게 흩어져 일이 생기는 것이다. 간괘의 덕은 그침이 되고 손괘의 덕은 공손함이 된다.

따라서 자연을 모방하여 설정한 인도는 공손함에 그쳐 있는 것이다.

인도를 실천하는 덕행은 다른 사람에게 선을 하도록 고무 진작시키고 자신의 덕을 기르는 것이다.

蠱는 元亨하니 利涉大川이니 先甲三日하며 後甲三
고　　원형　　　이섭대천　　　선갑삼일　　　후갑삼

日이니라
일

⇨ 고괘는 크게 형통하니 큰 내를 건넘이 이롭다. 갑보다 앞선 3일을 경계하며
　갑보다 뒤에 있는 3일도 경계해야 한다.

☞ 고괘는 파괴됨이 지극하여 일이 생기는 것이고, 갑은 수의 첫 번째이고 일의
　시작이다(蠱壞極而有事也. 甲數之首. 事之始也).

단사 彖辭

彖曰 蠱는 剛上而柔下하고 巽而止 蠱라 蠱元亨하
단왈 고　　강상이유하　　　　손이지고　　　고원형

여 而天下治也요 利涉大川은 往有事也요　先甲三
　　이천하치야　　　이섭대천　　　왕유사야　　　선갑삼

日後甲三日은 終則有始 天行也라
일후갑삼일　　　종즉유시　　천행야

⇨ 단에 말하였다. "고괘는 강이 올라갔고 유가 내려왔으며, 공손하고 멈추어
　있는 것이 고이다. 고괘는 크게 형통하여 천하가 다스려짐이고, 큰 내를 건
　넘이 이로움은 가면 일이 생기는 것이요, '선갑삼일, 후갑삼일'은 마치면 시

작이 있는 것은 하늘의 운행이다."

☞ 선갑삼일(先甲三日)인 신일(辛日)에서 후갑삼일(後甲三日)인 정일(丁日)까지는 7일이다. 천도는 7일이 되면 변화한다.

상사 象辭

象曰 山下有風이 蠱니 君子以하여 振民하며 育德
상왈　산하유풍　　고　　군자이　　　진민　　육덕
하나니라

➡ 상에 말하였다. "산 아래에 바람이 있음이 고괘이니, 군자가 이 이치를 본받아서 백성을 고무시키며 덕을 기른다."

☞ 산의 아래에서 바람이 불면 물건이 다 흩어져 혼란해진다. 군자가 이 상을 관찰하여, 백성들이 혼란해지면 먼저 자신의 덕을 기르고 천하의 백성들을 구제하니, 수기치인(修己治人)하는 도이다.

효사 爻辭

初六은 幹父之蠱니 有子면 考无咎하리니 厲하여야
초육　　간부지고　　유자　　고무구　　　　려
終吉이리라 象曰 幹父之蠱는 意承考也라
종길　　　　상왈 간부지고　　의승고야

⇨ 초육은 아버지의 일을 주관함이니, 자식이 있으면 아버지가 허물이 없을 것이니, 위태롭게 여겨야 종국에는 길한 것이다. 상에 말하였다. "아버지의 일을 주관함은 뜻이 아버지의 일을 계승하는 데 있다."

☞ 고괘는 앞사람이 파괴해 놓을 일을 주관함이니, 반드시 위태롭게 여겨서 경계해야 하며, 초효는 아직 파괴함이 심하지 않다. 그래서 종국에는 길한 것이다.

九二는 幹母之蠱니 不可貞이니라 象曰 幹母之蠱는
구 이   간 모 지 고   불 가 정   상 왈   간 모 지 고

得中道也라
득 중 도 야

⇨ 구이는 어머니의 일을 주관함이니, 정고하게 하지 말아야 한다. 상에 말하였다. "어머니의 일을 주관함은 중도를 얻은 것이다."

☞ 2효는 양이라 강직한 도를 쓸 수 있다. 그러나 손괘의 음위이기 때문에 유순한 도를 써야 어머니의 일을 주관함이 된다.

九三은 幹父之蠱니 小有悔나 无大咎리라 象曰 幹
구 삼   간 부 지 고   소 유 회   무 대 구   상 왈 간

父之蠱는 終无咎也니라
부 지 고   종 무 구 야

⇨ 구삼은 아버지의 일을 주관함이니, 다소 뉘우침이 있으나 큰 허물은 없는 것이다. 상에 말하였다. "아버지의 일을 주관함은 끝내 허물이 없는 것이다."

☞ 양으로써 양의 자리에 거하여 지나치게 강한 것 같으나, 손괘의 위이기 때문에 지나치게 강함을 쓰지 않는다.

六四는 裕父之蠱니 往하면 見吝하리라 象曰 裕父
육사　　유부지고　　왕　　　견인　　　상왈　유부

之蠱는 往엔 未得也라
지고　　왕　미득야

⇨ 육사는 아버지의 일을 느슨하게 처리함이니, 계속하여 느슨하게 처리하여
　　나가면 막히게 될 것이다. 상에 말하였다. "아버지의 일을 느슨하게 처리하
　　여 나감은 뜻을 얻지 못함이다."

☞ 고괘는 앞사람이 파괴시켜 놓은 일을 뒷사람이 바로잡아서 이어가는 것이므
　　로, 처음부터 끝까지 위태로움으로 여기고 경계해야 하는 것이다
　　(先甲三日 後甲三日).

六五는 幹父之蠱니 用譽리라 象曰 幹父用譽는 承
육오　　간부지고　　용예　　　상왈　간부용예　　승

以德也라
이덕야

⇨ 육오는 아버지의 일을 주관함이니, 칭찬을 받는 것이다. 상에 말하였
　　다. "아버지의 일을 주관하여 칭찬을 받음은 (강중의) 덕으로 받들기 때
　　문이다."

☞ 여기서의 덕은 강중의 덕이 있는 2효에게 맡기는 것이다.

上九는 不事王後하고 高尙其事로다 象曰 不事王侯
상구　　불사왕후　　　고상기사　　　상왈 불사왕후

는 志可則也라
　　지가칙야

⇨ 상구는 왕후를 섬기지 않고 그 일을 고상하게 하도다. 상에 말하였다. "왕후를 섬기지 않음은 뜻이 법칙이 될 만하다."

☞ 아래에 응함이 없고 일의 밖에 있어서 나아가고 물러나기를 도로써 하는 자이다.

19. 지택림(地澤臨)

☷☱ 곤상(坤上) 태하(兌下)

자연(自然)	인도(人道)	덕행(德行)
澤上有地 택 상 유 지	大亨以正 說以順 대 형 이 정 열 이 순	敎思无窮 容保民无疆 교 사 무 궁 용 보 민 무 강

　임괘의 자연은 위에 땅이 있고 아래에는 못이 있어, 못의 위에 땅이 있는 형상이다. 곤괘의 괘덕은 유순하게 따름이고, 태괘의 괘덕은 기쁨과 윤택함이 되니, 기쁨으로 유순하게 따르는 것이다.

　따라서 자연을 모방하여 설정한 인도는 윗사람이 바름으로써 크게 형통하게 하여, 아랫사람이 기쁨으로 따르는 것이다.

　인도를 실천하는 덕행은 군자가 가르치는 생각을 끝없이 하고 백성들을 포용하고 보호함을 끝없이 하여 기쁘게 해 주는 것이다.

臨은 元亨하고 利貞하니 至于八月하여는 有凶하리라
임   원형   이정   지우팔월   유흉

⇨ 임괘는 크게 형통하고 정도를 지킴이 이로우니, 팔월에 이르면 흉함이 있을
　것이다.

☞ 8월에 흉하다는 것은 한창 성할 때에 이미 쇠할 기미가 생기는 것을 알아서
　방비해야 함을 이른다.

　　※『서경』에 이런 말이 있다. "일에 종사할 때에는 준비가 있어야 하니, 준비가 있어야
　　　근심이 없을 것이다(惟事事 乃其有備 有備無患)."

彖曰 臨은 剛浸而長하며 說而順하고 剛中而應하여
단왈 임   강침이장   열이순   강중이응

大亨以正하니 天之道也라 至于八月有凶은 消不久
대형이정   천지도야   지우팔월유흉   소불구

也라
야

⇨ 단에 말하였다. "임괘는 강이 점점 자라며 기뻐하고 따름이며, 강이 중에
　있으면서 응하여 크게 형통하고 바르니, 하늘의 도이다. 팔월에 이르러 흉
　함이 있다는 것은 성한 것은 사라져 오래가지 않기 때문이다."

☞ 음양의 기운으로 말하면 소장하는 것이 자연스런 순환이나, 인사에 있어서는 양은 군자가 되고 음은 소인이 되니, 군자의 도가 자라날 때 이미 소인이 나오게 됨을 경계해야 한다.

상사 象辭

象曰 澤上有地臨이니 君子以하여 教思无窮하며 容
상왈　택 상 유 지 임　　　군 자 이　　　교 사 무 궁　　　　용

保民이 无疆하나니라
보 민　　무 강

⇨ 상에 말하였다. "못 위에 땅이 있는 것이 임괘이니, 군자가 이 이치를 본받아서 가르치려는 생각에 끝이 없으며 백성을 포용하여 보호함이 끝이 없는 것이다."

☞ 가르치기를 끝없이 하는 것은 태괘이며, 포용하기를 끝없이 하는 것은 곤괘이다(教之无窮者兌也, 容之无疆者坤也).

효사 爻辭

初九는 咸臨이니 貞하여 吉하니라 象曰 咸臨貞吉
초 구　　함 임　　　정　　　　길　　　　상 왈 함 임 정 길

은 志行正也라
　지 행 정 야

⇨ 초구는 모두에게 임함이니, 정도를 지켜서 길하다. 상에 말하였다. "모두에게 임하여 정도가 있어서 길하다는 것은 뜻이 바름을 행하는 것이다."

☞ 괘에 오직 두 양이 네 음에 모두 임한다. 초효는 강하면서 바름을 얻어서 길한 것이다(卦唯二陽 偏臨四陰. 初九剛而得正).

九二는 咸臨이니 吉하여 无不利하리라 象曰 咸臨
구 이   함 임   길   무 불 리   상 왈 함 임

吉无不利는 未順命也라
길 무 불 리   미 순 명 야

⇨ 구이는 모두에게 임함이니, 길하여 이롭지 않음이 없는 것이다. 상에 말하였다. "모두에게 임하여 길하여 이롭지 않음이 없다는 것은 명령에 순종하는 것이 아니다."

☞ 5효인 군주가 2효에게 믿고 맡겨서 일일이 명령을 받지 않고 시행하는 것을 이른다.

※ 『서경』에 이런 말이 있다. "어진 이에게 맡겼으면 의심하지 않는다(任賢勿貳)."

六三은 甘臨이라 无攸利하나 旣憂之라 无咎리라
육 삼   감 임   무 유 리   기 우 지   무 구

象曰 甘臨은 位不當也요 旣憂之하니 咎不長也리라
상 왈 감 임   위 부 당 야   기 우 지   구 부 장 야

⇨ 육삼은 달콤한 말로 임하여 이로운 것이 없으나, 이미 근심하므로 허물이 없는 것이다. 상에 말하였다. "달콤한 말로 임함은 자리가 마땅하지 않기 때문이요, 이미 근심하니 허물이 오래가지 않는 것이다."

☞ 3효는 태괘의 주체가 되기 때문에 달콤한 말로 임하는 것이며, 이미 근심함은 두 양을 탔기 때문이며, 허물이 없다 함은 '개과천선改過遷善'을 권면한 것이다.

六四는 至臨이니 无咎하니라 象曰 至臨无咎는 位
육사　　지임　　　무구　　　　상왈 지임무구　　　위

當也일새라
당 야

⇨ 육사는 지성으로 임함이니, 허물이 없다. 상에 말하였다. "지성으로 임하여 허물이 없다는 것은 자리가 마땅하기 때문이다."

☞ 임하는 도는 가까이 있음을 숭상하는데, 5효와 가까워 임무를 얻음이 되고, 음으로써 4효에 처함은 바름이 된다(臨道尙近 故以比爲至).

六五는 知臨이니 大君之宜니 吉하니라 象曰 大君之
육오　　지임　　　대군지의　　길　　　　상왈 대군지

宜는 行中之謂也라
의　　행중지위야

⇨ 육오는 지혜로써 임함이니, 대군의 마땅함이니 길한 것이다. 상에 말하였다. "대군의 마땅함은 중도를 행함을 이른다."

☞ 지혜로써 임한다는 것은 2효의 현자에게 의지하고 맡겨서 수고롭지 않아도 잘 다스려짐을 이른다.

　※『서경』에 이런 말이 있다. "여러 사람에게 물어서 자기의 잘못된 생각을 버리고 남의
　　마땅함을 따랐다(稽于衆 舍己從人)."

上六은 敦臨이니 吉하여 无咎하니라 象曰 敦臨之
상육　　돈임　　　길　　　무구　　　　　　상왈　돈임지

吉은 志在內也라
길　　지재내야

⇨ 상육은 두터운 마음으로 임함이니, 길하여 허물이 없는 것이다. 상에 말하
　　였다. "두터운 마음으로 임하여 길함은 뜻이 안에 있기 때문이다."

☞ 상효는 곤괘의 극이고 임괘의 종이니 도타운 마음으로 임함이고, 뜻이 안에
　　있다는 것은 하괘의 두 양에게 임함을 이른다(坤之極 而居臨之終 敦厚於臨也).

20. 풍지관(風地觀)

≡≡ 손상(巽上) 곤하(坤下)

자연(自然)	인도(人道)	덕행(德行)
風行地上 풍 행 지 상	中正以觀天下 중 정 이 관 천 하	省方觀民 設敎 성 방 관 민 설 교

관괘의 자연은 위에 바람이 있고 아래에는 땅이 있어, 바람이 땅의 위로 부는 형상이다. 손괘의 괘재는 양이 위에 있고 음이 아래에 있어 공손한 덕이 있으며, 곤괘의 괘재는 순수한 음으로 그 덕이 순하게 따름이니, 군자가 소인을 보살피고 소인은 군자를 우러러보고 순종하는 것이다.

따라서 자연을 모방하여 설정한 인도는 중정한 도로써 천하의 사람들을 보살피는 것이다.

인도를 실천하는 덕행은 사방을 살피고 백성들을 관찰하여 가르침을 베푸는 것이다.

※ 양은 군자를 상징하고 음은 소인을 상징한다.

觀은 盥而不薦이면 有孚하여 顒若하리라
관   관이불천   유부   옹약

⇨ 관괘는 손을 씻고 아직 제사음식을 올리지 않았을 때처럼 하면 (백성들이)
　 믿음을 가지고 우러러 존경할 것이다.

☞ 관괘는 윗사람은 의표가 되어 보여주는 것이고, 아랫사람은 우러러보고 교화
　 됨을 상징한 것이다(君子居上 爲天下之表儀, 下觀仰而化也).

彖曰 大觀으로 在上하여 順而巽하고 中正으로 以
단왈 대관   재상   순이손   중정   이

觀天下니 觀盥而不薦有孚顒若은 下觀而化也라 觀
관천하   관관이불천유부옹약   하관이화야   관

天之神道而四時不忒하니 聖人이 以神道設敎而天
천지신도이사시불특   성인   이신도설교이천

下服矣니라
하복의

⇨ 단에 말하였다. "크게 볼만함으로 위에 있어 순하고 공손하며, 중정함으로
　 천하 사람에게 보여주니, 보여줌을 손을 씻고도 아직 제사음식을 올리지
　 않았을 때처럼 하고, 믿음을 가지고 우러러 존경한다는 것은 아랫사람들이

보고 교화되는 것이다. 하늘의 신묘한 도를 봄에 사시가 틀리지 않으니, 성
인이 신명한 도로써 가르침을 베풂에 천하 사람들이 복종한다."

☞ 제수를 올리지 않았을 때처럼 한다는 것은 성의가 조금도 흩어지지 않게 함을
말한다(至誠通神).

※ 『한서』에 이런 기록이 있다. "천문은 28수에 순서를 매기고, 해와 달 그리고 오성을
헤아려서 길흉의 상을 기록한 것이다(天文者, 序二十八宿, 步五星日月, 以紀吉凶
之象, 聖王所以參政也)."

상사 象辭

象曰 風行地上이 觀이니 先王이 以하여 省方觀民
상왈 풍행지상   관   선왕 이   성방관민

하여 設敎하니라
    설교

▷ 상에 말하였다. "바람이 땅 위로 부는 것이 관괘이니, 선왕이 이 이치를 본
받아서 사방을 살피고 백성을 관찰하여 가르침을 베푼다."

☞ 아래에서 위로 보는 것을 관망이라 하고, 위에서 아래를 보는 것을 성찰이라
고 한다(自下示上曰觀 自上示下曰察).

※ 『논어』에 이런 말이 있다. "군자의 덕은 바람이고 소인의 덕은 풀이니, 풀 위로 바람이
불면 풀은 반드시 쓰러진다(君子之德風, 小人之德草, 草上之風必偃)."

初六은 童觀이니 小人은 无咎요 君子는 吝이리라
초육   동관   소인   무구   군자   인

象曰 初六童觀은 小人道야라
상왈 초육동관   소인도

⇨ 초육은 어린이의 안목으로 보는 상황이니, 소인은 허물이 없고 군자는 막힐
  것이다. 상에 말하였다. "초육이 어린이의 안목으로 본다는 것은 소인의 도
  이다."

☞ 관괘는 우러러보고 교화되는 것인데, 초효는 음유의 소인이나 밝고 중정한 군
  주가 멀리 있어 혜택을 받지 못하는 것이다. 보는 것이 밝지 못하는 것은 소인
  의 분수이다(所觀不明, 乃小人之分).

六二는 闚觀이니 利女貞하니라 象曰 闚觀女貞이
육이   규관   이여정   상왈 규관여정

亦可醜也니라
역 가 추 야

⇨ 육이는 엿보는 것이니, 여자의 정고함이 이롭다. 상에 말하였다. "엿보는
  것이라 여자의 정고함이 이롭다는 것은 또한 부끄러울 만한 것이다."

☞ 엿본다는 것은 보기는 하나 밝게 보지 못하는 것이다. 음유로써 안에 있으면
  서 밖을 봄은 엿보는 상이다(闚觀, 雖少見而不能甚明也).

六三은 觀我生하여 進退로다 象曰 觀我生進退하니
육삼　　관아생　　　진퇴　　　상왈 관아생진퇴

未失道也라
미실도야

⇨ 육삼은 나의 삶을 살펴보아서 나아가고 물러나야 한다. 상에 말하였다. "나
　의 삶을 살펴보아 나아가고 물러나야 하니, 그렇게 하면 도를 잃지 않는
　것이다."

☞ 3효는 곤괘의 극에 처하였으니 때에 순응하여 진퇴하는 자이다. 때에 순응하
　는 것은 이치를 따르는 것이다.

六四는 觀國之光이니 利用賓于王하니라 象曰 觀國
육사　　관국지광　　　이용빈우왕　　　　상왈 관국

之光은 尙賓也라
지광　　상빈야

⇨ 육사는 나라의 빛남을 봄이니, 왕에게 손님이 됨이 이롭다. 상에 말하였다.
　"나라의 빛남을 본다는 것은 손님이 되려는 뜻을 숭상하는 것이다."

☞ 4효는 군주의 가까운 자리에 거하여 군주의 성한 덕이 빛남을 보는 것이다.
　나라의 빛남은 군주의 성한 덕이고, 나라의 빛남을 본다는 것은 자신의 도가
　행해짐을 이른다.

九五는 觀我生호되 君子면 无咎리라 象曰 觀我生
구오　　관아생　　　군자　　무구　　　상왈 관아생

은 觀民也라
　관민야

⇨ 구오는 내가 살아온 과정을 뒤돌아보되 군자다웠으면 허물이 없는 것이다. "상에 말하였다. "내가 살아온 과정을 돌아본다는 것은 백성의 삶을 보는 것이다."

☞ 5효는 천자의 자리이니, 세상의 다스려지고 혼란함과 풍속의 좋고 나쁨이 모두 자기에게 달려있는 것이다.

※『서경』에 이런 말이 있다. "하늘의 듣고 보심은 우리 백성을 통해 듣고 보는 것이며, 하늘이 선한 자를 드러내 주고 악한 자를 두렵게 함은 우리 백성이 밝혀주고 두렵게 함으로부터 한다(天聰明, 自我民聰明, 天明畏 自我民明威)."

上九는 觀其生하되 君子면 无咎리라 象曰 觀其生
상구   관기생   군자   무구   상왈 관기생

은 志未平也라
지 미 평 야

⇨ 상구는 내가 살아온 과정을 돌아보되 군자다웠으면 허물이 없는 것이다. 상에 말하였다. "내가 살아온 과정을 돌아본다는 것은 마음이 편안하지 않은 것이다."

☞ 상효가 마음이 편안하지 않다는 것은 양강의 덕으로 위에 처하여 지위를 담당하지 않았으나, 아랫사람들에게 우러러보는 바가 되기 때문에 항상 마음에 경계가 있는 것이다.

※『논어』에 이런 말이 있다. "나(공자)는 다행이로구나. 허물이 있으면 남들이 반드시 알려주는구나!(丘也幸, 苟有過, 人必知之)"

21. 화뢰서합(火雷噬嗑)

▤ 이상(離上) 진하(震下)

자연(自然)	인도(人道)	덕행(德行)
雷電 뇌 전	動而明 동 이 명	明罰勅法 명 벌 칙 법

서합괘의 자연은 위에 불이 있고 아래에는 우레가 있어, 천둥치고 번갯불이 번쩍이는 형상이다. 이괘의 덕은 문명함과 밝게 비침이며, 진괘의 덕은 진동함과 위엄이다.

따라서 자연을 모방하여 설정한 인도는 밝음으로 위엄 있게 행동하는 것이다.

인도를 실천하는 덕행은 투명함으로 죄를 밝히고 위엄있게 법을 집행하는 것이다.

噬嗑은 亨하니 利用獄하니라
서합   형   이용옥

▷ 서합괘는 형통하니, 옥사에 씀이 이롭다.

☞ 서합괘는 밝음과 위엄으로써 움직이니 옥사에 씀에 이로운 것이다. 옥사獄事
란 실정實情과 거짓을 규명하여 다스리는 것이니, 밝게 분별함은 옥사를 살피
는 근본이다(威明相齊, 電明而雷威).

단사 彖辭

彖曰 頤中有物일새 曰噬嗑이니 噬嗑하여 而亨하니
단왈 이중유물   왈서합   서합   이형

라 剛柔分하고 動而明하고 雷電이 合而章하고 柔
   강유분   동이명   뇌전   합이장   유

得中而上行하니 雖不當位나 利用獄也니라
득중이상행   수부당위   이용옥야

▷ 단에 말하였다. "입안에 물건이 끼어있으므로 서합괘라 한 것이니, 씹어 삼
켜 합하면 형통하는 것이다. 강과 유가 반반씩 나누어져 있고, 동하고 밝음
이며, 우레와 번개가 합하여 빛나고, 음유가 중위를 얻어 위로 갔으니, 비
록 자리에 마땅하지 않으나 옥사에 씀이 이롭다."

☞ 서합은 음양이 나뉘어져 서로 뒤섞이지 않으니, 밝게 분별하는 상이므로 옥
　사를 씀이 이로운 것이다. 서합괘는 장애물을 제거해야 형통하는 것이다(噬嗑
　而亨).

［ 상사 象辭 ］

象曰 雷電이 噬嗑이니 先王이 以하여 明罰勅法하
상 왈 　뇌 전　　서 합　　　선 왕　이　　　　명 벌 칙 법

니라
니 라

⇨ 상에 말하였다. "우레와 번개가 만난 것이 서합괘이니, 선왕이 이 이치를
　본받아서 형벌을 밝히고 법칙을 지키라고 경계하는 것이다."

☞ 번개는 밝고 우레는 위엄이 있다. 법은 사리를 밝혀서 미리 방비하는 것이다
　(電明而雷威, 法者明事理而爲防者也).

［ 효사 爻辭 ］

初九는 屨校하여 滅趾니 无咎하니라 象曰 屨校滅
초 구　　구 교　　　멸 지　　무 구　　　　　　상 왈 구 교 멸

趾는 不行也라
지　　불 행 야

⇨ 초구는 발에 족쇄를 채워 발자취를 없애니, 허물이 없다. 상에 말하였다. "족쇄를 채워 발자취를 없애는 것은 가지 못하게 하는 것이다."

☞ 초효와 상효는 지위가 없으니 형벌을 받는 사람이 되고, 나머지 네 효는 다 형벌을 쓰는 사람이 된다(禁止其行 使不進於惡也).

六二는 噬膚하되 滅鼻나 无咎하니라 象曰 噬膚滅
육이   서부   멸비   무구   상왈 서부멸

鼻는 乘剛也일새라
비   승강야

⇨ 육이는 살을 씹다가 코가 없어지나 허물이 없다. 상에 말하였다. "살을 씹다가 코가 없어진다는 것은 강을 탔기 때문이다."

☞ 2효는 중정하기 때문에 살을 씹는 것처럼 다스리기 쉬우나, 유가 강을 탔기 때문에 코를 상함을 면치 못하는 것이다. 위태롭다는 의미이다(以柔乘剛, 不免於傷滅其鼻).

六三은 噬腊肉하다가 遇毒이니 小吝이나 无咎리라
육삼   서석육   우독   소인   무구

象曰 遇毒은 位不當也일새라
상왈 우독   위부당야

⇨ 육삼은 말려 오래된 고기를 씹다가 독을 만나니, 조금 막히나 허물은 없는 것이다. 상에 말하였다. "독을 만남은 자리가 마땅하지 않기 때문이다."

☞ 3효는 음유로서 중정하지 못하면서 남을 다스리니 다른 사람이 복종하지 않는 것이다(陰柔不中正 治人而人不服).

九四는 噬乾胏하여 得金矢나 利艱貞하니 吉하리라
구사　　서건자　　　득금시　　이간정　　　　길

象曰 利艱貞吉은 未光也라
상왈　이간정길　　　미광야

⇨ 구사는 뼈 섞인 말린 포를 씹어 쇠와 화살을 얻으나 어렵게 여기고, 정도를
　굳게 지킴이 이로우니, (그렇게 하면) 길한 것이다. 상에 말하였다. "어려
　운 상황으로 여기고 정도를 굳게 지키면 길함은 광대하지 못한 것이다."

☞ 4효는 이괘의 밝음과 양의 강함과 자리의 유함을 써서 형벌을 씀이 마땅하기
　때문에 길한 것이다. 광대하지 못하다는 것은 중정을 얻지 못했기 때문이다.
　쇠는 강함을 의미하고, 화살은 곧음을 의미한다(金者剛也 矢者直也).

六五는 噬乾肉하여 得黃金이니 貞厲면 无咎리라
육오　　서건육　　　득황금　　　정려　　무구

象曰 貞厲无咎는 得當也일새라
상왈　정려무구　　　득당야

⇨ 육오는 말린 고기를 씹다가 황금을 얻었으니, 정도를 지키고 위태롭게 여기
　면 허물이 없는 것이다. 상에 말하였다. "정도를 지키고 위태롭게 여기면
　허물이 없어짐은 마땅함을 얻었기 때문이다."

☞ 마땅함은 중도를 의미한다. 옥사의 일은 중도와 밝음과 위엄, 그리고 너그러움
　을 쓰는 일이다(五居中爲得中剛也).

上九는 何校하여 滅耳니 凶토다 象曰 何校滅耳는
상구　　하교　　　멸이　　흉　　　상왈　하교멸이

聰不明也일새라
총 불 명 야

⇨ 상구는 무슨 형벌을 내릴까 하고는 귀를 없애니, 흉하도다. 상에 말하였다.

　"형벌을 내려 귀를 없애는 것은, 듣는 것이 밝지 못하기 때문이다."

☞ 상효는 죄가 지극한 자리여서 형벌을 피할 수 없다

　(惡積而不可掩 罪大而不可解者也).

22. 산화비(山火賁)

☲ 간상(艮上) 이하(離下)

자연(自然)	인도(人道)	덕행(德行)
山下有火 산 하 유 화	文明以止 문 명 이 지	明庶政 无敢折獄 명 서 정　무 감 절 옥

　비괘의 자연은 위에 산이 있고 아래에는 불이 있어, 산의 아래에 해가 있어서 황혼이 아름답게 비치는 형상이다. 간괘의 덕은 멈춤과 독실함과 진중함이고 이괘의 덕은 밝음과 광범위하게 비춤이다.

　따라서 자연을 모방하여 설정한 인도는 모든 일에 문명함으로 멈춰 있어서 인문을 이루는 것이다.

　인도를 실천하는 덕행은 여러 정사를 밝히되, 옥사를 결단할 때에는 신중함을 다하고 과감하게 하지 않는 것이다.

賁는 亨하니 小利有攸往하니라
비　　형　　　소 리 유 유 왕

⇨ 비괘는 형통하니, 가는 바를 둠에 조금 이롭다.

☞ 비괘는 산의 아래에 불이 있어서 산의 온갖 물건들을 불로 비춰서 실제보다
　아름답게 꾸며주기 때문에 꾸밈을 상징하는 비괘가 되었다. 물건은 꾸밈이 있
　은 이후에 형통한다.

※『예기』에 이런 말이 있다. "근본이 없으면 서지 못하고 꾸밈이 없으면 행하지 못한다
　(忠信禮之本也, 義理禮之文也, 無本不立, 無文不行)."

彖曰 賁亨은 柔來而文剛이라 故로 亨하고 分剛하
단 왈 비 형　　유 래 이 문 강　　　고　　형　　　분 강

여 上而文柔라 故로 小利有攸往하니 天文也요 文
　　상 이 문 유　　고　　소 리 유 유 왕　　　천 문 야　　문

明以止하니 人文也니 觀乎天文하여 以察時變하며
명 이 지　　　인 문 야　　관 호 천 문　　　이 찰 시 변

觀乎人文하여 以化成天下하나니라
관 호 인 문　　　이 화 성 천 하

⇨ 단에 말하였다. "비괘가 형통함은 음유가 와서 강을 꾸며주기 때문에 형통

하고, 강을 나누어 올라가서 음유를 꾸며주기 때문에 가는 바를 둠이 조금 이로운 것이니, 이는 천문이요, 문명으로써 그치니 이는 인문이니, 천문을 관찰하여 사시의 변화를 살피며, 인문을 관찰하여 천하를 교화하고 아름다운 풍속을 이룬다."

☞ 천문은 해와 달과 별들이 뒤섞여 나열됨과 더위와 추위 그리고 밤과 낮이 교대로 변화하는 것이니 자연의 상이다(天文謂日月星辰之錯列 寒暑陰陽之代變 自然之象也).

상사 象辭

象曰 山下有火賁니 君子以하여 明庶政하되 无敢折
상왈 산 하 유 화 비　　군 자 이　　　명 서 정　　　무 감 절

獄하나니라
옥

⇨ 상에 말하였다. "산의 아래에 불이 있는 것이 비괘이니, 군자가 이 이치를 본받아서 여러 정사를 밝히되, 옥사를 결단할 때에 과감하게 하지 않는다."

☞ 옥사를 결단하는 자는 오직 실정을 써야 하고 문식을 써서는 안 된다(折獄者 專用情實).

효사 爻辭

初九는 賁其趾니 舍車而徒로다 象曰 舍車而徒는
초구　　비 기 지　　사 거 이 도　　　상 왈 사 거 이 도

義弗乘也라
의 불 승 야

⇨ 초구는 발을 꾸밈이니, 수레를 버리고 걸어서 가는 것이다. 상에 말하였다.
"수레를 버리고 걸어서 가는 것은 의리상 수레를 탈 수 없기 때문이다."

☞ 초효는 2효와 더불지 않고 멀리 4효와 응하니, 쉬운 것을 버리고 어려운 것을
따르는 것이다. 군자의 취하고 버림은 의를 따를 뿐이다(君子之取舍從義而已).

六二는 賁其須로다 象曰 賁其須는 與上興也라
육이   비기수   상왈 비기수   여상흥야

⇨ 육이는 수염을 꾸미도다. 상에 말하였다. "수염을 꾸민다는 것은 위와 함께
움직이는 것이다."

☞ 수염은 스스로 움직이지 못하고 턱에 따라서 움직이니, 행동거지의 이치가 남
을 따르는 데 있다(須頤下毛 髭口上須, 髯頰之須).

九三은 賁如濡如하니 永貞하면 吉하리라 象曰 永
구삼   비여유여   영정   길   상왈 영

貞之吉은 終莫之陵也니라
정지길   종막지능야

⇨ 구삼은 꾸밈이 윤택하니, 오랫동안 정도를 지키면 길한 것이다. 상에 말하
였다. "오랫동안 정도를 지키면 길함은 끝내 아무도 능멸하지 못하기 때문
이다."

☞ 3효는 문명의 지극함에 거하였고, 2효와 4효 두 사이에 처하여 꾸밈이 성한

자이다(居文明之極 處二四間 賁之盛者也).

六四는 賁如皤如하며 白馬翰如하니 匪寇면 婚媾
육사　　비여파여　　　백마한여　　　비구　　혼구

리라 象曰 六四는 當位疑也니 匪寇婚媾는 終无尤
리라 상왈 육사　　당위의야　　비구혼구　　종무우

也라
야

▷ 육사는 꾸밈이 깨끗하며 백마가 날아가듯 달려가니, 도둑이 아니면 혼인할
　　짝일 것이다. 상에 말하였다. "육사는 해당되는 자리가 의심스럽기 때문이
　　니, 도둑이 아니면 혼인할 짝이라는 것은 끝내 허물이 없는 것이다."

☞ 백마가 날아가듯 한다는 것은 초효와 만나고 싶은 마음이 간절한 것을 비유한
　　것이다(往求于初之心. 寇指三, 婚媾指初).

六五는 賁于丘園이니 束帛이 戔戔하여 吝하나 終
육오　　비우구원　　　속백　　전전　　　인　　종

吉이리라 象曰 六五之吉은 有喜也라
길　　　　상왈　육오지길　　유희야

▷ 육오는 언덕의 동산에서 꾸밈을 받으니, 묶어놓은 비단이 적은 듯하여 인색
　　한 것 같으나 종국에 길한 것이다. 상에 말하였다. "육오의 길함은 기쁨이
　　있는 것이다."

☞ 언덕의 동산은 상효를 가리키고, 비단이 적다는 것은 5효가 음효임을 나타낸
　　다(艮爲山丘之象也).

上九는 白賁면 无咎리라 象曰 白賁无咎는 上得志
상구   백비   무구   상왈 백비무구   상 득 지

也라
야

⇨ 상구는 꾸밈을 소박하게 하면 허물이 없는 것이다. 상에 말하였다. "꾸밈을
   소박하게 하면 허물이 없다는 것은 위에 있으면서 뜻을 얻는 것이다."

☞ 상효는 꾸밈의 지극함이니, 꾸밈이 지극하면 화려하고 거짓됨에 잘못된다. 그
   러므로 경계의 말을 둔 것이다(飾不可過也).

   ※『논어』에 이런 말이 있다. "바탕이 꾸밈보다 지나치면 촌스럽고 꾸밈을 바탕보다 지나
     치면 사치스러운 것이니, 꾸밈과 바탕이 잘 어울려야 군자답다(質勝文則野 文勝質則
     史 文質彬彬然後君子)."

23. 산지박(山地剝)

☰☷ 간상(艮上) 곤하(坤下)

자연(自然)	인도(人道)	덕행(德行)
山附於地 산 부 어 지	小人長也 소 인 장 야	厚下安宅 후 하 안 택

박괘의 자연은 위에 산이 있고 아래에는 땅이 있어, 산이 땅에 붙어 있어서 무너지는 형상이다. 간괘의 덕은 멈춤과 독실함과 진중함이고, 그 재질은 위에 양이 있고 아래에 음이 있어 군자가 물러나고 소인이 득세하는 형상이며, 곤괘의 덕은 온유함과 유순함이고 그 재질은 모두 음이다.

따라서 박괘를 모방하여 설정한 인도는 윗사람이 세를 잃고 아랫사람이 세를 얻은 때이다.

인도를 실천하는 덕행은 아랫사람에게 후하게 대하여 집안을 편안하게 하는 것이다.

剝은 不利有攸往하니라
박　　불 리 유 유 왕

⇨ 박괘는 가는 바를 둠이 이롭지 않다.

☞ 박괘는 음이 양을 사라지게 하는 괘이다(陰消於陽).

彖曰 剝은 剝也니 柔變剛也니 不利有攸往은 小人
단왈 박　　박야　　유 변 강 야　　　불 리 유 유 왕　　소 인

이 長也일새라 順而止之는 觀象也니 君子尚消息
　　장야　　　　순 이 지 지　　관 상 야　　군 자 상 소 식

盈虛는 天行也라
영 허　　　천 행 야

⇨ 단에 말하였다. "박은 벗기는 것이니, 유가 강을 변화시키는 것이니, 가는
　바를 둠이 이롭지 않음은 소인이 자라나기 때문이다. 순하게 멈춤은 상을
　보고 하는 것이니, 군자가 소식과 영허를 숭상함은 하늘의 운행이기 때문
　이다."

☞ 박괘는 여러 음이 양을 사라지게 하는 괘요, 여러 소인이 군자를 해치는 괘이
　다(群陰消剝於陽, 衆小人剝喪於君子).

象曰 山附於地 剝이니 上이 以하여 厚下하여 安宅
상왈 산 부 어 지 박   상   이   후 하   안 택

하나니라

⇨ 상에 말하였다. "산이 땅에 붙어 있는 것이 박괘이니, 윗사람이 이 이치를
　본받아서 아랫사람에게 후덕하게 대우하여 집안을 편안하게 한다."

☞ 아래는 위의 근본이다.(下者上之本也)

　※『서경』에 이런 말이 있다. "백성은 나라의 근본이니 근본이 튼튼해야 나라가 편안하다
　　(民惟邦本 本固邦寧)."

효사 爻辭

初六은 剝牀以足이니 蔑貞이라 凶하도다 象曰 剝
초 육   박 상 이 족   멸 정   흉   상 왈 박

牀以足은 以滅下也라
상 이 족   이 멸 하 야

⇨ 초육은 침상의 발을 상하게 함이니, 정도를 멸하여 흉하도다. 상에 말하였다.
　"침상의 발을 상하게 한다는 것은 아래를 멸하는 것이다."

☞ 음이 양을 깎는 것은, 비도가 정도를 침해하고 소인이 군자를 소멸하는 것이
　다(陰剝陽, 是邪侵正, 小人消君子).

六二는 剝牀以辨이니 蔑貞이라 凶토다 象曰 剝牀
육이   박상이변   멸정   흉   상왈 박상

以辨은 未有與也일새라
이변   미유여야

⇨ 육이는 침상의 상하가 구분되는 곳을 상하게 함이니, 정도를 멸함이라 흉하
   도다. 상에 말하였다. "침상의 상하가 구분되는 곳을 멸한다는 것은 응여가
   없기 때문이다."

☞ 모든 효는 양은 음을 응효을 삼고, 음은 양을 응효로 삼는다

   (凡爻, 陽以應陰, 陰以應陽).

六三은 剝之无咎니라 象曰 剝之无咎는 失上下也일
육삼   박지무구   상왈 박지무구   실상하야

새라

⇨ 육삼은 박의 때에 허물이 없다. 상에 말하였다. "박의 때에 허물이 없다는
   것은 상하의 여러 음을 잃기 때문이다."

☞ 여러 음이 양을 해치는데, 자기만이 홀로 양과 응하여 그 무리를 버리고 정도
   를 따른다(衆陰剝陽而己獨應之 去其黨而從正也).

六四는 剝牀以膚니 凶하니라 象曰 剝牀以膚는 切
육사   박상이부   흉   상왈 박상이부   절

近災也라
근재야

⇨ 육사는 침상의 표면이 벗겨졌으니, 흉하다. 상에 말하였다. "침상의 표면이
벗겨졌다는 것은 재앙에 매우 가까운 것이다."

☞ 4효는 상체이니 침상의 표면에 해당한다. 침상이 표면이 벗겨지면 사람의 몸
에 미치니 재앙이 몸에 절박한 것이다(禍切於身也).

六五는 貫魚하여 以宮人寵이면 无不利리라 象曰
육오   관어   이궁인총   무불리   상왈

以宮人寵이면 終无尤也리라
이궁인총   종무우야

⇨ 육오는 물고기를 꿰듯이 하여 궁인이 총애를 받듯이 하면 이롭지 않음이
없는 것이다. 상에 말하였다. "궁인이 총애를 받듯이 하면 끝내 허물이 없
는 것이다."

☞ 5효는 여러 음의 주체이며 물고기는 음물이므로 상징으로 삼은 것이다. 소
인에게 개과천선하는 문을 열어준 것이다(五群陰之主也, 魚陰物.開小人遷善
之門).

上九는 碩果不食이니 君子는 得輿하고 小人은 剝
상구   석과불식   군자   득여   소인   박

盧리라 象曰 君子得輿는 民所載也요 小人剝盧는
려   상왈 군자득여   민소재야   소인박려

終不可用也라
종불가용야

⇨ 상구는 큰 과일을 먹지 않음이니, 군자는 수레를 얻고 소인은 집이 허물게

될 것이다. 상에 말하였다. "군자가 수레를 얻는다는 것은 백성에게 떠받듦을 받는 것이며, 소인은 집이 허물게 된다는 것은 끝까지 쓸 수 없는 것이다."

☞ 정도의 소멸됨이 이미 지극하면, 사람들이 다시 다스려짐을 생각한다. 그러므로 양강한 군자가 백성들에게 떠받듦을 받는 것이다 (正道消剝旣極, 則人復思治. 物極必反).

24. 지뢰복(地雷復)

☷☳ 곤상(坤上) 진하(震下)

자연(自然)	인도(人道)	덕행(德行)
雷在地中 뇌재지중	出入无疾 朋來无咎 출입무질 붕래무구	至日閉關 商旅不行 后不省方 지일폐관 상려불행 후불성방

　복괘의 자연은 위에 땅이 있고 아래에는 우레가 있어, 우레인 양이 땅속에 갇혀있는 형상이다.

　자연을 모방하여 설정한 인도는 나아가고 들어옴을 빨리하지 말고 벗이 왔을 때(양이 더 자랐을 때) 하면 허물이 없는 것이다.

　인도를 실천하는 덕행은 동짓날(가장 추울 때)에 문을 닫아걸고 상인과 여행자도 다니지 않는 것이며, 임금도 지방을 살피지 않는 것이다.

復은 亨하나 出入을 无疾하여 朋來라야 无咎리라
복　　형　　　출입　　무질　　　붕래　　　무구

反復其道하여 七日에 來復하니 利有攸往이니라
반복기도　　　칠일　　내복　　　이유유왕

➡ 복괘는 형통하나 나가고 들어옴을 빨리하지 말고 벗이 올 때 해야 허물이
　　없는 것이다. 그 도를 반복하여 7일 만에 와서 회복하니, 가는 바를 둠이
　　이롭다.

☞ 복괘는 도로 돌아오는 것이니, 음양이 사라지고 불어나는 이치는 7일에 돌아
　　온다(復者反於道也, 陰陽消長之道, 至七日而來復).

彖曰 復亨은 剛反이니 動而以順行이라 是以出入无
단왈 복형　　강반　　　동이이순행　　　　시이출입무

疾朋來无咎니라 反復其道七日來復은 天行也요 利
질붕래무구　　　반복기도칠일내복　　천행야　　이

有攸往은 剛長也일새니 復에 其見天地之心乎인저
유유왕　　강장야　　　복　　기견천지지심호

➡ 단에 말하였다. "복괘가 형통함은 양강이 돌아오기 때문이니, 동하여 순하
　　게 행한다. 이 때문에 드나듦을 빨리하지 말고 벗이 왔을 때 해야 허물이

없음이 된다. 그 도를 반복하여 7일 만에 와서 회복함은 하늘의 운행이요, 가는 바를 둠이 이로움은 양강이 자라나기 때문이니, 복괘에서 천지의 마음을 볼 수 있다."

☞ 복괘는 양이 처음 돌아오는 때이고, 구괘는 양이 처음 사라지는 때이다(復陽之始復也 姤陽之始消也).

상사 象辭

象曰 雷在地中이 復이니 先王이 以하여 至日에 閉
상왈 뇌재지중   복   선 왕   이   지일   폐

關하여 商旅不行하며 后不省方하니라
관   상 여 불 행   후 불 성 방

⇨ 상에 말하였다. "우레가 땅속에 있는 것이 복괘이니, 선왕이 이 이치를 본받아서 동짓날에 관문을 닫아 상인과 여행자가 다니지 못하게 하며, 임금은 사방을 시찰하지 않는다."

☞ 천도에 순응함을 이른다(先王順於天道也).

효사 爻辭

初九는 不遠復이라 无祗悔니 元吉하니라 象曰 不
초 구   불 원 복   무 지 회   원 길   상 왈 불

遠之復은 以修身也라
원 지 복　　 이 수 신 야

⇨ 초구는 멀리 가지 않고 돌아옴이라 후회함에 이르지 않으니, 크게 길한 것
　　이다. 상에 말하였다. "멀리 가지 않고 돌아옴은 이로써 몸을 닦는 것이다."

☞ 멀리 가지 않고 돌아옴은 군자가 수신하는 방법이다(不遠而復者 君子修身之
　　道也).

六二는 休復이니 吉하니라　象曰 休復之吉은 以下
육 이　　 휴 복　　 길　　　　 상 왈 휴 복 지 길　　 이 하

仁也라
인 야

⇨ 육이는 아름다운 이에게 돌아옴이니 길하다. 상에 말하였다. "아름다운 이
　　에게 돌아와 길하다는 것은 인자에게 낮추는 것이다."

☞ 양은 군자이고 인자인데, 음의 뜻은 양을 따르니 인자에게 낮춤이 된다.
　　(陰志從於陽)

六三은 頻復이니 厲하나 无咎리라　象曰 頻復之厲
육 삼　　 빈 복　　 려　　 무 구　　　　 상 왈 빈 복 지 려

는 義无咎也니라
　　 의 무 구 야

⇨ 육삼은 돌아오기를 자주함이니, 위태로우나 허물이 없는 것이다. 상에 말
　　하였다. "돌아오기를 자주하여 위태롭다는 것은 의리에는 허물이 없다."

☞ 음의 조급함과 동함의 지극함에 처하였으니, 돌아오기를 자주하여 견고히 하
　　지 못하는 자이다(復貴安固).

六四는 中行하되 獨復이로다 象曰 中行獨復은 以
육사　　중행　　　독복　　　　상왈　중행독복　　이

從道也라
종도야

⇨ 육사는 여러 음의 가운데서 가나 홀로 돌아오는 것이다. 상에 말하였다.
"여러 음의 가운데서 가나 홀로 돌아온다는 것은 도를 따르는 것이다."

☞ 4효가 홀로 초효와 응하니, 무리와 함께 가나 홀로 선을 따르는 상이 된다(處
群陰之中而獨與初應).

六五는 敦復이니 无悔하니라 象曰 敦復无悔는 中
육오　　돈복　　　무회　　　　상왈　돈복무회　　중

以自考也라
이자고야

⇨ 육오는 돌아옴에 도타움이니, 후회가 없다. 상에 말하였다. "돌아옴에 도타
워 후회가 없다는 것은 중도로써 자신을 이룸이다."

☞ 스스로 이룬다는 것은 도와주는 이가 없음을 이른다(成其中順之德 復无助也).

上六은 迷復이라 凶하니 有災眚하여 用行師면 終
상육　　미복　　　흉　　　유재생　　　용행사　　종

有大敗하고 以其國이면 君이 凶하여 至于十年히
유대패　　　이기국　　　군　　흉　　　　지우십년

不克征하리라 象曰 迷復之凶은 反君道也일새라
불극정　　　상왈　미복지흉　　반군도야

⇨ 상육은 돌아옴에 혼미하므로 흉하니, 재앙이 생겨서 군사를 동원하는 데에 쓰면 끝내 크게 패하고, 나라를 다스림에 쓰면 군주가 흉하여 10년에 이르도록 다스리지 못하는 것이다. 상에 말하였다. "돌아옴에 혼미함의 흉함은 군주의 도리에 위반되기 때문이다."

☞ 재생災眚에서, 재災는 하늘이 내리는 재앙이고, 생眚은 자신의 과실로 생기는 재앙이다(災天災 眚己過).

※『서경』에 이런 말이 있다. "하늘이 지은 재앙은 오히려 피할 수 있지만, 자신이 지은 재앙은 면할 길이 없다네(天作孽猶可違, 自作孽不可逭)."

25. 천뢰무망(天雷无妄)

☰ 건상(乾上) 진하(震下)

자연(自然)	인도(人道)	덕행(德行)
天下雷行 物與无妄 천 하 뢰 행 물 여 무 망	其匪正有眚 기 비 정 유 생	茂對時 育萬物 무 대 시 육 만 물

    무망괘의 자연은 위에 하늘이 있고 아래에는 우레가 있어, 하늘 아래 천둥이 쳐서 만물에게 무망의 마음(성실한 마음·진실한 마음)을 부여하는 것이다.

    따라서 자연을 모방하여 설정한 사람의 도리는 하늘이 부여한 그 바름(진실함 마음)으로 움직이지 않으면 재앙이 생기는 것이다.

    인도를 실천하는 덕행은 힘써 때에 맞추어 만물을 기르는 것이다.

无妄은 元亨하고 利貞하니 其匪正이면 有眚하릴새
무망　　원형　　　이정　　　기비정　　　유생

不利有攸往하니라
불리유유왕

⇨ 무망괘는 크게 형통하니 정도를 지킴이 이롭다. 그 바름이 아니면 재앙이
　생길 것이므로 가는 바를 둠이 이롭지 않다.

☞ 천도로써 움직이면 무망이 되고, 인욕으로 움직이면 망령이 된다(動以天爲无
　妄, 動以人欲則妄矣).

象曰 无妄은 剛이 自外來而爲主於內하니 動而健하
단왈　무망　강　　자외래이위주어내　　　동이건

고 剛中而應하여 大亨以正하니 天之命也라 其匪正
　　강중이응　　　대형이정　　　천지명야　　기비정

有眚不利有攸往은 无妄之往에 何之矣리오 天命不
유생불리유유왕　　　무망지왕　　하지의　　　천명불

祐를 行矣哉아
우　　행의재

⇨ 단에 말하였다. "무망괘는 강이 밖에서 와 안에서 주체가 되었으니, 동하고

162　임계주역 | 육십사괘 해

굳세며 강이 중에 있고 응하여 크게 형통하고 바르니, 하늘의 명이다. 그
바름이 아니면 재앙이 생겨 가는 바를 둠에 이롭지 않다는 것은, 무망의
감에 어디로 가겠는가. 천명이 돕지 않는 것을 행하겠는가."

☞ 무망은 지극히 성실함이니, 지극히 성실한 것은 하늘의 도이다(无妄者至誠也,
至誠者天之道也).

※『사서장구집주』에 이런 말이 있다. "성실함은 하늘의 도이니, 진실되고 망녕됨이 없음
을 이른다(誠者天之道也, 眞實無妄之謂)."

상사 象辭

象曰 天下雷行하여 物與无妄하니 先王이 以하여 茂
상왈　천　하　뇌행　　　물　여　무　망　　　선　왕　　이　　　　무

對時하여 育萬物하니라
대　시　　　육　만　물

⇨ 상에 말하였다. "하늘 아래에 천둥이 쳐서 만물에게 망녕됨이 없는 마음을
주니, 선왕이 이 이치를 본받아서 힘써 천시에 맞추어 만물을 기른다."

☞ 천지의 큰 덕은 만물을 생육하는 것이다(天地之大德曰生).

효사 爻辭

初九는 无妄이니 往에 吉하리라 象曰 无妄之往은
초　구　　무망　　　왕　　길　　　　　상왈　무망지왕

得志也리라
득 지 야

⇨ 초구는 망녕됨이 없음이니, 나아감에 길한 것이다. 상에 말하였다. "망녕됨
이 없음으로 나아감은 뜻을 얻는 것이다."

☞ 초효는 양이 처음 동하는 것이니, 사람의 진실한 마음이 처음 동하는 것과 같
다(初九陽動之始 如人誠心之初動也).

六二는 不耕하여 穫하며 不菑하여 畬니 則利有攸
육이   불경   확   불치   여   즉이유유

往하니라 象曰 不耕穫은 未富也라
왕   상왈 불경확   미부야

⇨ 육이는 밭을 갈지 않고도 수확하며 1년 된 밭을 만들지 않고도 3년 된 밭을
얻으니, 갈 바를 둠이 이롭다. 상에 말하였다. "밭을 갈지 않고 수확한다는
것은 부자가 되는 것은 아니다."

☞ 앞장서서 일을 만들지 않고 사리의 당연한 것을 따라야 함을 말한 것이다(謂
不首造其事 因其事理所當然也).

六三은 无妄之災니 或繫之牛하나 行人之得이 邑人
육삼   무망지재   혹계지우   행인지득   읍인

之災로다 象曰 行人得牛는 邑人災也라
지재   상왈 행인득우   읍인재야

⇨ 육삼은 망녕됨이 없는 재앙이니, 혹자가 매어놓은 소를 길가는 사람이 얻음

은 고을 사람의 재앙이로다. 상에 말하였다. "길가는 사람이 소를 얻는다는 것은 고을 사람의 재앙이다."

☞ 망동하여 얻으면 반드시 잃게 됨을 이른다(妄動而得 亦必有失).

九四는 可貞이니 无咎리라 象曰 可貞无咎는 固有
구사   가정   무구   상왈 가정무구   고유

之也일새라
지 야

⇨ 구사는 정도를 굳게 지킬 수 있으니, 허물이 없는 것이다. 상에 말하였다. "정도를 굳게 지켜서 허물이 없다는 것은 본래 가지고 있기 때문이다."

☞ 강양으로 건체에 거하고 다시 응여가 없으니, 망녕됨이 없는 자이다(剛陽而居 乾體 復无應與 无妄者也).

九五는 无妄之疾이니 勿藥이라도 有喜리라 象曰
구오   무망지질   물약   유희   상왈

无妄之藥은 不可試也니라
무망지약   불가시야

⇨ 구오는 무망의 질병이니 약을 쓰지 않아도 기쁜 일이 있는 것이다. 상에 말하였다. "무망의 질병에 약을 씀은 (약을 시험하는 것이니) 시험할 수 없는 것이다."

☞ 건체의 강함과 중정으로 높은 자리에 거하고 아래의 응여도 중정하니, 무망의 지극함이다(乾剛中正 以居尊位而下應亦中正 无妄之至也).

上九는 无妄에 行이면 有眚하여 无攸利하니라 象
상구   무망   행   유생   무유리   상

曰 无妄之行은 窮之災也라
왈 무망지행   궁지재야

⇨ 상구는 무망에 가면 허물이 생겨 이로운 것이 없다. 상에 말하였다. "무망
　의 감은 궁극의 재앙이다."

☞ 때와 자리가 궁극하여 갈 수 없는 것이다(時位窮極不可行耳).

26. 산천대축(山天大畜)

☳ 간상(艮上) 건하(乾下)

자연(自然)	인도(人道)	덕행(德行)
天在山中 천 재 산 중	日新其德 일 신 기 덕	多識前言往行 以畜其德 다 지 전 언 왕 행 이 휵 기 덕

　대축괘의 자연은 위에 산이 있고 하늘이 아래에 있어, 하늘이 산의 가운데 있는 형상이라 많이 쌓음을 상징한다. 건괘의 덕은 강건함과 성실함이고 간괘의 덕은 그침과 독실함과 진중함이니, 천도를 독실하게 행하는 상황이다.

　따라서 대축괘를 모방하여 설정한 인도는 날마다 그 덕을 새롭게 하여 덕을 쌓는 것이다.

　인도를 실천하는 덕행은 진중하게 성현의 말씀과 행실을 많이 배워서 자신의 덕을 쌓는 것이다.

大畜은 利貞하니 不家食하면 吉하니 利涉大川하니라
대축　　　이정　　　불가식　　　길　　　　이섭대천

⇨ 대축괘는 정도를 지킴이 이로우니, 집에서 밥을 먹지 않으면 길하니, 큰
내를 건넘이 이롭다.

☞ 대축괘는 하늘이 산속에 있으니, 쌓인 것이 지극히 큰 상이다. 크게 쌓은 사람
은 마땅히 그 쌓은 바를 베풀어서 천하를 구제하여야 한다(大畜 天而在於山中
所畜至大之象 大畜之人은 所宜施其所畜 以濟天下).

단사 彖辭

象曰 大畜은 剛健하고 篤實하여 輝光이 日新其德
단왈　대축　　강건　　　독실　　　　휘광　　일신기덕

이니 剛上而尙賢하고 能止健이 大正也라 不家食吉
　　　강상이상현　　　능지건　　대정야　　불가식길

은 養賢也요 利涉大川은 應乎天也라
　　양현야　　　이섭대천　　응호천야

⇨ 단에 말하였다. "대축괘는 강건하고 독실하여 광채가 날로 그의 덕을 새롭
게 하니, 강이 위에 있고 어진 이를 높이고 강건함을 저지함이 크게 바른
것이다. 집에서 밥을 먹지 않는다는 것은 어진 이를 기르는 것이고, 큰 내
를 건넘이 이롭다는 것은 천도에 응하기 때문이다."

☞ 강건함은 인욕의 사사로움이 없는 것이고, 독실함은 인욕의 거짓이 없는 것이
다(剛健無人欲之私 篤實無人欲之假).

상사 象辭

象曰 天在山中이 大畜이니 君子以하여 多識前言往
상왈 천재산중   대축   군자이   다지전언왕

行하여 以畜其德하나니라
행   이 휵 기 덕

⇨ 상에 말하였다. "하늘이 산의 속에 있는 것이 대축괘이니, 군자가 이 이치를
본받아서 옛 성현들의 말씀과 지나간 행실을 많이 알아 그의 덕을 쌓는다."

☞ 사람의 온축함은 학문으로 말미암아 커지는 것이다(人之蘊畜由學而大).

※『순자』에 이런 말이 있다. "학문은 도중에 그만둘 수 없다. 군자가 폭넓게 배우고 매일
자기성찰을 한다면 지혜가 밝아져서 행동에 잘못이 없어질 것이다(學不可以已, 君子
博學而日參省乎己, 則智明而行無過矣)."

효사 爻辭

初九는 有厲리니 利已니라 象曰 有厲利已는 不犯
초구   유려   이이   상왈 유려이이   불범

災也라
재 야

⇨ 초구는 위태로움이 있을 것이니, 그만둠이 이롭다. 상에 말하였다. "위태로움이 있으니 그만둠이 이롭다는 것은 재앙을 범하지 않는 것이다."

☞ 대축괘는 간괘가 건괘를 멈추게 하는 것이다. 그러므로 건괘의 세 효는 모두 저지당함을 취하여 뜻으로 삼았고, 간괘의 세 효는 모두 저지함을 취하여 뜻으로 삼았다(大畜艮止畜乾也 故乾三爻 皆取被止爲義 艮三爻皆取止之爲義).

九二는 興說輹이로다 象曰 興說輹은 中이라 无尤
구이   여탈복   상왈 여탈복   중   무우

也라
야

⇨ 구이는 수레에 바퀴를 빼놓았도다. 상에 말하였다. "수레에 바퀴를 빼놓았다는 것은 중도가 있어서 허물이 없다는 것이다."

☞ 그 처함에 중도를 얻어 동함에 마땅함을 잃지 않는 것이다(其處得中道 動不失宜).

九三은 良馬逐이니 利艱貞하니 日閑輿衛면 利有攸
구삼   양마축   이간정   일한여위   이유유

往하리라 象曰 利有攸往은 上이 合志也일새라
왕   상왈 이유유왕   상   합지야

⇨ 구삼은 좋은 말이 달려가는 상황이니, 어렵게 여기고 정도를 지킴이 이로우니, 날마다 수레를 타는 것과 호위하는 것을 익히면 가는 바를 둠이 이로운 것이다. 상에 말하였다. "가는 바를 둠이 이롭다는 것은 상효와 뜻이 합하기 때문이다."

☞ 3효를 좋은 말에 비유한 것은 건괘의 가장 위에 있어서 나아감이 빠름을 말한 것이다(三以陽居健極).

六四는 童牛之牿이니 元吉하니라 象曰 六四元吉은
육사　　동우지곡　　　원길　　　　상왈 육사원길

有喜也라
유 희 야

⇨ 육사는 어린 송아지에 뿔막이 나무를 댄 것이니, 크게 길한 것이다. 상에 말하였다. "육사가 크게 길하다 함은 기쁜 일이 있는 것이다."

☞ 뿔막이 나무를 설치했다는 것은 제재하기 쉬움을 이른다. 사람은 15세를 어린이라 하고, 소나 양에 아직 뿔이 나지 않은 것을 동이라 한다(十五日童, 牛羊之無角者日童).

六五는 豶豕之牙니 吉하니라 象曰 六五之吉은 有
육오　　분시지아　　길　　　　상왈 육오지길　　유

慶也라
경 야

⇨ 육오는 (저지함에) 거세한 돼지의 이빨과 같이 쉬움이니, 길한 것이다. 상에 말하였다. "육오의 길함은 경사가 있는 것이다."

☞ 악을 저지하는 방법은 근본을 알고 요점을 파악하는 데 있음을 이르고, 경사가 있다는 것은 전체가 이로움을 말한다(止惡之道, 在知其本得其要而已. 求而得之日慶).

上九는 何天之衢오 亨하니라 象曰 何天之衢오 道
상구   하천지구   형   상왈 하천지구   도

大行也라
대 행 야

⇨ 상구는 어찌 하늘의 거리인가, 형통하는 것이다. 상에 말하였다. "어찌하여
   하늘의 거리라 일렀는가? 도로가 크게 통행되기 때문이다."

☞ 하늘길을 말한 것은, 막힘이 이미 궁극에 와서 오히려 반전되어 크게 형통하
   게 됨을 이른다(物極必反).

27. 산뢰이(山雷頤)

☶☳ 간상(艮上) 진하(震下)

자연(自然)	인도(人道)		덕행(德行)
山下有雷 산하유뢰	聖人養賢 성인양현	以及萬民 이급만민	愼言語 節飮食 신언어 절음식

 이괘의 자연은 위에 산이 있고 아래에는 우레가 있어, 산의 아래에서 천둥이 치는 형상이다. 간괘의 덕은 멈춤과 독실함이고 그 괘의 재질은 양이 위에 있으며, 진괘의 덕은 움직임과 위엄이고, 그 괘의 재질은 음이 아래에 있어 마치 사람이 음식을 먹을 때 윗턱은 멈춰 있고 아래턱이 움직이는 것과 같은 것이다.

 따라서 자연을 모방하여 설정한 인도는, 입으로 음식을 먹어서 사람을 기름과 같은 기름이 되니, 성인이 어진 사람을 길러서 그 영향이 만민에게 미치게 하는 것이다.

 인도를 실천하는 덕행은 말을 삼가며 음식을 절도 있게 먹어서 몸과 마음을 기르는 것이다.

頤는 貞하면 吉하니 觀頤하며 自求口實이니라
이   정   길   관이   자구구실

⇨ 이괘는 정도로써 하면 길한 것이니, 길러주며 스스로 먹을 것을 구하는 것
을 살펴야 한다.

☞ 기름에는 생명을 기름이 있고, 덕을 기름이 있고, 몸을 기름이 있지만 모두
정도로써 해야 한다.

단사 彖辭

象曰 頤貞吉은 養正則吉也니 觀頤는 觀其所養也요
단왈 이정길   양정즉길야   관이   관기소양야

自求口實은 觀其自養也라 天地養萬物하며 聖人이
자구구실   관기자양야   천지양만물   성인

養賢하여 以及萬民하나니 頤之時大矣哉라
양현   이급만민   이지시대의재

⇨ 단에 말하였다. "이괘가 정도로써 하면 길하다는 것은, 바름을 기르면 길
한 것이니, 턱을 살핀다는 것은 길러줄 바를 관찰하는 것이고, 스스로 입
에 들어갈 내용물을 구한다는 것은 스스로 기름을 살피는 것이다. 천지가
만물을 기르며 성인이 현자를 길러 만민에게 미치게 하니, 기름의 때가 크

도다.”

☞ 양을 다른 사람을 기르고 음은 남의 길러줌을 구하는 자이다. 이괘에서 시의

성대함을 말한 것은 만물을 낳고 기름은 때가 중요함이 되기 때문이다(實者養

人 虛者求人之養).

상사 象辭

象曰 山下有雷 頤니 君子以하여 愼言語하며 節飮
상 왈　산 하 유 뢰　이　　군 자 이　　　　신 언 어　　　　　절 음

食하나니라
식

⇨ 상에 말하였다. “산 아래에 우레가 있음이 이괘니, 군자가 이 이치를 본받

아서 말을 삼가며 음식을 절도 있게 먹는다.”

☞ 말을 삼감은 덕을 기르는 것이고 음식을 절제함은 육체를 기르는 것이다(愼言

語以養其德 節飮食以養其體).

효사 爻辭

初九는 舍爾靈龜하고 觀我하여 朶頤니 凶하니라
초 구　　　사 이 영 귀　　　관 아　　　　타 이　　　흉

象曰 觀我朶頤하니 亦不足貴也로다
상 왈　관 아 타 이　　　역 부 족 귀 야

⇨ 초구는 너의 신령스러운 거북을 버리고 나를 보고서 턱을 늘어뜨리니, 흉하다. 상에 말하였다. "나를 보고서 턱을 늘어뜨리니, 또한 귀함이 되기에 부족한 것이다."

☞ 거북은 밝고 지혜로워 밖에서 길러주기를 구하지 않음을 비유한 것이니, 양으로써 음을 따르면 흉한 것이다(以陽而從陰則凶也).

六二는 顚頤면 拂經이요 于丘에 頤하여 征하면 凶하
육이　전이　　불경　　　우구　이　　　정　　　흉

리라 象曰 六二征凶은 行이 失類也라
　　상왈 육이정흉　　행　　실류야

⇨ 육이는 거꾸로 길러주기를 구하면 상도에 어긋나고, 언덕에게 길러주기를 구하여 가면 흉한 것이다. 상에 말하였다. "육이가 가면 흉한 것은 가면 동류를 잃기 때문이다."

☞ 음유는 독립하지 못하여 반드시 양을 따르니, 2효는 음유로서 스스로 기르지 못하여 남에게 길러주기를 구하는 자이다. 이괘는 서로 응함이 길러줌이 된다(在頤之時 相應則相養者也).

六三은 拂頤貞이라 凶하여 十年勿用이라 无攸利하
육삼　불이정　　　흉　　　십년물용　　　무유리

니라 象曰 十年勿用은 道大悖也라
　　상왈 십년물용　　도대패야

⇨ 육삼은 기름의 정도에 위배되어 흉하여 10년이 되어도 쓰지 못하니, 이로운 것이 없다. 상에 말하였다. "10년이 되어도 쓰지 못한다는 것은 도가 크

게 어긋나기 때문이다."

☞ 3효는 자리가 마땅하지 않고 중정하지 못하면서 동함의 극에 처하여, 기름을 정도로써 하는 자가 아니다. 10은 수의 끝으로 끝까지 쓸 수 없음을 이른다(十數之終 謂終不可用).

六四는 顚頤나 吉하니 虎視耽耽하며 其欲逐逐하면
육사   전이   길   호시탐탐   기욕축축

无咎리라 象曰 顚頤之吉은 上施光也일새라
무구   상왈 전이지길   상시광야

⇨ 육사는 거꾸로 길러주기를 구하나 길하니, 호랑이가 (먹이감을 발견하고) 시선을 놓치지 않듯이, 그 바라는 것을 쫓고 쫓아 계속하면 허물이 없는 것이다. 상에 말하였다. "거꾸로 길러주기를 구하나 길하다 함은 위로 베풂이 빛나기 때문이다."

☞ 초효부터 3효까지는 구체를 기르는 자이며, 4효부터 상효까지는 덕과 의를 기르는 것이다(自三以下養口體者也 四以上養德義者也).

六五는 佛經이나 居貞하면 吉하려니와 不可涉大川
육오   불경   거정   길   불가섭대천

이니라 象曰 居貞之吉은 順以從上也일새라
      상왈 거정지길   순이종상야

⇨ 육오는 상도에 위반되나 정고함에 거하면 길하지만 대천을 건널 수는 없다. 상에 말하였다. "정고함에 거하면 길하다는 것은 순하게 상효를 따르기 때문이다."

☞ 천자는 천하를 기르는 자이나 음유한 자질로 감당할 수가 없어, 도리어 상효에게 길러줌을 받으니 법도에 어긋난다고 하였다. 정고함에 거하면 길하다는 것은, 음유의 유순한 덕으로 상효를 따라야 함을 이른다(上師傅之位也).

上九는 由頤니 厲하면 吉하니 利涉大川하니라 象
상구   유이   려   길   이섭대천   상

曰 由頤厲吉은 大有慶也라
왈 유이려길   대유경야

⇨ 상구는 자신으로 말미암아 길러지니 위태롭게 여기면 길하고, 대천을 건넘이 이롭다. 상에 말하였다. "자신으로 말미암아 길러지니 위태롭게 여기면 길하다는 것은 크게 경사가 있는 것이다."

☞ 상효는 양강의 덕으로 사부의 지위에 있으면서, 유순한 군주를 길러서 천하 사람을 기르게 하니, 말미암아서 길러지는 것이다. 경사가 있다는 것은 은택이 천하에 미침을 이른다.

28. 택풍대과(澤風大過)

☰ 태상(兌上) 손하(巽下)

자연(自然)	인도(人道)	덕행(德行)
澤滅木 택 멸 목	剛過而中 巽而說行 강 과 이 중 손 이 열 행	獨立不懼 遯世无悶 독 립 불 구 둔 세 무 민

　대과괘의 자연은 위에 못이 있고 아래에는 바람이 있는 형상이다. 못의 물은 나무를 길러주어야 올바른 이치인데, 오히려 물이 나무의 위에까지 올라가서 나무가 물에 잠겨있는 형상이니 크게 잘못된 것이다.

　따라서 자연을 모방하여 설정한 인도는 강하고 지나치게 해야 중도에 부합하고 공손함과 기쁨으로 행하는 것이다.

　인도를 실천하는 덕행은 홀로 서 있어도 두려워하지 않으며 세상에서 은둔하고서도 번민하지 않는 것이다.

大過는 棟이 橈니 利有攸往하여 亨하니라

대과　　동　요　　이유유왕　　　　형

⇨ 대과괘는 기둥이 휘어짐이니, 가는 바를 둠이 이로워 형통한 것이다.

☞ 대과괘는 양이 과한 것이니, 바로잡을 때 조금 과하게 해야 중도에 미칠 수

있다(大過者陽過也, 矯之小過而後, 能及於中).

彖曰 大過는 大者過也요　棟橈는 本末이 弱也라

단왈　대과　　대자과야　　　동요　　본말　　약야

剛過而中하고 巽而說行이라 利有攸往하여 乃亨하

강과이중　　　손이열행　　　이유유왕　　　내형

니　大過之時大矣哉라

　대과지시대의재

⇨ 단에 말하였다. "대과괘는 큰 것이 과함이요, 기둥이 휘어지는 것은 밑둥과
끝이 약하기 때문이다. 강이 과하나 가운데 자리에 있고, 공손하고 기쁨으
로 행하므로 가는 바를 둠이 이로워 형통하니, 대과괘의 때가 크도다."

☞ 큰 것은 양이고 작은 것은 음이다. 일에 있어서는 큰 것이 과함과 또는 과함이
큰 것이 된다.

象曰 澤滅木이 大過니 君子以하여 獨立不懼하며
상왈 택 멸 목 대 과 군 자 이   독 립 불 구

遯世无悶하나니라
둔 세 무 민

⇨ 상에 말하였다. "못물이 나무를 잠기게 하는 것이 대과괘이니, 군자가 이
  이치를 본받아서 홀로 서 있어도 두려워하지 않으며, 세상을 피하여 은둔
  하여도 근심하지 않는다."

☞ 군자가 대과의 상을 보고 보통 사람보다 크게 뛰어난 계획을 세운다.

효사 爻辭

初六은 藉用白茅니 无咎하나니라 象曰 藉用白茅는
초육   자용백모   무구   상왈 자용백모

柔在下也라
유 재 하 야

⇨ 초육은 깨끗한 띠를 깜이니, 허물이 없다. 상에 말하였다. "깨끗한 띠를 깐
  다는 것은 음유가 아래에 있기 때문이다."

☞ 대과의 쓰임은 조금 과하게 해야 중도에 알맞게 된다(過於畏愼者也).

九二는 枯楊이 生稊하며 老夫得其女妻니 无不利
구이   고양   생제   노부득기여처   무불리

하니라 象曰 老夫女妻는 過以相與也라
상왈   노부여처   과이상여야

⇨ 구이는 마른 버드나무에 뿌리가 생기며, 연로한 지아비가 젊은 아내를 얻으
니, 이롭지 않음이 없다. 상에 말하였다. "연로한 지아비가 젊은 아내를 얻
었다 함은 과하여도 서로 더불기 때문이다."

☞ 버드나무는 양기가 감동시키기 쉬운 물건이다(楊者 陽氣易感之物).

九三은 棟橈니 凶하니라 象曰 棟橈之凶은 不可以
구삼   동요   흉   상왈 동요지흉   불가이

有輔也일새라
유보야

⇨ 구삼은 기둥이 휘어짐이니 흉하다. 상에 말하였다. "기둥이 휘어져 흉하다
는 것은 돕는 이가 있을 수 없기 때문이다."

☞ 3효는 양이 과한 대과의 때에, 양이 양자리에 거하여 크게 지나치므로 돕는
자가 없다(剛過之甚者也).

九四는 棟隆이니 吉하거니와 有它면 吝하리라 象
구사   동융   길   유타   인   상

曰 棟隆之吉은 不橈乎下也일새라
왈 동융지길   불요호하야

⇨ 구사는 기둥이 솟아 있으니 길하나, 다름이 있으면 막힐 것이다. 상에 말하

였다. "기둥이 솟아 있어 길하다는 것은 아래로 휘어지지 않았기 때문이다."

☞ 4효가 양강으로써 음의 자리에 처하여 마땅함을 얻었는데, 다시 동하여 응이 되는 초효를 만나면 막히게 되는 것이다(大過之時 動則過也).

九五는 枯楊이 生華하며 老婦得其士夫니 无咎나
구 오　　고 양　　생 화　　　　노 부 득 기 사 부　　　무 구

无譽리라 象曰 枯楊生華니 何可久也며 老婦士夫亦
무 예　　　상 왈 고 양 생 화　　하 가 구 야　　　노 부 사 부 역

可醜也로다
가 추 야

⇨ 구오는 마른 버드나무에 꽃이 피며 연로한 부인이 젊은 남자를 얻음이니, 허물이 없으나 명예도 없는 것이다. 상에 말하였다. "마른 버드나무에 꽃이 핀 것이니 어찌 오래가며, 연로한 부인이 젊은 남자를 얻음은 또한 추하게 여길 만하다."

☞ 추하다는 것은 뿌리가 없어 생육 작용을 할 수 없음을 이른다(天地之大德 曰生).

上六은 過涉滅頂이라 凶하니 无咎하니라 象曰 過
상 육　　과 섭 멸 정　　　흉 하니　　무 구　　　　상 왈 과

涉之凶은 不可咎也니라
섭 지 흉　　불 가 구 야

⇨ 상육은 지나치게 건너 이마까지 빠져 흉하니, 탓할 데가 없다. 상에 말하였다. "지나치게 건너 흉함은 탓할 데가 없는 것이다."

☞ 지나치게 과한 상태에서 음유로서 위에 처했으니, 허물을 돌릴 곳이 없는 것이다.

29. 중수감(重水坎)

䷜ 감상(坎上) 감하(坎下)

자연(自然)	인도(人道)	덕행(德行)
水洊至 수 천 지	行險而不失其信 행 험 이 불 실 기 신	常德行 習敎事 상 덕 행 습 교 사

　감괘의 자연은 위에도 물이고 아래에도 물이라, 물이 거듭 이르는 형상이다. 감괘의 덕은 빠짐과 험함과 쉬지 않고 흘러가는 것이니, 험한 일이 거듭 이르나, 그 가운데서 쉬지 않고 움직여 험한 상황에서 벗어나는 것이다.

　따라서 자연을 모방하여 설정한 인도는 험한 일을 당하여도 계속해서 움직여 그 험한 곳에서 벗어나 믿음을 잃지 않는 것이다.

　인도를 실천하는 덕행은 항상 덕을 실천하며, 가르치는 일을 거듭 행하는 것이다.

習坎은 有孚하여 維心亨이니 行하면 有尙이리라
습감　　유부　　유심형　　　　행　　　유상

⇨ 습감은 정성이 있어 오직 마음이 형통할 것이니, 가면 가상함이 있는 것
　이다.

☞ 성실함이 마음속에 있는 것을 부孚라 하고 성실함이 일에 나타나는 것을 신信
　이라고 한다(誠存於中之謂孚, 誠見於事之謂信).

象曰 習坎은 重險也니 水流而不盈하며 行險而不失
단왈　습감　　중험야　　수류이불영　　　행험이불실

其信이니 維心亨은 乃以剛中也요 行有尙은 往有功
기신　　유심형　　내이강중야　　　행유상　　왕유공

也라 天險은 不可升也요 地險은 山川丘陵也니 王公
야　 천험　　불가승야　　지험　　산천구릉야　　왕공

이 設險하여 以守其國하나니 險之時用이 大矣哉라
　설험　　　이수기국　　　　험지시용　　대의재

⇨ 단에 말하였다. "습감은 거듭 험함이니, 물이 흘러가서 가득 차지 않으며
　험함을 행하나 믿음을 잃지 않으니, 오직 마음이 형통한다는 것은, 강이 중
　위에 있기 때문이고, 가면 가상함이 있다는 것은 가면 공이 있는 것이다.

하늘의 험함은 오를 수 없는 것이고, 땅의 험함은 산천과 언덕이니, 왕공이
험한 것을 설치하여 나라를 지키니, 험한 괘의 때와 쓰임이 크도다."

☞ 감괘는 가는 것을 공으로 삼는다. 가지 않으면 험한 가운데 계속 머물러 있기
때문이다(坎一陽陷於二陰之中).

상사 象辭

象曰 水洊至習坎이니 君子以하여 常德行하며 習敎
상왈　수천지습감　　　　군자이　　　　상덕행　　　　습교

事하나니라
사

⇨ 상에 말하였다. "물이 거듭 이르는 것이 습감이니, 군자가 이 이치를 본받
아서 덕행을 항구하게 행하며 가르치는 일을 익힌다."

☞ 물은 쉼 없이 흘러내리면서 만물을 윤택하게 하는데, 군자는 이러한 모습을
보고 덕을 베풀 것을 생각하고 가르치는 일을 거듭 행한다.

※ 『노자』에 이런 말이 있다. "최선의 삶은 흘러가는 물과 같은 것이다. 첫째는 만물을
이롭게 하고, 둘째는 겸손하게 낮은 곳으로 흘러가고, 셋째는 공명을 다투지 않는 것
이다(上善若水)."

初六은 習坎에 入于坎窞이니 凶하니라 象曰 習坎
초육　　습감　　입우감담　　　흉　　　　상왈 습감

入于坎은 失道라 凶也라
입감　　　실도　　흉야

▷ 초육은 거듭된 험함에 깊은 구덩이로 들어감이니, 흉하다. 상에 말하였다.
"거듭된 험함에 깊은 구덩이로 들어간다는 것은 도를 잃은 것이기 때문에
흉하다."

☞ 초효는 음유로서 험함에서 벗어날 수 없고 오히려 깊은 수렁으로 빠져드는
상이다(失去正道 必有凶險).

九二는 坎에 有險하나 求를 小得하리라 象曰 求小
구이　　감　유험　　　구　　소득　　　　상왈 구소

得은 未出中也일새라
득　　미출중야

▷ 구이는 구덩이에 험함이 있으나 구하는 것을 조금 얻는 것이다. 상에 말하
였다. "구하는 것을 조금 얻는다는 것은 험한 가운데에서 벗어나지 못했기
때문이다."

☞ 2효는 강함과 중도가 있어서 자신을 구할 수 있으나 아직 험한 가운데서 빠져
나오지 못했기 때문에 남을 구제할 수는 없다.

六三은 來之에 坎坎하며 險에 且枕하여 入于坎窞
육삼 내지 감감   험   차침   입우감담

이니 勿用이니라 象曰 來之坎坎은 終无功也리라
   물용   상왈 내지감감 종무공야

⇨ 육삼은 오고 감이 험하고 험하며, 험함에 또 의지하여 구덩이 속으로 들어
  가니, 쓰지 말아야 한다. 상에 말하였다. "오고 가는 것이 험하고 험하다
  함은 끝내 공이 없는 것이다."

☞ 오고 감이 험하고 험하다 함은, 하괘로 내려와도 험이고 상괘로 올라가도 험
  하니, 진퇴가 모두 불가함을 이른다(進退兩難).

六四는 樽酒와 簋貳를 用缶하고 納約自牖면 終无
육사   준주   궤이   용부   납약자유   종무

咎하리라 象曰 樽酒簋貳는 剛柔際也일새라
구   상왈 준주궤이   강유제야

⇨ 육사는 한 동이 술과 제기 두 개를 쓰되 질박한 것으로 하고, 약소한 것을
  들이되 밝은 곳으로 하면 끝내 허물이 없을 것이다. 상에 말하였다."한 동
  이의 술과 두 개의 잔을 사용함은 강과 유가 교제하기 때문이다."

☞ 한 동이의 술과 두 개의 잔을 사용함은 지극히 질박함을 의미하고, 약소한 것
  을 들이되 밝은 곳으로 함은 군주의 밝은 곳으로부터 간언함을 이르고, 강유
  가 사귄다 함은 5효와 4효를 가리키니, 군주와 신하가 교제함을 이른다.

九五는 坎不盈하나 祗旣平하니 无咎리라 象曰 坎
구오   감불영   지기평   무구   상왈 감

不盈은 中이 未大也라
불영   중   미대야

⇨ 구오는 구덩이가 차지 않았으나 이미 평평함에 이르렀으니 허물이 없는 것
  이다. 상에 말하였다. "구덩이가 차지 않았다 하는 것은 중도가 광대하지
  못한 것이다."

☞ 중덕이 광대하지 못하다는 것은 때의 어려움을 만나서 베풀지 못함을 이른다.

上六은 係用徽纆하여 寘于叢棘하여 三歲라도 不得
상육   계용휘묵   치우총극   삼세   부득

이니 凶하니라 象曰 上六失道는 凶三歲也리라
     흉   상왈 상육실도   흉삼세야

⇨ 상육은 튼튼한 노끈으로 묶어서 가시나무 울타리 속에 방치되어 3년이 되
  어도 벗어나지 못하니, 흉하다. 상에 말하였다. "상육이 도를 잃음은 흉함
  이 3년이나 갈 것이다."

☞ '휘徽'는 세 가닥으로 꼰 노끈이고 '묵纆'은 두 가닥으로 끈 노끈이니 질긴 노
  끈을 이른다(三股曰徽, 兩股曰纆).

30. 중화리(重火離)

≡ 이상(離上) 이하(離下)

자연(自然)	인도(人道)	덕행(德行)
明兩作離 명량작리	重明以麗乎正 乃化成天下 중명이리호정 내화성천하	繼明 照于四方 계명 조우사방

이괘의 자연은 위에도 불이고 아래에도 불이라 밝음이 둘이 붙어 있는 형상이다. 이괘의 괘덕은 붙음과 밝음과 문명함이다.

따라서 이괘의 자연을 모방하여 설정한 인도는 거듭 밝음으로써 바름에 붙어 있으면서 천하 사람을 교화시키고 아름다운 풍속을 이루게 하는 것이다.

인도를 실천하는 덕행은 밝음을 이어가면서 사방을 비추는 것이다. 밝음을 이어간다는 것은, 훌륭한 도덕을 갖춘 성현들이 지도자가 되어 이어감을 이른다.

離는 利貞하면 亨하고 畜牝牛하면 吉하리라
이　　　이정　　　　형　　　　흑빈우　　　　길

⇨ 이괘는 정도 지키는 것을 이롭게 여기면 형통하고, 암소를 기르면 길한 것
　이다.

☞ 음효가 괘주가 되니 정도를 지켜야 이롭고, 형통함은 음을 경계한 말이고, 소
　는 순한 동물이니 암소라고 말한 것은 지극히 순함을 이른다.

단사 彖辭

彖曰 離는 麗也니 日月이 麗乎天하며 百穀草木이 麗
단왈　이　　리야　　일월　　리호천　　　　백곡초목　　　　리

乎土하니 重明으로 以麗乎正하여 乃化成天下하나
호토　　　중명　　　이리호정　　　　내화성천하

니라 柔麗乎中正이라 故亨하니 是以畜牝牛吉也라
　　　유리호중정　　　고형　　　시이흑빈우길야

⇨ 단에 말하였다. "이괘는 붙음이니, 해와 달이 하늘에 붙어 있고 온갖 곡식
　과 초목이 땅에 붙어 있으니, 거듭 밝음으로 바름에 붙어서 천하 사람들을
　교화하여 아름다운 풍속을 이룬다. 유순함이 중정에 붙어 있으므로 형통하
　니, 이 때문에 암소를 기르듯 하면 길한 것이다."

☞ 이괘의 덕은 붙는 것이며 밝은 것이다. 이괘는 본체는 음이고 작용은 양이 한
　다(離者麗也明也. 離者體陰而用陽也).

象曰 明兩이 作離하니 大人이 以하여 繼明하여 照
상왈 명량   작리   대인 이   계명   조

于四方하나니라
우 사 방

⇨ 상에 말하였다. "밝음이 둘인 것이 이괘가 되니, 대인이 이 이치를 본받아
　서 밝음을 이어 사방을 비춘다."

☞ 이괘는 가운데가 비어있어서 밝은 상이다. 대인은 덕으로써 말하면 성인이고,
　지위로 말하면 임금이다(離者 中虛明之象也. 大人以德言則聖人 以位言則王者).

효사 爻辭

初九는 履錯然하나 敬之면 无咎리라 象曰 履錯之
초구   이착연   경지   무구   상왈 이착지

敬은 以辟咎也라
경   이 피 구 야

⇨ 초구는 나아가는 것이 교착되나, 정신을 집중하면 허물이 없을 것이다. 상
　에 말하였다. "나아가는 것이 교착되나, 정신을 집중하면 허물이 없다는 것
　은 허물을 피하는 것이다."

☞ 나아가는 것이 어긋난다는 것은 양이 중덕을 얻지 못하여 망동되게 동함을
　말한다. 경敬자의 의미는 ❶공경 ❷두려움 ❸삼가함 ❹집중 등의 뜻이 있다.

六二는 黃離니 元吉하니라 象曰 黃離元吉은 得中
육이   황 리   원 길   상 왈 황 리 원 길   득 중

道也라
도 야

➪ 육이는 중도에 붙음이니, 크게 길하다. 상에 말하였다. "황색에 붙어서 크
  게 길하다는 것은 중도를 얻었기 때문이다."

☞ '황黃'은 오방색에서 중앙이 되므로 중도을 의미한다. 오방색에서 동방은 청
  색, 서방은 백색, 남방은 적색, 북방은 흑색, 중앙은 황색이다(東靑 · 南赤 · 西
  白 · 北黑 · 中黃).

九三은 日昃之離니 不鼓缶而歌면 則大耋之嗟라 凶
구 삼   일 측 지 리   불 고 부 이 가   즉 대 질 지 차   흉

하리라 象曰 日昃之離니 何可久也리오
       상 왈 일 측 지 리   하 가 구 야

➪ 구삼은 해가 기울어져 붙어 있음이니, 질장구를 두드려 노래하지 않으면
  큰 노인의 슬퍼함이라 흉한 것이다. 상에 말하였다. "해가 기울어져 붙어
  있으니 어찌 오래갈 수 있겠는가."

☞ 3효는 앞의 밝음이 다하고 뒤의 밝음이 이어지는 때이다. 질장구를 두드린다
  는 것은 상도를 즐기라는 뜻이다(鼓缶者 樂其常也).

九四는 突如其來如라 焚如死如하여 棄如니라 象曰
구 사   돌 여 기 내 여   분 여 사 여   기 여   상 왈

突如其來如는 无所容也니라
돌 여 기 내 여   무 소 용 야

⇨ 구사는 갑자기 오는 것이라 불에 타죽어 버려지는 것이다. 상에 말하였다.
"갑자기 온다는 것은 받아들일 곳이 없다는 뜻이다."

☞ 불의 성질은 타면서 올라가는 것이다. 내괘가 끝나고 외괘가 이어지는 자리에
처함을 이른다(火性炎上).

六五는 出涕沱若하며 戚嗟若하면 吉하리라 象曰
육 오   출 체 타 약   척 차 약   길   상 왈

六五之吉은 離王公也일새라
육 오 지 길   이 왕 공 야

⇨ 육오는 눈물을 줄줄 흘리며 근심하고 두려워하면 길한 것이다. 상에 말하였
다. "육오의 길함은 왕공의 자리에 붙어 있기 때문이다."

☞ 눈물을 줄줄 흘리면서 근심하고 두려워해야 하는 것은, 음유로서 존귀한 자리
에 거하였고 두 양 사이에 붙어 있기 때문이다(以陰居尊而迫於上下之陽).

上九는 王用出征이면 有嘉니 折首하고 獲匪其醜면
상 구   왕 용 출 정   유 가   절 수   획 비 기 추

无咎니라 象曰 王用出征은 以正邦也라
무 구   상 왈 왕 용 출 정   이 정 방 야

⇨ 상구는 왕의 자격으로서 출정하면 아름다움이 있을 것이니, 괴수만 잡고
잡은 사람이 그 괴수의 무리가 아니면 벌을 내리지 말아야 한다. 상에 말하

였다. "왕의 자격으로 출정한다는 것은 나라를 바로잡는 것이다."

☞ 상구가 왕의 자격으로 출정한다고 말한 것은, 양으로써 위에 거하여 강하고

밝음이 지극하기 때문이다(以陽居上 剛明之極也).

주 역 하 경

31. 택산함(澤山咸)

☱ 태상(兌上) 간하(艮下)

자연(自然)	인도(人道)	덕행(德行)
山上有澤 산 상 유 택	聖人感人心　而天下和平 성 인 감 인 심　이 천 하 화 평	虛受人 허 수 인

　함괘의 자연은 위에 못이 있고 아래에는 산이 있어, 산 위에 못이 있는 형상이다. 태괘의 괘덕은 기뻐함과 윤택함이며 사람에 비유하면 소녀가 되고, 간괘의 괘덕은 그침과 독실함이고 사람에 비유하면 소년이 되니, 소녀와 소년이 서로 감동하여 기뻐하기를 독실하게 하는 형상이다.

　따라서 자연을 모방하여 설정한 인도는 성인이 인심을 감동시켜서 천하를 화평하게 하는 것이다.

　인도를 실천하는 덕행은 마음을 비우고 다른 사람을 받아들이는 것이다.

咸은 亨하니 利貞하니 取女면 吉하리라
함   형   이정   취녀   길

⇨ 함괘는 형통하니 정도를 지킴이 이로우니, 여자를 취하면 길한 것이다.

☞ 함咸은 감응한다는 뜻이나 감感이라고 괘명을 붙이지 않고 함이라고 한 것은,
   함에는 모두의 뜻이 있기 때문이다. 즉 함괘는 6효가 모두 상응하고 있다
   (咸感也 不曰感者 咸有皆義也).

단사 彖辭

彖曰 咸은 感也니 柔上而剛下하여 二氣感應以相與
단왈 함   감야   유상이강하   이기감응이상여

하여 止而說하고 男下女라 是以亨利貞取女吉也니
     지이열   남하녀   시이형이정취녀길야

라 天地感而萬物化生하고 聖人이 感人心而天下和
   천지감이만물화생   성인   감인심이천하화

平하나니 觀其所感而天地萬物之情을 可見矣리라
평   관기소감이천지만물지정   가견의

⇨ 단에 말하였다. "함은 감동함이니, 음유가 위에 있고 양강이 아래에 있어서
   두 기운이 감응하여 서로 더불어 기쁨으로 멈춰있고, 남자가 여자에게 낮
   춘다. 이 때문에 형통하고 정도를 지킴이 이로우니, 여자를 취하면 길한 것

이다. 천지가 감응하면 만물이 변화하여 발생하고, 성인이 인심을 감동시키면 천하 사람들이 평화로우니, 그 감응하는 것을 보면 천지 만물의 실정을 볼 수 있는 것이다."

☞ 천지는 만물의 근본이라 상경에는 건곤을 맨 앞에 놓았고, 부부는 인륜의 시작이라 함괘와 항괘를 하경의 앞에 놓았다. (天地萬物之本 所以上經首乾坤, 夫婦人倫之始 所以下經首咸恒)

상사 象辭

象曰 山上有澤이 咸이니 君子以하여 虛受人하나니라
상왈 산 상 유 택　　함　　군 자 이　　　허 수 인

⇨ 상에 말하였다. "산 위에 못이 있는 것이 함괘이니, 군자가 이 이치를 본받아서 마음을 비워 남의 의견을 받아들인다."

☞ 순임금이 요임금을 평하는 말에 '여러 사람에게 의논하여 자기를 버리고 남을 따랐다(稽于衆 舍己從人)'고 하였으니, 군자는 자신의 사사로운 마음을 버리고 다른 사람의 공평무사한 마음을 받아들임을 말한 것이다.

효사 爻辭

初六은 咸其拇라 象曰 咸其拇는 志在外也라
초 육　　함 기 무　　상 왈 함 기 무　　지 재 외 야

➪ 초육은 감동함이 그 엄지발가락에 있다. 상에 말하였다. "감동함이 그 엄지 발가락에 있다는 것은 뜻이 밖에 있는 것이다."

☞ 감동함이 깊지 못하여 다른 사람을 감동시킬 수 없음을 이르고, 뜻이 밖에 있다는 것은 4효와 응함을 이른다(其感未深不能動於人).

六二는 咸其腓니 凶하니 居하면 吉하리라 象曰 雖
육이　　함기비　　흉　　거　　길　　　　상왈　수

凶居吉은 順하면 不害也라
흉거길　　순　　불해야

➪ 육이는 감동함이 그 장딴지에 있어서 흉하니, 가만히 있으면 길할 것이다. 상에 말하였다. "비록 흉하나 가만히 있으면 길하다는 것은 순리대로 하면 해롭지 않은 것이다."

☞ 순리대로 하면 해롭지 않다는 것은 도를 지키고 먼저 동하지 말아야 함을 이른다(謂守道不先動也).

九三은 咸其股라 執其隨하여 往하니 吝하리라 象
구삼　　함기고　집기수　　왕　　인　　　　상

曰 咸其股는 亦不處也니 志在隨人하니 所執이 下
왈 함기고　　역불처야　　지재수인　　　소집　　하

也라
야

➪ 구삼은 감동함이 그 넓적다리에 있다. 그 따르는 바에 집착하여 가니 막히는 것이다. 상에 말하였다. "감동함이 그 넓적다리에 있다는 것은, 또한 가

만히 머물러 있지 않음이니, 뜻이 남을 따름에 있으니, 지키는 바가 낮다."

☞ 3효는 강양으로 간괘의 주체가 되어 멈춰 있어야 하나, 오히려 남을 따르는데 집착하니 막힘이 된다.

九四는 貞이면 吉하여 悔亡하리니 憧憧往來면 朋
구사   정   길하여   회망   동동왕래   붕

從爾思리라 象曰 貞吉悔亡은 未感害也요 憧憧往來
종이사   상왈 정길회망   미감해야   동동왕래

는 未光大也라
미광대야

⇨ 구사는 정고하게 지키면 길하여 후회가 없을 것이니, 분주하게 왕래하면 벗만이 너의 생각을 따를 것이다. 상에 말하였다. "정도를 지키면 길하여 후회가 없다는 것은 사사로운 감동에 해를 당하지 않는 것이고 분주하게 왕래한다는 것은 광대하지 못한 것이다."

☞ 4효는 세 양의 가운데 있으면서 위에 거하여 마음의 상이다. 분주하게 왕래한다는 것은 사사로운 마음으로 서로 감동함을 이른다(憧憧往來는 以私心相感).

九五는 咸其脢니 无悔리라 象曰 咸其脢는 志末也
구오   함기매   무회   상왈 함기매   지말야

일새라

⇨ 구오는 감동함이 그 등살에 있으니, 후회가 없는 것이다. 상에 말하였다. "감동함이 그 등살에 있다는 것은 (감동하는) 뜻이 말단이기 때문이다."

☞ 5효는 임금의 자리로서 응효와 비효만 감동시켜서는 안 되고 전체를 감동시켜야

한다. 등살은 마음과 서로 등져 있어서 보이지 않는 곳이니, 그 사사로운 마음이
없음을 이른다(脢與心相背而所不見也 言能背其私心).

上六은 咸其輔頰舌이라 象曰 咸其輔頰舌은 滕口說
상 육   함 기 보 협 설   상 왈 함 기 보 협 설   등 구 설

也라
야

⇨ 상육은 감동함이 광대뼈와 뺨과 혀에 있다. 상에 말하였다. "감동함이 광대
   뼈와 뺨과 혀에 있다는 것은 구설에 오르는 것이다."

☞ 오직 지극한 정성이 있어야 남을 감동시킬 수 있다. 상효는 감동시키고자 하
   는 마음은 지극하나 태괘의 주체가 되어 음으로서 위에 있으니, 입 또는 말에
   해당한다. 그래서 진실한 마음이 아닌 말로써 감동시키고자 하는 것이다
   (唯至誠 爲能感人).

32. 뇌풍항(雷風恒)

☳ 진상(震上) 손하(巽下)

자연(自然)	인도(人道)	덕행(德行)
雷風 뇌 풍	聖人 久於其道而天下化成 성인 구어기도이천하화성	立不易方 입 불 역 방

　항괘의 자연은 위에 우레가 있고 아래에는 바람이 있어, 우레와 바람이 만나 서로 더불어 돕는 것이다. 천둥이 칠 때는 항상 바람이 동반하므로 오래 하는 도가 있게 된다.

　따라서 자연을 모방하여 설정한 인도는 성인이 떳떳한 도리를 오랫동안 행하여, 천하의 사람을 교화시키고 아름다운 풍속을 이루는 것이다.

　인도를 실천하는 덕행은 사람이 한 번 뜻을 세우면 방향을 쉽게 바꾸지 않는 것이다.

恒은 亨하여 无咎하니 利貞이라야 利有攸往하니라
항 형 무구 이정 이유유왕

⇨ 항괘는 형통하여 허물이 없으니, 정도 지킴을 이롭게 여겨야 가는 바를 둠
이 이롭다.

☞ 항괘는 오래하는 것이니, 반드시 바름을 이롭게 여겨야 오랫동안 할 수 있다
(恒必利于正 乃能久也).

彖曰 恒은 久也니 剛上而柔下하고 雷風이 相與하
단왈 항 구야 강상이유하 뇌풍 상여

고 巽而動하고 剛柔皆應이 恒이니 恒亨无咎利貞은
손이동 강유개응 항 항형무구이정

久於其道也니 天地之道는 恒久而不已也니라 利有
구어기도야 천지지도 항구이불이야 이유

攸往은 終則有始也일새니라 日月이 得天而能久照
유왕 종즉유시야 일월 득천이능구조

하며 四時變化而能久成하며 聖人이 久於其道而天
사시변화이능구성 성인 구어기도이천

下化成하나니 觀其所恒而天地萬物之情을 可見矣
하화성 관기소항이천지만물지정 가견의

리라

⇨ 단에 말하였다. "항괘는 오래함이니, 강이 위에 있고 유가 아래에 있으며, 우레와 바람이 서로 더불며, 공손하고 동하며, 강과 유가 모두 응함이 항괘이다. 항괘가 형통하고 허물이 없으며 정고함이 이롭다는 것은, 그 도를 오래하는 것이니, 천지의 도는 항구하여 그치지 않는다. 가는 바를 둠이 이롭다는 것은 마치면 시작이 있기 때문이다. 해와 달이 천리에 순응하여 오랫동안 비추며, 사시가 변화하여 오랫동안 (만물을) 이루며, 성인이 도를 오래 하여 천하가 교화되어 아름다운 풍속이 이루어지니, 항상 하는 바를 보면 천지 만물의 실정을 알 수 있을 것이다."

☞ 자연은 강이 위에 있고 유가 아래에 있는 것이 항구한 도이고, 인사는 공손하게 동하는 것이 항구한 도이다(剛處上而柔居下乃恒道也 巽而動常久之道也).

[상사 象辭]

象曰 雷風이 恒이니 君子以하여 立不易方하나니라
상 왈 뇌 풍 항 군 자 이 입 불 역 방

⇨ 상에 말하였다. "우레와 바람이 만난 것이 항괘이니, 군자가 이 이치를 본받아 뜻을 세우면 쉽게 방향을 바꾸지 않는다."

☞ 우레가 진동하면 반드시 바람이 일어나니, 군자는 이러한 자연현상을 보고 올바른 뜻을 세우면, 세속의 추이에 따라서 뜻을 바꾸지 않는다(君子獨立不懼).

효사 爻辭

初六은 浚恒이라 貞이라도 凶하여 无攸利하니라
초육　　준항　　정　　　　흉　　　무유리

象曰 浚恒之凶은 始에 求深也일새라
상왈 준항지흉　　시　　구심야

⇨ 초육은 항도를 깊이 쓰는 것이라 굳게 지키면 흉하여 이로운 것이 없다.
상에 말하였다. "항도를 깊이 써서 흉함은 처음인데 구하기를 깊이 하기 때
문이다."

☞ 괘의 처음과 끝은 얕음과 깊음, 미약함과 성함의 자리이고, 손괘는 들어감이니
초효는 깊이 들어감이 된다(凡卦之初終 淺與深, 微與盛之地也 巽性入也).

九二는 悔亡하리라 象曰 九二悔亡은 能久中也일새라
구이　　회망　　　　상왈 구이회망　　능구중야

⇨ 구이는 뉘우침이 없어지는 것이다. 상에 말하였다. "구이가 뉘우침이 없
어진다는 것은 중도를 오래 하기 때문이다."

☞ 2효는 양으로서 음의 자리에 처했기 때문에 본래 뉘우침이 있는 것이다. 그러나
중도를 얻었고 응효인 5효도 중도를 얻었기 때문에 중도를 오래 하는 것이다.

九三은 不恒其德이라 或承之羞니 貞이면 吝하리라
구삼　　불항기덕　　　혹승지수　　정　　　인

象曰 不恒其德하니 无所容也로다
상왈　불 항 기 덕　　　무 소 용 야

⇨ 구삼은 그 덕을 항상하지 않으니(행함에 꾸준함이 없으니), 혹 받드는 이
　가 수치스러운 사람이니, 굳게 지키면 막힐 것이다. 상에 말하였다. "그
　덕을 항상하지 않는다는(행함에 꾸준함이 없다는) 것은 용납할 곳이 없는
　것이다."

☞ 3효가 양효로서 양위에 거하여 그 떳떳한 거처를 얻었으나, 지나치게 강하고
　중덕이 없으며 상효를 따르는 데 뜻을 두어 그 올바른 자리를 오랫동안 지키
　지 못한다.

九四는 田无禽이니라　象曰 久非其位어니　安得禽
구 사　　　전 무 금　　　상 왈　구 비 기 위　　　　안 득 금

也리오
야

⇨ 구사는 사냥을 하나 짐승을 잡지 못하는 것이다. 상에 말하였다. "제자리가
　아닌 곳에서 오래 머무니, 어찌 짐승을 잡을 수 있겠는가?

☞ 양으로서 음위에 거하여 제자리가 아닌 곳에 오래 머무는 것이다. 모든 일에
　구하는 것을 얻지 못한다.

六五는 恒其德하여 貞하니 婦人은 吉하고 夫子는
육 오　　　항 기 덕　　　정　　　부 인　　길　　　부 자

凶하니라 象曰 婦人은 貞吉하니 從一而終也일새요
흉　　　상 왈 부 인　　정 길　　　종 일 이 종 야

夫子는 制義어늘 從婦하면 凶也라
부자 제 의 종 부 흉 야

⇨ 육오는 그 덕을 항구하게 하여 굳게 지키는 것이니, 부인은 길하고 장부는
　흉하다. 상에 말하였다. "부인은 유순한 덕을 굳게 지키면 길하니, 한 사람
　을 따라서 마치기 때문이요, 장부는 의로써 제재하는데 부인의 도리를 따
　르면 흉하다."

☞ 군주의 도는 항도를 쓸 수 없고 상도와 권도를 때에 따라 써야 한다(君道宜明
　隨時行也).

上六은 振恒이니 凶하니라 象曰 振恒在上하니 大
상 육 진 항 흉 상 왈 진 항 재 상 대

无功也로다
무 공 야

⇨ 상육은 항덕이 흔들리니 흉하다. 상에 말하였다. "항덕이 흔들리는 것은 위
　에 있기 때문이니, 크게 공로가 없다."

☞ 상효는 항의 끝이고 진괘의 끝이니 동함을 지극히 하는 것이다(居恒之極 處震
　之終 過動 陰柔不能固守).

33. 천산돈(天山遯)

 건상(乾上) 간하(艮下)

자연(自然)	인도(人道)	덕행(德行)
天下有山 천 하 유 산	遯而亨也 둔 이 형 야	遠小人 不惡而嚴 원 소 인 불 오 이 엄

   돈괘의 자연은 위에 하늘이 있고 아래에는 산이 있어, 하늘의 아래 산이 있는 형상이다. 괘상을 보면 군자를 상징하는 양이 위에 있고 소인을 상징하는 음이 아래에 있어, 군자가 물러나고 소인이 득세하는 모습이다.

   따라서 돈괘의 자연을 모방하여 설정한 인도는 은둔하여야 형통하는 것이다.

   인도를 실천하는 덕행은 소인을 멀리하되 미워하지 않고 자기의 행실을 위엄 있게 하는 것이다.

遯은 亨하니 小利貞하니라
돈　　형　　　　소　리　정

⇨ 돈괘는 형통하니, 소인이 정도를 지킴이 이롭다.

☞ 돈괘는 물러나 피함을 상징한다. 돈괘의 교훈은 소인을 멀리하되 미워하지 않
고 자신에게 엄격하게 하는 것이다(遯退也避也).

※『순자』에 이런 말이 있다. "군자는 존경해서 공경하고 소인은 해칠까 두려워서 공경하
는 것이다."

象曰 遯亨은 遯而亨也니 剛當位而應이라 與時行也
단왈　돈형　　둔 이 형 야　　강 당 위 이 응　　　여 시 행 야

요 小利貞은 浸而長也일새니 遯之時義 大矣哉라
소 리 정　　침 이 장 야　　　돈 지 시 의　대 의 재

⇨ 단에 말하였다. "돈괘가 형통하는 것은 은둔하여야 형통하는 것이니, 강이
존위에 처하여 응하기 때문에 때와 더불어 행할 것이요, 소인이 정도를 지
킴이 이롭다는 것은 점점 자라기 때문이니, 돈괘의 때와 뜻이 크도다."

☞ 소인이 정도를 지킴은 군자를 침해하고 핍박하지 않는 것이다(不可侵迫於
陽也).

象曰 天下有山이 遯이니 君子以하여 遠小人하되
상왈 천 하 유 산   돈   군 자 이   원 소 인

不惡而嚴하나니라
불 오 이 엄

⇨ 상에 말하였다. "하늘 아래에 산이 있는 것이 돈괘이니, 군자가 이 이치를
   본받아서 소인을 멀리하되 미워하지 않고 위엄이 있게 대한다."

☞ 군자가 소인을 대할 때 위엄 있게 한다는 것은 언행을 바르게 하여 공경하고
   두려워하게 만드는 것이다.

   ※『신서新序』에 이런 말이 있다. "지성으로 행동하여 두려워할 만함을 위의가 있다 하고,
      법도를 지키고 어기지 않음을 엄격하다고 한다(誠動可畏謂之威 臨制不犯謂之嚴)."

효사 爻辭

初六은 遯尾라 厲하니 勿用有攸往이니라 象曰 遯
초육   둔미   려   물 용 유 유 왕   상 왈 둔

尾之厲니 不往이면 何災也리오
미 지 려   불 왕   하 재 야

⇨ 초육은 피하는 데 꼬리에 해당되어 위태로우니, 가는 바를 두지 말아야 한
   다. 상에 말하였다. "피하는 데 꼬리에 해당되어 위태로움이니 가지 않으면

무슨 재앙이 있겠는가."

☞ 다른 괘에 있어서 초효는 시초가 되나, 돈괘는 가서 은둔함이니 꼬리의 상(꼴찌)이 된다(尾在後之物 尾之象也).

六二는 執之用黃牛之革이라 莫之勝說이니라 象曰
육이   집 지 용 황 우 지 혁   막 지 승 탈   상 왈

執用黃牛는 固志也라
집 용 황 우   고 지 야

⇨ 육이는 누른 소가죽으로써 묶었으니, 아무도 풀 수 없다. 상에 말하였다. "누른 소가죽으로 묶는다는 것은 뜻이 견고한 것이다."

☞ 뜻이 견고하다는 것은 의지가 견고하여 아무도 해체할 수 없음을 이른다. 점친 자가 굳게 지키기를 황소의 가죽으로 묶은 듯이 해야 함을 이른다(占者固守亦當如是).

九三은 係遯이라 有疾하여 厲하니 畜臣妾에는 吉
구삼   계둔   유질   려   휵신첩   길

하니라 象曰 係遯之厲는 有疾하여 憊也요 畜臣妾
상 왈 계 둔 지 려   유질   비 야   휵 신 첩

吉은 不可大事也니라
길   불 가 대 사 야

⇨ 구삼은 얽매여 있는 은둔이다. 병통이 있어 위태로우니, 신첩을 기름에는 길한 것이다. 상에 말하였다. "매여 있는 은둔이라 위태롭다는 것은 병통이 있어 곤고함이요, 신첩을 기름이 길하다는 것은 큰일은 할 수 없는 것

이다."

☞ 은둔할 때는 속히 하고 멀리함을 귀하게 여기는데, 3효는 2효에게 얽매여 있다(遯貴速而遠).

九四는 好遯이니 君子는 吉하고 小人은 否하니라
구 사   호 둔   군 자   길   소 인   비

象曰 君子는 好遯하고 小人은 否也니라
상 왈 군 자   호 둔   소 인   비 야

⇨ 구사는 좋아하면서도 은둔하니, 군자는 길하고 소인은 막힐 것이다. 상에 말하였다. "군자는 좋아하면서도 은둔하고 소인은 은둔하지 못한다."

☞ 4효는 초효와 정응이 되니 좋아함이 된다. 그러나 건괘의 체이니 강하게 결단할 수 있어서 의리로써 결단한다(君子從宜).

九五는 嘉遯이니 貞하여 吉하니라 象曰 嘉遯貞吉
구 오   가 둔   정   길   상 왈 가 둔 정 길

은 以正志也라
  이 정 지 야

⇨ 구오는 은둔하는 것을 아름답게 여기니, 정도를 지키는 것이라 길하다. 상에 말하였다. "은둔하는 것을 아름답게 여김이 정도를 지키는 것이라 길하다는 것은, 뜻을 바르게 실천하기 때문이다."

☞ 5효는 중정하여 동하고 멈춤을 중정의 도로써 하니 올바른 것이라 길한 것이다. 뜻을 바르게 실천한다는 것은 동정어묵動靜語默을 상황에 알맞게 함을 이른다.

上九는 肥遯이니 无不利하니라 象曰 肥遯无不利는
상구　　비둔　　무불리　　　　상왈 비둔 무불리

无所疑也라
무 소 의 야

⇨ 상구는 은둔하여 여유가 있으니, 이롭지 않음이 없다. 상에 말하였다. "은둔하여 여유가 있어 이롭지 않음이 없음은 의심하는 바가 없는 것이다."

☞ 상효는 얽매임과 응함이 없어 은둔하기를 멀리하고 처하기를 여유 있게 하는 자이다(遯之遠而處之裕者也).

34. 뇌천대장(雷天大壯)

☲ 진상(震上) 건하(乾下)

자연(自然)	인도(人道)	덕행(德行)
雷在天上 뇌 재 천 상	大者正也 대 자 정 야	非禮弗履 비 례 불 리

대장괘의 자연은 위에 우레가 있고 아래에는 하늘이 있어, 천둥이 하늘 위에서 치는 형상이다. 괘상으로 보면 위에는 음이 있어서 물러나는 것이고, 아래에는 양이 있어 성대하게 나아가는 형상이다.

따라서 자연을 모방하여 설정한 인도는 큰 것을 바루는 것이니, 그 큰 것이란 예를 실천하는 것이다.

인도를 실천하는 덕행은 예가 아니면 행하지 않는 것이다. 여기에서의 예는 자신의 사욕을 극복하고 예로 돌아가 인을 실천하는 것이니 인사의 큰 것이 된다.

大壯은 利貞하니라
대장　　이정

⇨ 대장괘는 정도를 지킴이 이롭다.

☞ 대장괘는 건체의 지극히 강함으로 동하기 때문에 그 바름을 얻지 못하면 강포
하고 사나움이 될 뿐이다(利在正固).

象曰 大壯은 大者壯也니 剛以動이라 故로 壯하니
단왈 대장　　대자장야　　강이동　　　고　　장

大壯利貞은 大者正也니 正大而天地之情을 可見矣
대장이정　　대자정야　　정대이천지지정　　가견의

리라

⇨ 단에 말하였다. "대장괘는 큰 것이 장성함이니, 강으로써 동하기 때문에 장
성한 것이니 대장괘가 정도를 지켜야 이롭다는 것은, 큰 것이 바른 것이니,
바르고 큼에 천지의 실정을 볼 수 있다."

☞ 바르고 큰 것은 도道이고, 도는 음양이고, 음양은 사계절이고 사계절이 변화하
는 가운데서는 천지의 실정을 볼 수 있다(道者陰陽也).

　※『정서분류程書分類』에서 도를 이렇게 표현했다. "도는 저절로 그러한 것이며, 도는
　한번은 음이 되고 한번은 양이 되는 것이다(道者自然也, 道者一陰一陽也)."

象曰 雷在天上이 大壯이니 君子以하여 非禮弗履하
상 왈 뇌 재 천 상   대 장   군 자 이   비 례 불 리

나니라

▷ 상에 말하였다. "우레가 하늘 위에 있는 것이 대장괘이니, 군자가 이 이치
   를 본받아서 예가 아니면 행하지 않는다."

☞ 내괘는 천도이고 외괘는 동함이니, 천도로써 동함이 된다. 사람의 도리인 예는
   천도를 본받는 것이다(禮者自卑而尊人).

효사 爻辭

初九는 壯于趾니 征하면 凶이 有孚리라 象曰 壯于
초 구   장 우 지   정   흉   유 부   상 왈 장 우

趾하니 其孚窮也로다
지   기 부 궁 야

▷ 초구는 발에 강성함이니, 가면 흉함이 틀림없이 있을 것이다. 상에 말하였
   다. "발에서 강성하니 아마 틀림없이 궁할 것이다."

☞ 아래에 있으면서 장성함을 씀은 나아가는 발에 씩씩함이 있는 것이다(在下而
   用壯 壯于趾也).

九二는 貞하여 吉하니라 象曰 九二貞吉은 以中也라
구이 정 길 상왈 구 이 정 길 이 중 야

⇨ 구이는 정도가 있어서 길하다. 상에 말하였다. "구이가 정도가 있어서 길하다는 것은 중도로써 하기 때문이다."

☞ 2효는 양강으로서 음위에 거하고 중에 처했으니, 이는 강유가 중도를 얻어 길한 것이다(以剛柔得中).

九三은 小人은 用壯이요 君子는 用罔이니 貞이면
구삼 소인 용장 군자 용망 정

厲하니 羝羊이 觸藩하여 羸其角이로다 象曰 小人
려 저양 촉번 이 기 각 상왈 소인

은 用壯이요 君子는 罔也라
용장 군자 망야

⇨ 구삼은 소인은 강성함을 쓰고, 군자는 강성함이 없음이니, 강성함 쓰는 것을 굳게 지키면 위태로울 것이니, 숫양이 울타리를 들이받아 그 뿔이 약해짐과 같을 것이다. 상에 말하였다. "소인은 강성함을 쓰고 군자는 강성함이 없다."

☞ 소인은 힘을 숭상하고 군자는 의지가 강하다. 그러므로 군자는 자기 자신에게 강함을 쓰는 자이다(小人尙力 君子志剛).

九四는 貞이면 吉하여 悔亡하리니 藩決不羸하며 壯
구사 정 길 회망 번 결 불 리 장

于大輿之輹이로다 象曰 藩決不羸는 尙往也일새라
우 대 여 지 복 상왈 번 결 불 리 상 왕 야

➪ 구사는 정도를 지켜서 길하여 후회가 없어질 것이니, 울타리가 열려서 고달
프지 않으며, 강성하게 나아감이 큰 수레의 바퀴와 같도다. 상에 말하였다.
"울타리가 열려 고달프지 않다는 것은 가는 것을 숭상하기 때문이다."

☞ 정도를 지킨다는 것은 양으로서 음위에 거하여 지나치게 강함을 쓰지 않음을
이른다(以陽居陰 不極其剛).

六五는 喪羊于易면 无悔리라 象曰 喪羊于易는 位
육 오   상 양 우 이   무 회   상 왈 상 양 우 이   위

不當也일새라
부 당 야

➪ 육오는 국경에서 양을 잃듯이 하면 후회가 없을 것이다. 상에 말하였다.
"국경에서 양을 잃듯이 해야 하는 것은 자리가 마땅하지 않기 때문이다."

☞ 양은 밖은 유순하고 안은 강한 동물이다. 국경에서 양을 잃듯이 한다는 것은
강성함을 드러내지 말고 유순함으로 대처하라는 뜻이다.

上六은 羝羊이 觸藩하여 不能退하며 不能遂하여 无
상 육   저 양   촉 번   불 능 퇴   불 능 수   무

攸利하니 艱則吉하리라 象曰 不能退 不能遂는 不詳
유 리   간 즉 길   상 왈 불 능 퇴 불 능 수   불 상

也요 艱則吉은 咎不長也일새라
야   간 즉 길   구 부 장 야

➪ 상육은 숫양이 울타리를 들이받아 물러나지도 못하고 나아가지도 못하여
이로운 것이 없으니, 어렵게 여기면 길한 것이다. 상에 말하였다. "물러나

지도 못하고 나아가지도 못한다는 것은 자세히 살피지 않았기 때문이고, 어렵게 여기면 길함은 허물이 오래가지 않기 때문이다.”

☞ 어렵게 여기면 길하다는 것은 강성함을 쓰면 불리함을 알고 유로써 대처해야 함을 이른다.

35. 화지진(火地晉)

☲ 이상(離上) 곤하(坤下)

자연(自然)	인도(人道)	덕행(德行)
明出地上 명 출 지 상	順而麗乎大明 순 이 이 호 대 명	自昭明德 자 소 명 덕

　진괘의 자연은 위에는 불이 있고 아래에는 땅이 있어, 땅의 위에 해가 비춰서 밝은 형상이다. 이괘의 괘덕은 붙음과 따뜻함과 밝음이며, 곤괘의 괘덕은 포용함과 유순하게 따르는 것이다.

　따라서 자연을 모방하여 설정한 인도는 순하게 큰 밝음에 붙어 있는 것이다.

　인도를 실천하는 덕행은 스스로 밝은 덕을 밝히는 것이다. 밝은 덕이란 사람이 하늘에서 얻은 것으로 텅 비어있으면서 신령스럽고, 어둡지 않아서 온갖 이치를 갖추어 있어 만사에 대응하는 본성이다.

晉은 康侯에 用錫馬蕃庶하고 晝日三接이로다
진 강후 용 사 마 번 서 주 일 삼 접

⇨ 진괘는 편안하게 다스리는 제후에게 말을 하사하기를 많이 하고 하루에 세
  번 접견하도다.

☞ 진괘는 밝음으로 유순하게 따르는 것이다.

단사 彖辭

彖曰 晉은 進也니 明出地上하여 順而麗乎大明하고
단왈 진 진야 명 출 지 상 순 이 이 호 대 명

柔進而上行이라 是以로 康侯에 用錫馬蕃庶하고 晝
유 진 이 상 행 시 이 강후 용 사 마 번 서 주

日三接也니라
일 삼 접 야

⇨ 단에 말하였다. "진괘는 나아감이니, 밝은 것이 지상으로 나와서 순하게 큰
  밝음에 붙어 있고, 음유가 나아가 위로 올라갔다. 이 때문에 나라를 편안히
  다스리는 제후에게 말을 많이 하사하고 대낮에 세 번 접견하는 것이다."

☞ 하루에 세 번 접견한다는 것은 후한 대우와 친애와 예우를 받음을 이른다.

象曰 明出地上이 晉이니 君子以하여 自昭明德하나
상왈 명 출 지 상   진   군 자 이   자 소 명 덕

니 라

⇨ 상에 말하였다. "밝은 것이 땅 위로 나오는 것이 진괘이니, 군자가 이 이치
를 본받아서 스스로 밝은 덕을 밝힌다."

☞ 스스로 밝은 덕을 밝힌다는 것은 군자가 수신함을 이른다(修己安人).

初六은 晉如摧如에 貞이면 吉하고 罔孚라도 裕면
초육   진 여 최 여   정   길   망 부   유

无咎리라 象曰 晉如摧如는 獨行正也요 裕无咎는
무구   상 왈 진 여 최 여   독 행 정 야   유 무 구

未受命也일새라
미 수 명 야

⇨ 초육은 나아가거나 멈춤에 정도를 지키면 길하고 믿어주지 않더라도 여유
로우면 허물이 없는 것이다. 상에 말하였다. "나아가다 멈췄다 하는 것은
홀로 바름을 행하기 위함이요, 여유로우면 허물이 없음은 명령을 받지 않
았기 때문이다."

☞ 믿어주지 않는다는 것은 아래에 있으면서 처음 나아감에 윗사람이 대번에 신

임하는 경우는 없다(在下而始進 豈遽能見信於上).

六二는 晉如愁如나 貞이면 吉하리니 受玆介福于其
육이　　진여수여　　정　　　길　　　　수 자 개 복 우 기

王母리라 象曰 受玆介福은 以中正也라
왕 모　　　상 왈 수 자 개 복　　이 중 정 야

➪ 육이는 나아감에 근심스러우나 정도를 지키면 길한 것이니, 왕모에게 큰
　복을 받을 것이다. 상에 말하였다. "큰 복을 받음은 중정하기 때문이다."
☞ 2효가 나아감에 근심하는 것은 정응이 없기 때문이다. 왕모는 음으로서 지극
　히 높은 자이다(王母謂陰之至尊者).

六三은 衆允이라 悔亡하니라 象曰 衆允之志는 上
육 이　　중 윤　　회 망　　　　상 왈 중 윤 지 지　　　상

行也라
행 야

➪ 육삼은 여러 사람이 믿어주니 후회가 없다. 상에 말하였다. "여러 사람이
　믿어준다는 뜻은 위로 올라가는 것이다."
☞ 위로 올라간다는 것은 5효의 밝은 군주에게 순종하는 것이다.

九四는 晉如鼫鼠니 貞이면 厲하리라 象曰 鼫鼠貞
구 사　　진 여 석 서　　정　　　려　　　　상 왈 석 서 정

厲는 位不當也일새라
려　　　위 부 당 야

⇨ 구사는 나아감을 다람쥐처럼 해야 하니, 굳게 지키기만 하면 위태로운 것이다. 상에 말하였다. "나아감을 다람쥐처럼 해야 하는데 굳게 지키기만 하면 위태롭다는 것은 자리가 마땅하지 않기 때문이다."

☞ 4효는 양으로서 음자리에 거하여 탐하는 마음이 있는 것이다. 그래서 굳게 지키면 위태로운 것이다(四多懼近也).

六五는 悔亡인댄 失得을 勿恤이니 往吉하여 无不
육 오 회 망   실 득   물 휼   왕 길   무 불

利리라 象曰 失得勿恤은 往有慶也리라
리   상 왈 실 득 물 휼   왕 유 경 야

⇨ 육오는 뉘우침이 없을 것이다. 잃고 얻음을 근심하지 말고 가면 길하여 이롭지 않음이 없는 것이다. 상에 말하였다. "잃고 얻음을 근심하지 않음은 감에 경사가 있는 것이다."

☞ 5효는 크게 밝은 군주이니 밝게 비추지 못함을 근심하지 말고 밝음을 씀이 지나침을 근심해야 한다. 능력자에게 믿고 맡기면 경사와 복이 있는 것이다.

※『서경』에 이런 말이 있다. "어진 이를 임용하되 의심하지 말며, 간사한 자를 물리치되 주저하지 말라(任賢勿貳 去邪勿疑)."

上九는 晉其角이니 維用伐邑이면 厲하나 吉하고
상 구   진 기 각   유 용 벌 읍   려   길

无咎어니와 貞엔 吝하니라 象曰 維用伐邑은 道未
무 구   정   인   상 왈 유 용 벌 읍   도 미

光也일새라
광 야

⇨ 상구는 그 뿔에 나아감이니, 오직 사읍을 정벌하는 데 쓰면 위태로우나 길하고 허물이 없지만, (타인을) 바르게 하려고 하면 막힐 것이다. 상에 말하였다. "오직 사읍을 정벌함에 씀은 도가 광대하지 못하기 때문이다."

☞ 역에서 사방을 다스린다는 것은 밖을 다스리는 것이고, 읍을 정벌한다는 것은 내부 즉 자신을 다스리는 것을 이른다.(修身)

36. 지화명이(地火明夷)

☷☲ 곤상(坤上) 이하(離下)

자연(自然)	인도(人道)	덕행(德行)
明入地中 명 입 지 중	晦其明也 회 기 명 야	莅衆 用晦而明 이 중 용 회 이 명

　명이괘의 자연은 위에 땅이 있고 아래에는 불이 있어, 해가 땅속으로 들어가 어두운 형상이다. 밖에 있는 곤괘의 괘덕은 유순함이고, 그 괘의 재료는 모두 음이라 어두운 것이며, 안에 있는 이괘의 괘덕은 문명함이기 때문에 안은 밝고 밖은 어두움이 된다.

　따라서 자연을 모방하여 설정한 인도는 그 밝음을 감추는 것이다.

　인도를 실천하는 덕행은 뭇 사람을 대할 때 어둠을 써서 밝게 대처하는 것이다.

明夷는 利艱貞하니라
명이　　　이 간 정

⇨ 명이괘는 어렵게 여기고 정도를 지킴이 이롭다.

☞ 명이괘는 해가 땅속으로 들어가는 것이니, 밝음을 안으로 감추고 유순하게 대
　처해야 하는 것이다(自晦其明也).

단사 象辭

象曰 明入地中이 明夷니 內文明而外柔順하여 以蒙
단왈 명입지중　　명이　　내문명이외유순　　　이몽

大難이니 文王이 以之하니라 利艱貞은 晦其明也라
대난　　　문왕　　이지　　　　이간정　　　회기명야

內難而能正其志하니 箕子以之하니라
내난이능정기지　　　기자이지

⇨ 단에 말하였다. "밝음이 땅속으로 들어감이 명이괘이니, 안은 문명하고 밖
　은 유순하여 큰 환난을 당하였으니, 문왕이 이것을 사용하였다. 어려울 때
　에 정고하게 지킴이 이로움은 그 밝음을 감추는 것이다. 안에 있어 어려우
　나 그 뜻을 바르게 할 수 있었으니, 기자가 이것을 사용하였다."

☞ 주 문왕(BC1152~BC1056)의 본명은 희창嬉昌으로 계력季曆의 아들이다. 서백
　창西伯昌이라고 칭한다. 기자箕子는 상나라 마지막 왕인 주의 숙부이다.

※『논어』에 이런 말이 있다. "영무자는 나라에 도가 있을 때에는 지혜롭고, 나라에 도가 없을 때에는 어리석었으니, 그 지혜는 따를 수 있으나 그 어리석음은 따를 수 없다(甯武子邦有道則知 邦無道則愚 其知可及也 其愚不可及也)."

상사 象辭

象曰 明入地中이 明夷니 君子以하여 莅衆에 用晦
상왈 명입지중　　　명이　　군자이　　　이중　　용회

而明하나니라
이 명

⇨ 상에 말하였다. "밝음이 땅속으로 들어가는 것이 명이괘이니, 군자가 이 이치를 본받아서 무리를 대할 때에 어둠을 써서 밝게 대처한다."

☞ 군자가 무리를 대할 때 어둠을 쓴다는 것은 밝음과 살핌을 지극히 하지 않고 어리석음을 써서 다른 사람을 포용하고 화합함을 이른다.

※『노자』에 이런 말이 있다. "그 빛을 감추고 속세와 함께 어울려라.(和光同塵)"

효사 爻辭

初九는 明夷于飛에 垂其翼이니 君子于行에 三日不
초구　　명이우비　　수기익　　　군자우행　　삼일불

食하여 有攸往에 主人이 有言이로다 象曰 君子于
식　　유유왕　　주인　　유언　　　　상왈 군자우

行은 義不食也라
행   의불식야

⇨ 초구는 밝음이 상할 때에 날아가려고 하는데, 그 날개를 늘어뜨림이니, 군
  자가 떠나감에 3일 동안 먹지 않고 가는 바를 둠에 주인이 나무라는 말을
  하도다. 상에 말하였다. "군자가 떠나감은 의리상 먹지 않는 것이다."

☞ 군자는 기미를 보기 때문에 빨리 떠나가고, 세속의 사람들은 기미를 보지 못
  하기 때문에 괴이하게 여겨 비난하는 것이다(君子見幾故亟去之 世俗之人未能
  見也).

六二는 明夷에 夷于左股니 用拯馬壯하면 吉하리라
육이   명이   이우좌고   용증마장   길

象曰 六二之吉은 順以則也일새라
상왈 육이지길   순이칙야

⇨ 육이는 밝음이 상할 때에 왼쪽 다리를 상함이니, 구원하는 말이 건장하면
  길한 것이다. 상에 말하였다. "육이의 길함은 순하고 법칙에 알맞기 때문
  이다."

☞ 2효는 지극히 밝은 재주로써 중정을 얻었고 체가 순하니 자처하기를 잘하는
  자이다. 왼쪽 다리가 상함은 심하게 상하지 않음을 이른다. 여기서의 길함은
  상해를 면하는 것일 뿐이다.

九三은 明夷于南狩하여 得其大首니 不可疾貞이니
구삼   명이우남수   득기대수   불가질정

라 象曰 南狩之志는 乃大得也로다
   상왈 남수지지   내대득야

⇨ 구삼은 밝음이 상할 때에 남쪽으로 사냥하여 괴수를 얻음이니, 빨리 바로잡

아서는 안 된다. 상에 말하였다. "남쪽으로 사냥하여 뜻을 크게 얻도다."

☞ 3효는 밝음이 지극하고 응효인 상효는 어둠이 지극하다. 이는 적대로 응하는

것이니, 밝음으로 어둠을 제거하는 것이다(以明去暗者也).

六四는 入于左腹하여 獲明夷之心하여 于出門庭이
육사   입 우 좌 복   획 명 이 지 심   우 출 문 정

로다 象曰 入于左腹은 獲心意也라
로다 상 왈 입 우 좌 복   획 심 의 야

⇨ 육사는 왼쪽 배로 들어가 밝음을 상하게 하는 자의 마음을 파악하여 문정에

서 나오도다. 상에 말하였다. "왼쪽 배로 들어감은 마음과 뜻을 파악한 것

이다."

☞ 주왕의 이복형인 미자를 가리킨다(此文指微子言).

六五는 箕子之明夷니 利貞하니라 象曰 箕子之貞
육오   기 자 지 명 이   이 정   상 왈   기 자 지 정

은 明不可息也라
  명 불 가 식 야

⇨ 육오는 기자가 명이의 상황에 대처한 것이니, (밝음을 감춤을) 굳게 지킴

이 이롭다. 상에 말하였다. "기자가 굳게 지킨 것은 밝음을 멈추지 않은

것이다."

☞ 상효는 밝음을 상하게 하는 주체인데, 5효는 상효와 매우 가까우므로 밝음 감

추는 것을 굳게 지키지 않으면 반드시 화를 당함을 이른다.

上六은 不明하여 晦니 初登于天하고 後入于地로다
상육　불명　회　초등우천　후입우지

象曰 初登于天은 照四國也요 後入于地는 失則也라
상왈　초등우천　조사국야　후입우지　실칙야

⇨ 상육은 밝지 못하여 어두우니, 처음에는 하늘에 오르고 뒤에는 땅속으로 들어
　가도다. 상에 말하였다. "처음에는 하늘에 오름은 사방을 비추는 것이요, 뒤
　에는 땅속으로 들어감은 법도를 잃은 것이다."

☞ 5효가 군주의 자리가 됨은 떳떳한 일이다. 그러나 역이 뜻을 취함은 변동하여
　때에 따른다. 상효는 곤괘의 가장 위에 처하여 밝음을 상하게 하는 지극한 자
　이니, 상나라의 주왕에 해당한다(易之取義 變動隨時).

37. 풍화가인(風火家人)

☲ 손상(巽上) 이하(離下)

자연(自然)	인도(人道)	덕행(德行)
風自火出 풍 자 화 출	父父子子兄兄弟弟夫夫婦婦 부 부 자 자 형 형 제 제 부 부 부 부	言有物而行有恒 언 유 물 이 행 유 항

가인괘는 위에 불이 있고 아래에는 바람이 있어, 바람이 불에서 나오는 형상이다. 괘상으로 보면 외괘는 바람이고 내괘는 불이니, 온화한 바람이 안으로부터 나오는 것이다. 또 여자는 안에서 정도를 지키고 남자는 밖에서 바름을 지키는 것이니, 남녀가 정도를 지키는 것이다.

따라서 자연을 모방하여 설정한 인도는 아버지는 아버지답고, 자식은 자식답고, 형은 형답고, 아우는 아우답고, 남편은 남편답고, 부인은 부인다움이다.

인도를 실천하는 덕행은 말을 할 때는 진실하게 하고, 행동할 때는 항덕이 있게 하는 것이다.

家人은 利女貞하니라
가인   이 여 정

⇨ 가인괘는 여자가 정도를 지킴이 이롭다.

☞ 여자가 정도를 지킴이 이롭다는 것은 먼저 안을 바루고자 한 것이니, 안이 바
르면 밖은 바르지 않음이 없는 것이다.

  ※『대대례기大戴禮記』에 이런 말이 있다. "그 보이는 것으로 그 숨어있는 것을 헤아리
    고, 그 작은 것으로 그 큰 것을 살핀다. 정성이 마음속에 있으면 밖으로 드러난다
    (誠在其中, 此見於外)."

彖曰 家人은 女正位乎內하고 男正位乎外하니 男女
단 왈   가인   여 정 위 호 내   남 정 위 호 외   남 녀

正이 天地之大義也라 家人에 有嚴君焉하니 父母之
정   천 지 이 대 의 야   가 인   유 엄 군 언   부 모 지

謂也라 父父子子 兄兄弟弟 夫夫婦婦하여 而家道正
위 야   부 부 자 자 형 형 제 제 부 부 부 부   이 가 도 정

하리니 正家而天下定矣리라
          정 가 이 천 하 정 의

⇨ 단에 말하였다. "가인괘는 여자는 안에서 위치를 바르게 하고 남자가 밖에서
   위치를 바르게 하니, 남자와 여자의 바름이 천지의 대의이다. 집안사람 중에

엄한 군주가 있으니, 부모를 말한다. 아버지는 아버지답고 자식은 자식답고 형은 형답고 아우는 아우답고 남편은 남편답고 부인은 부인다움에 집안의 도가 바르게 될 것이니, 집안을 바르게 하면 천하가 안정될 것이다."

☞ 존비와 내외의 도는 바로 천지 음양의 대의와 합치됨을 말한 것이다(尊卑內外 之道 正合天地陰陽之大義也).

상사 象辭

象曰 風自火出이 家人이니 君子以하여 言有物而行
상왈 풍 자 화 출　　가 인　　군 자 이　　　언 유 물 이 행

有恒하나니라
유 항

⇨ 상에 말하였다. "바람이 불로부터 나옴이 가인괘이니, 군자가 이 이치를 본받아서 말을 할 때는 진실함이 있고 행실에는 항상 꾸준함이 있게 한다."

☞ 바람이 불에서 나오는 현상을 살펴서 일이 안으로부터 나오는 것을 알게 됨을 이른다(觀風自火出之象하여 知事之由內而出).

효사 爻辭

初九는 閑有家면 悔亡하리라　象曰 閑有家는 志未
초 구　　한 유 가　　희 망　　　상 왈 한 유 가　　지 미

變也라
변 야

⇨ 초구는 가도를 집안에 두면 뉘우침이 없어질 것이다. 상에 말하였다. "가도
를 집안에 두는 것은 마음이 아직 변하지 않았을 때 두는 것이다."

☞ 초효는 집안의 법도를 세우는 시작이니, 법도를 초기에 만들어 가칙으로 삼으
면 뉘우침에 이르지 않음을 이른다.

六二는 无攸遂요 在中饋면 貞吉하리라　象曰 六二
육 이　　무 유 수　　재 중 궤　　정 길　　　　상 왈 육 이

之吉은 順以巽也일새라
지 길　　순 이 손 야

⇨ 육이는 순종하지 않은 것이 없고, 집안에 있으면서 음식을 장만하면 정도를
지켜서 길한 것이다. 상에 말하였다. "육이의 길함은 순하고 공손하기 때문
이다."

☞ 한 집에 거처하는 사람은 대체로 인정이 예보다 앞서고 은혜가 의리보다 우선
하기 때문에, 오직 강함을 선으로 여긴다(家人卦 大要以剛爲善).

九三은 家人이 嗃嗃하니 悔厲나 吉하니 婦子嘻嘻
구 삼　　가 인　　학 학　　회 려　　길　　　부 자 희 희

면 終吝하리라　象曰 家人嗃嗃은 未失也요 婦子嘻
종 인　　　　상 왈 가 인 학 학　　미 실 야　　부 자 희

嘻는 失家節也라
희　　실 가 절 야

⇨ 구삼은 집안사람이 지나치게 엄하니 뉘우침이 있고 위태로우나 길하니, 부
인과 자식이 희희낙락하면 끝내 막히리라. 상에 말하였다. "집안사람에게

지나치게 엄함은 잘못이 아니요, 부인과 자식이 희희낙락함은 집안의 절도를 잃은 것이다."

☞ 집안을 다스리는 도는 거리낌 없이 제멋대로 하여 잘못되기보다는 차라리 지나치게 엄격한 편이 나은 것이다(治家之道 與其失於放肆 寧過於嚴也).

六四는 富家니 大吉하니라 象曰 富家大吉은 順在
육사   부가   대길   상 왈 부가대길   순 재

位也일새라
위 야

⇨ 육사는 집안을 부유하게 함이니, 크게 길한 것이다. 상에 말하였다. "집안을 부유하게 하여 크게 길함은 순함으로 지위에 있기 때문이다."

☞ 가인괘의 높은 지위는 집안의 높은 지위이다. 그래서 집안을 부유하게 한다고 하였다.

九五는 王假有家니 勿恤하여 吉하리라 象曰 王假
구오   왕 격 유 가   물 휼   길   상 왈 왕 격

有家는 交相愛也라
유 가   교 상 애 야

⇨ 구오는 왕이 집안에 이른 것이니, 근심하지 않아도 길한 것이다. 상에 말하였다. "왕이 집안에 이른 것은 서로 사랑하기 때문이다."

☞ 집안을 다스리는 데에 지극히 바르고 지극히 선한 자이다(治家之至正至善者也).

上九는 有孚하고 威如면 終吉하리라 象曰 威如之
상구　　유부　　　위여　　종길　　　　　상왈 위여지

吉은 反身之謂也라
길　　반신지위야

⇨ 상구는 정성이 있고 위엄이 있으면 끝에 가서 길한 것이다. 상에 말하였다.
　　"위엄이 있으면 길하다 함은 자신을 돌아봄을 말한 것이다."

☞ 상효는 괘의 끝이니, 집안의 도가 이루어진 가정이다. 집안을 다스리는 도리는
　　자신을 바룸을 근본으로 삼는다.(治家之道 以正身爲本)

38. 화택규(火澤睽)

☲☱ 이상(離上) 태하(兌下)

자연(自然)	인도(人道)	덕행(德行)
上火下澤 상 화 하 택	二女同居 其志不同行 이 녀 동 거　기 지 불 동 행	同而異 동 이 이

　규괘의 자연은 위에 불이 있고 아래에는 못이 있어, 불은 동하면 타면서 올라가고 못의 물은 동하면 적셔주면서 내려가 서로 어긋나게 가는 것이나 그 이치는 같은 것이다. 괘상을 가족의 상징으로 보면 외괘는 둘째 딸이고 내괘는 막내딸에 해당한다.

　따라서 자연을 모방하여 설정한 인도는 두 딸이 한집에 거주하나 그 뜻은 같은 곳으로 가지 않는 것이다.

　인도를 실천하는 덕행은 처음은 같으나 뒤에는 다른 것이니, 살아가는 도리는 같으나 행동의 방식은 서로 다르게 하는 것이다.

睽는 小事는 吉하리라
규　소사　길

⇨ 규괘는 작은 일은 길한 것이다.

☞ 상괘는 불타서 올라가고 하괘는 적시고 내려가서 두 체가 서로 어김이 규괘의
　뜻이다. 그러나 괘의 덕이 안은 기뻐하고 밝은 밝으므로 작은 일은 길한 것이
　다(二物之性違異故爲睽義, 以卦德言之 內說而外明).

象曰 睽는 火動而上하고 澤動而下하며 二女同居하
단왈 규　　화동이상　　　택동이하　　　이녀동거

나 其志不同行하니라 說而麗乎明하고 柔進而上行
　기지부동행　　　　열이리호명　　　유진이상행

하여 得中而應乎剛이라 是以小事吉이니라　天地睽
　　　득중이응호강　　　시이소사길　　　천지규

而其事同也며 男女睽而其志通也며 萬物睽而其事
이기사동야　　남녀규이기지통야　　　만물규이기사

類也니 睽之時用이 大矣哉라
류야　규지시용　대의재

⇨ 단에 말하였다. "규괘는 불은 움직여 올라가고 못의 물은 움직여 내려가며,
　두 여인이 함께 사나 그 뜻이 한곳으로 가지 않는다. 기뻐하며 밝음에 붙어

있고, 유가 나아가 위로 가서 중을 얻어 강에 응한다. 이 때문에 작은 일은 길한 것이다. 천지가 다르나 그 일이 같으며, 남녀가 다르나 그 뜻이 통하며, 만물이 다르나 그 일이 같으니, 규괘의 때와 쓰임이 크다."

☞ 규괘의 교훈은 행동 방식은 다르나 이치가 같은 것이다(物雖異而理本同).

상사 象辭

象曰 上火下澤이 睽니 君子以하여 同而異하나니라
상왈　상화하택　　규　　군자이　　　동이이

⇨ 상에 말하였다. "위는 불이고 아래에 못이 있는 것이 규괘이니, 군자가 이 이치를 본받아서 같으면서도 다르게 한다."

☞ 물건이 비록 다르나 이치는 본래 같은 것이다 (物雖異而理本同天地, 男女, 生物).

※『중용』에 이런 말이 있다. "화합은 하면서도 비도로 흘러가지는 않는다(和而不流)."

효사 爻辭

初九는 悔亡하니 喪馬하고 勿逐하여도 自復이니
초구　　회망　　　상마　　물축　　　　자복

見惡人하면 无咎리라 象曰 見惡人은 以辟咎也라
견악인　　　무구　　상왈　견악인　　이피구야

⇨ 초구는 뉘우침이 없어지니, 말을 잃고 쫓지 않아도 스스로 돌아올 것이다. 미워
하는 사람도 만나봐야 허물이 없는 것이다. 상에 말하였다. "미워하는 사람을
만나야 하는 것은 허물을 피하기 위해서이다."

☞ 규의 때에는 음양이 호응하지 않고 동덕으로 서로 응하여야 후회가 없게 되는
것이다. 악인은 평소에 좋아하지 않던 사람이다.

九二는 遇主于巷하면 无咎리라　象曰 遇主于巷이
구 이　　우 주 우 항　　　　무 구　　　상 왈　우 주 우 항

未失道也라
미 실 도 야

⇨ 구이는 군주를 골목에서 만나면 허물이 없는 것이다. 상에 말하였다. "군주
를 골목에서 만남이 도리를 잃는 것은 아니다."

☞ 2효와 5효는 정응이나 규의 때에는 어긋나서 합하지 못하니, 골목에서 만나
곡진하게 정성을 다해야 하는 것이다.

六三은 見輿曳하고 其牛掣하며 其人이 天且劓니
육 삼　　견 여 예　　　기 우 체　　　기 인　　천 차 의

无初코 有終이리라　象曰 見輿曳는 位不當也요 无
무 초　　유 종　　　　상 왈　견 여 예　　위 부 당 야　　무

初有終은 遇剛也일새라
초 유 종　　　우 강 야

⇨ 육삼은 수레를 뒤에서 끌어당기고 그 소는 앞에서 잡아당기며, 그 사람은
머리가 깎이고 코가 베임을 당하니, 처음은 없고 마침은 있는 것이다. 상에

말하였다. "수레가 뒤로 끌림은 자리가 마땅하지 않기 때문이요, 처음은 없으나 마침이 있음은 강을 만나기 때문이다."

☞ 3효는 두 양의 사이에 있어서 처음에 두 양에게 곤액을 당함은 처음이 없는 것이고, 뒤에 반드시 합함은 마침이 있는 것이다.

九四는 睽孤하여 遇元夫하여 交孚니 厲하나 无咎
구 사   규 고   우 원 부   교 부   려   무 구

리라   象曰 交孚无咎는 志行也리라
상 왈 교 부 무 구   지 행 야

⇨ 구사는 반목하여 외로운데 훌륭한 남편을 만나 서로 믿으니, 위태로우나 허물이 없는 것이다. 상에 말하였다. "서로 믿어 허물이 없음은 뜻이 행해지는 것이다."

☞ 반목하여 외로운 것은 응이 없음을 이르고 원부를 만남은 초구를 얻음을 이른다.

六五는 悔亡하니 厥宗이 噬膚니 往에 何咎리오   象
육 오   회 망   궐 종   서 부   왕   하 구   상

曰 厥宗噬膚는 往有慶也리라
왈 궐 종 서 부   왕 유 경 야

⇨ 육오는 뉘우침이 없어지니, 그 친족이 살을 깨물듯이 하니 감에 무슨 허물이 있겠는가. 상에 말하였다. "그 친족이 살을 깨물듯이 하는 것은 감에 경사가 있는 것이다."

☞ 살을 깨물듯이 함은 화합하기 쉬움이고, 경사가 있다는 것은 강양의 현자가

응이 되어 보필하기 때문이다.

上九는 睽孤하여 見豕負塗와 載鬼一車라 先張之弧
상구　규고　　　견시부도　　재귀일거　　선장지호

라가 後說之弧하여 匪寇라 婚媾니 往遇雨하면 則
　　후탈지호　　　비구　　혼구　　왕우우　　　즉

吉하리라　象曰 遇雨之吉은 群疑亡也라
길　　　　　상왈　우우지길　　군의망야

⇨ 상구는 반목함에 외로워 돼지가 진흙을 덮어쓰고 한 수레에 귀신이 가득히
실려 있는 것을 봄이다. 먼저는 활줄을 당기다가 나중에는 활줄을 풀어놓
는다. 적이 아니라 혼인할 짝이니, 가서 비를 만나면 길한 것이다. 상에 말
하였다. "비를 만남서 길함은 모든 의심이 없어지는 것이다."

☞ 강이 지극하면 조급하여 상세하지 못하고, 밝음이 지극하면 지나치게 살펴 의
심함이 깊다. 이반하는 때라 상효와 3효는 정응이나 처음에는 반목하고 종국
에는 화합한다(剛極則躁暴而不詳, 明極則過察而多疑, 雨者陰陽和也).

39. 수산건(水山蹇)

☷ 감상(坎上) 간하(艮下)

자연(自然)	인도(人道)	덕행(德行)
山上有水 산 상 유 수	見險而能止 견 험 이 능 지	反身修德 반 신 수 덕

건괘의 자연은 위에 물이 있고 아래에는 산이 있어, 산위에 물이 있는 형상이다. 앞에는 물이고 뒤에는 산이라 나아가기 어려운 진퇴양난의 모습이고, 감괘의 괘덕은 험함이고 간괘의 괘덕은 그침이 된다.

따라서 자연을 모방하여 설정한 인도는 험한 것을 보고 능히 멈춰야 하는 것이다.

인도를 실천하는 덕행은 어려움이 있을 때 자신에게 돌이켜 덕을 닦는 것이다.

蹇은 利西南하고 不利東北하며 利見大人하니 貞이
　　건　　　이서남　　　　불리동북　　　　이견대인　　　　정

면 吉하리라
　면　길

⇨ 건괘는 서남쪽은 이롭고 동북쪽은 이롭지 않으며 대인을 만나봄이 이로우
니, 정도를 지키면 길한 것이다.

☞ 건괘는 나아가기 어려움을 상징한다. 서남은 곤방이라 평이하고 동북은 간방
이라 험하게 그쳐 있다.

단사 彖辭

象曰 蹇은 難也니 險在前也니 見險而能止하니 知
단왈　건　　난야　　험재전야　　　견험이능지　　　지

矣哉라 蹇利西南은 往得中也요 不利東北은 其道窮
의재　　건리서남　　왕득중야　　　불리동북　　기도궁

也요 利見大人은 往有功也요 當位貞吉은 以正邦也
야　　이견대인　　왕유공야　　　당위정길　　　이정방야

니 蹇之時用이 大矣哉라
니　건지시용　　　대의재

⇨ 단에 말하였다. "건괘는 어려움이니, 험함이 앞에 있으니, 험함을 보고 멈
추니 지혜롭다. 건의 때에 서남이 이로움은 가서 중도를 얻었기 때문이고,

동북은 이롭지 않음은 그 도가 궁극하기 때문이요, 대인을 만나봄이 이로 움은 가면 공적이 있는 것이요, 지위를 맡아서 정도로써 하여 길함은 나라 를 바르게 다스림이니, 건의 때와 쓰임이 크도다."

☞ 문왕 팔괘도八卦圖에서 보면 서남은 곤방坤方이니 평이하고, 동북은 간방艮方 이니 험난함을 이른다. 그 도가 궁하다는 것은 건蹇의 도가 지극함을 이른다.

상사 象辭

象曰 山上有水蹇이니 君子以하여 反身修德하나
상왈 산상유수건   군자이   반신수덕
니라

⇨ 상에 말하였다. "산 위에 물이 있음이 건괘이니, 군자가 이 이치를 본받아 서 자기 몸에 돌이켜 덕을 닦는다."

☞ 군자는 어려움이 있을 때 덕을 닦고 때를 기다린다(君子安土順命).

효사 爻辭

初六은 往하면 蹇하고 來하면 譽리라 象曰 往蹇來
초육   왕   건   내   예   상왈 왕건내
譽는 宜待也니라
예   의대야

⇨ 초육은 가면 어렵고 오면 명예를 얻는 것이다. 상에 말하였다. "가면 어렵고 오면 명예를 얻음은 마땅히 기다려야 하는 것이다."

☞ 초효는 어려움의 시초이므로 군자는 이미 기미를 보아 나아가지 않는다(君子見幾而作).

六二는 王臣蹇蹇이 匪躬之故라 象曰 王臣蹇蹇은
육 이　　왕 신 건 건　　비 궁 지 고　　상 왈　왕 신 건 건

終无尤也리라
종 무 우 야

⇨ 육이는 왕의 신하가 어렵고 어려운 것은 자신의 연고가 아니다. 상에 말하였다. "왕의 신하가 어렵고 어려운 것은 끝에 가서는 허물이 없는 것이다."

☞ 중정의 덕으로 간체에 거하였으니, 중정에 멈추는 자이므로 허물이 없다(艮止也).

九三은 往하면 蹇하고 來하면 反이리라 象曰 往蹇
구 삼　왕　건　　래　반　　상 왈　왕 건

來反은 內喜之也일새라
내 반　내 희 지 야

⇨ 구삼은 가면 어렵고 오면 반대로 되는 것이다. 상에 말하였다. "가면 어렵고 오면 반대로 되는 것은 안에서 기뻐하기 때문이다."

☞ 어려운 때를 당하여 음유가 자립할 수 없으므로 모두 3효의 양에게 붙어서 의지하고 기뻐한다.

六四는 往하면 蹇하고 來하면 連이리라 象曰 往蹇
육사 왕 건 내 연 상왈 왕건

來連은 當位實也일새라
내련 당위실야

⇨ 육사는 가면 어렵고 오면 연합하는 것이다. 상에 말하였다. "가면 어렵고 오면 연합함은 해당하는 자리가 성실하기 때문이다."

☞ 4효는 나아가면 감괘의 험한 속으로 가는 것이고, 물러나면 3효와 친밀하고 2효와 초효는 동류이므로, 어려운 상황에서 무리와 서로 연합하는 것이다.

九五는 大蹇에 朋來로다 象曰 大蹇朋來는 以中節
구오 대건 붕래 상왈 대건붕래 이중절

也라
야

⇨ 구오는 큰 어려움에 벗이 오는 것이다. 상에 말하였다. "큰 어려움에 벗이 오는 것은 중정한 절도로써 하기 때문이다."

☞ 큰 어려움이란 건괘蹇卦의 감체坎體를 이르고, 벗이 오는 것은 2효와 정응이 됨을 이른다.

上六은 往하면 蹇하고 來하면 碩이라 吉하리니 利
상육 왕 건 내 석 길 이

見大人하니라 象曰 往蹇來碩은 志在內也요 利見大
견대인 상왈 왕건내석 지재내야 이견대

人은 以從貴也라
인 이종귀야

⇨ 상육은 가면 어렵고 오면 여유로워 길할 것이니, 대인을 봄이 이롭다. 상에 말하였다. "가면 어렵고 오면 여유로움은 뜻이 안에 있는 것이요, 대인을 봄이 이로움은 귀한 사람을 따르는 것이다."

☞ 상효는 건괘의 극에 처하여 나아갈 곳이 없다. 그러므로 돌아와 5효를 따르고 3효를 구하는 것이니 여유로운 것이다. 대인은 5효를 가리킨다.

40. 뇌수해(雷水解)

☷ 진상(震上) 감하(坎下)

자연(自然)	인도(人道)	덕행(德行)
雷雨作 뇌 우 작	動而免乎險 동 이 면 호 험	赦過宥罪 사 과 유 죄

해괘의 자연은 위에는 우레가 있고 아래에는 물이 있어 천둥치고 비가 내려 온갖 과실나무와 초목이 모두 껍질이 터지고 움이 싹트는 형상이다. 진괘의 괘덕은 위엄과 진동함이고 감괘의 괘덕은 험함과 흘러감이다.

따라서 자연을 모방하여 설정한 인도는 움직여 험한 데에서 벗어나는 것이다.

인도를 실천하는 덕행은 다른 사람의 잘못을 용서해 주고 죄를 너그럽게 처리하는 것이다.

解는 利西南하니 无所往이라 其來復이 吉하니 有
해　　이서남　　　무소왕　　　기래복　　길　　유

攸往이어든 夙하면 吉하리라
유왕　　　　　숙　　　길

⇨ 해괘는 서남쪽이 이로우니 갈 필요가 없다. 그 돌아옴이 길하니, 갈 곳이
　있거든 빨리 가면 길한 것이다.

☞ 해괘는 천하의 어려움이 해소되는 때이다(解者 天下患難解散之時也).

단사 彖辭

彖曰 解는 險以動이니 動而免乎險이 解라 解利西
단왈　해는　험이동　　　동이면호험　　해　　해리서

南은 往得衆也요 其來復吉은 乃得中也요 有攸往夙
남은　왕득중야요　기래복길　　내득중야요　유유왕숙

吉은 往有功也라 天地解而雷雨作하고 雷雨作而百
길은　왕유공야라　천지해이뇌우작　　　뇌우작이백

果草木이 皆甲柝하나니 解之時大矣哉라
과초목　　개갑탁　　　　해지시대의재

⇨ 단에 말하였다. "해괘는 험하고 동함이니, 동하여 험한 곳에서 벗어남이 해
　이다. 해괘에서 서남쪽이 이롭다는 것은 가서 무리를 얻음이요, 돌아옴이

길하다는 것은 중도를 얻었기 때문이요, 갈 곳이 있으면 빨리 가면 길하다는 것은 공덕이 있는 것이다. 천지가 풀려서 천둥 치고 비가 내리며, 천둥이 치고 비가 내려서 온갖 과일나무와 초목이 모두 껍질이 터지니, 해의 때가 크도다."

☞ 가서 무리를 얻음은 4효를 이르고, 돌아오면 길한 것은 2효를 이른다. 천지의 해산과 인사의 해산을 말하여 천지와 덕이 합함을 말하였다.

상사 象辭

象曰 雷雨作이 解니 君子以하여 赦過宥罪하나니라
상 왈　뇌 우 작　　해　　군 자 이　　　사 과 유 죄

⇨ 상에 말하였다. "천둥 치고 비오는 것이 해괘이니, 군자가 이 이치를 본받아서 과실이 있는 자를 용서하고 죄가 있는 자를 너그럽게 처리한다."

☞ 군자가 그 자라나는 것을 보고 은혜와 사랑을 베풀고, 그 흩어지는 것을 체행하는 것은 너그러움과 풀어주는 것을 실천하는 것이다(君子體其發育則施恩仁, 體其解散則行寬釋也).

효사 爻辭

初六은 无咎하니라 象曰 剛柔之際라 義无咎也니라
초 육　　무 구　　　상 왈 강 유 지 제　　의 무 구 야

⇨ 초육은 허물이 없다. 상에 말하였다. "강과 유가 교제하는 때라 의리상 허물이 없는 것이다."

☞ 초효와 4효가 서로 응하니 강유가 서로 교제하는 것이고, 강이 위에 있고 유가 아래에 있으니 의리상 허물이 없는 것이다(初四相應 是剛柔相際接也).

九二는 田獲三狐하여 得黃矢니 貞하여 吉하도다
구이　　전획삼호　　　득황시　　여　　　길

象曰 九二貞吉은 得中道也일새라
상왈　구이정길　　　득중도야

⇨ 구이는 사냥하여 세 마리의 여우를 잡고 황금으로 된 화살을 얻었으니, 정도가 있어서 길한 것이다. 상에 말하였다. "구이가 정도가 있어서 길함은 중도를 얻었기 때문이다."

☞ 사냥은 해를 제거함을 의미하고, 여우는 사악하고 아첨하는 사람을 비유한 말이니, 당시의 소인을 제거함을 이른다.

六三은 負且乘이라 致寇至니 貞이라도 吝하리라
육삼　　부차승　　　치구지　　정　　　　인

象曰 負且乘이 亦可醜也며 自我致戎이어니 又誰咎
상왈　부차승　역가추야　　자아치융　　　우수구

也리오
야

⇨ 육삼은 지고 가야 하는데 타고 가는 것이다. 도적을 불러들여 이르게 하니, 바르게 하더라도 막히는 것이다. 상에 말하였다. "지고 가야 하는데 타고 가는 것은 또한 추악한 것이며, 나로부터 도적을 불러들였으니 또 누구를

탓하겠는가."

☞ 소인으로서 군자의 자리에 거하여 분수에 넘치는 일을 감당할 수 없음을 비유
한 것이다.

九四는 解而拇면 朋至하여 斯孚리라 象曰 解而拇
구사   해이무   붕지   사부   상왈 해이무

는 未當位也일새라
  미당위야

⇨ 구사는 너의 엄지발가락을 풀어버리면 벗이 이르러 믿을 것이다. 상에 말하
였다. "너의 엄지발가락을 풀어버리라는 것은 마땅한 자리가 아니기 때문
이다."

☞ 4효는 대신의 자리에 거하여 군주를 받들고 있으니, 아래에 있는 초효와 정응
이 되나 함께하지 말아야 한다. 자리가 마땅하지 않다는 것은 4효는 양으로서
음자리에 거하였고 초효는 음으로써 양자리에 거함을 이른다.

六五는 君子維有解면 吉하니 有孚于小人이리라 象
육오   군자유유해   길   유부우소인   상

曰 君子有解는 小人退也라
왈 군자유해   소인퇴야

⇨ 육오는 군자가 풀어버림이 있으면 길하니, 소인을 처우하는 데에서 징험이
있게 되는 것이다. 상에 말하였다. "군자가 풀어버림이 있음은 소인이 물러
가는 것이다."

☞ 군자가 친비하는 자는 반드시 군자여야 하고 소인은 반드시 떼어내야 함을
이른다.

上六은 公用射隼于高墉之上하여 獲之니 无不利로
상육   공용석준우고용지상   획지   무불리

다   象曰 公用射隼은 以解悖也라
   상왈 공용석준   이해패야

⇨ 상육은 공이 새매를 높은 담장 위에서 쏘아 잡으니, 이롭지 않음이 없도
   다. 상에 말하였다. "공이 새매를 쏘아 잡음은 거스르는 사람을 떼어내는
   것이다."

☞ 새매는 사악한 짓을 행하는 소인을 상징한 말이다.

41. 산택손(山澤損)

☷ 간상(艮上) 태하(兌下)

자연(自然)	인도(人道)	덕행(德行)
山下有澤 산 하 유 택	損而有孚 손 이 유 부	懲忿窒欲 징 분 질 욕

　손괘의 자연은 위에 산이 있고 아래에는 못이 있어, 산 아래에 못이 있는 것이다. 간괘의 덕은 멈춤과 독실함과 진중함이고, 태괘의 덕은 기쁨과 생육함이다. 그러므로 아래에 있는 물이 산 위의 만물을 독실하게 생육하는 것이다.

　따라서 자연을 모방하여 설정한 인도는 덜어내되 정성이 있는 것이다.

　인도를 실천하는 덕행은 분노를 억제하고 욕심을 막는 것이다.

損은 有孚면 元吉하고 无咎하여 可貞이라 利有攸
손　유부　　원길　　　무구　　　가정　　　이유유

往하니 曷之用이리오 二簋可用享이니라
왕　　　갈지용　　　　이궤가용향

▷ 손괘는 정성이 있으면 크게 길하고 허물이 없어서 정고하게 지킬 수 있다.
　가는 바를 둠이 이로우니, 어디에 쓰겠는가. 두 그릇만 가지고도 제향할 수
　있다.

☞ 손괘는 아래의 것을 들어서 위에 더해주는 것이다(損者 損下益上之義).

象曰 損은 損下益上하여 其道上行이니 損而有孚면
단왈　손　　손하익상　　　기도상행　　　손이유부

元吉无咎可貞利有攸往이니 曷之用二簋可用享은
원길무구가정이유유왕　　　갈지용이궤가용향

二簋應有時며 損剛益柔有時니 損益盈虛를　與時偕
이궤응유시　손강익유유시　　손익영허　　　여시해

行이니라
행

⇨ 단에 말하였다. "손괘는 아래를 덜어서 위에 더해주어 그 도가 위로 행함이니, 덜어주되 정성이 있으면 크게 길하여 허물이 없어서 정고하게 지킬 수 있다. 가는 바를 둠이 이로우니, 어디에 쓰겠는가. 두 그릇만 가지고도 제향할 수 있다는 것은 두 그릇을 올리는 것에도 응당 때가 있으며, 강을 덜어 유에 더하는 것도 때가 있으니, 덜고 더하며 채우고 비움을 때와 함께 행해야 한다."

☞ 두 그릇으로 제향할 수 있다는 것은, 근본을 후하게 하고 말단을 박하게 하여 문채보다 바탕을 중시해야 함을 이른다.

상사 象辭

象曰 山下有澤이 損이니 君子以하여 懲忿窒欲하
상왈　산하유택　　손　　　군자이　　　징분질욕
나니라

⇨ 상에 말하였다. "산 아래에 못이 있는 것이 손괘이니, 군자가 이 이치를 본받아서 분노를 억제하고 욕심을 막는다."

☞ 손괘의 뜻은 인욕을 덜어 천리로 돌아갈 뿐이다(遏人欲存天理, 損減省也).

※ 『맹자』에 이런 말이 있다. "마음을 수양함은 욕심을 적게 하는 것보다 더 좋은 것이 없다(養心莫善於寡欲)."

初九는 已事어든 遄往이라야 无咎리니 酌損之니라
초구   이사   천왕   무구   작손지

象曰 已事遄往은 尚合志也일새라
상왈   이사 천왕   상합지야

⇨ 초구는 이미 일이 있으면 빨리 가야 허물이 없을 것이니 잘 헤아려서 덜어
   내야 한다. 상에 말하였다. "이미 일이 있으면 빨리 가야 하는 것은 위와
   뜻이 합하기 때문이다."

☞ 4효는 초효에게 의지하고 초효는 4효를 도와주는 것이다. 그래서 위와 뜻이
   화합하는 것이다.

九二는 利貞하고 征이면 凶하니 弗損이라야 益之
구이   이정   정이면   흉하니   불손   익지

리라 象曰 九二利貞은 中以爲志也라
      상왈 구이이정   중이위지야

⇨ 구이는 정도를 굳게 지킴이 이롭고 나아가면 흉하니, (중덕을) 덜어내지 말
   아야 유익한 것이다. 상에 말하였다. "구이가 바름을 지킴이 이로움은 중도
   로 뜻을 삼기 때문이다."

☞ 굳게 지켜야 하는 것은 중도中道를 이른다.

六三은 三人行엔 則損一人하고 一人行엔 則得其友
육삼   삼인행   즉손일인   일인행   즉득기우

로다 象曰 一人行에 三이면 則疑也리라
　　　상왈 일인행　　삼　　　즉 의 야

▷ 육삼은 세 사람이 가면 한 사람을 잃고, 한 사람이 가면 그 벗을 얻는 것이
다. 상에 말하였다. "한 사람이 가야 그 벗을 얻는 것은, 셋이 가면 의심하
기 때문이다."

☞ 손은 남는 것을 들어내는 것이니, 하나에 지극히 해야 함을 말한 것이다(損者
損有餘也, 言致一也).

六四는 損其疾호되 使遄이면 有喜하여 无咎리라
육사　　손 기 질　　사 천　　유 희　　　무 구

象曰 損其疾하니 亦可喜也로다
상왈　손 기 질　　역 가 희 야

▷ 육사는 그 병통을 덜어내되 빨리하면 기쁨이 있어 허물이 없는 것이다. 상
에 말하였다. "병통을 들어내니 기뻐할 만하도다."

☞ 역에서는 양을 선으로 보고 음을 불선으로 본다. 음유의 병통을 덜어내고 초
효의 양강을 따라야 함을 이른다(損不善以從善也).

六五는 或益之며 十朋之龜도 弗克違하리니 元吉
육오　　혹익지　　십붕지귀　　불 극 위　　　원 길

하니라 象曰 六五元吉은 自上祐也라
　　　　상왈　육 오 원 길　　자 상 우 야

▷ 육오는 혹자가 더해주며 열 쌍이나 되는 거북도 어기지 못할 것이니 크게
길한 것이다. 상에 말하였다. "육오가 크게 길하다는 것은 위로부터 도와주

는 것이다."

☞ 덜어내야 하는 때에 마음을 비우고 여러 사람의 의견을 받아들이기 때문에
상천에서 복을 내려줌을 이른다(自上天降福祐).

上九는 弗損하고 益之면 无咎하고 貞吉이라 利有
상구   불손   익지   무구   정길   이유

攸往이니 得臣이 无家리라 象曰 弗損益之는 大得
유왕   득신   무가   상왈 불손익지   대득

志也라
지 야

⇨ 상구는 덜어내지 않고 더해주면 허물이 없고 정도라 길한 것이다. 가는 바
를 둠이 이로우니, 신하를 얻음에 집안에서만이 아니다. 상에 말하였다.
"덜어내지 않고 더해주라는 것은 크게 뜻을 얻기 때문이다."

☞ 손의 극에 처하여 변화하여 덜어오지 말고 더해주면 신하를 얻는 데 한계가
없음을 이른다(得臣无家 謂无有遠近內外之限也).

42. 풍뢰익(風雷益)

☲ 손상(巽上) 진하(震下)

자연(自然)	인도(人道)	덕행(德行)
風雷 풍 뢰	動而巽　日進无疆 동 이 손　일 진 무 강	見善則遷　有過則改 견 선 즉 천　유 과 즉 개

　익괘의 자연은 위에 바람이 있고 아래에는 우레가 있어, 천
둥치면 바람이 동반되니, 바람과 우레가 서로 더불어 돕는
것이다. 손괘의 덕은 공손함과 들어감이고, 진괘의 덕은 위엄
과 움직임과 진작시킴이다.

　따라서 자연을 모방하여 설정한 인도는 공손함으로 움직
여서 날로 나아감에 끝이 없는 것이다.

　인도를 실천하는 덕행은 선을 보면 옮겨가고 허물이 있으
면 고치는 것이니 개과천선(改過遷善)하는 것이다.

益은 利有攸往하며 利涉大川하니라
익　　이 유 유 왕　　　이 섭 대 천

⇨ 익괘는 가는 바를 둠이 이로우며 큰 내를 건넘이 이롭다.

☞ 익괘는 천하를 유익하게 하는 도이다(益者　益於天下之道也).

彖曰 益은 損上益下하니 民說无疆이요 自上下下
단 왈　익　　손 상 익 하　　　민 열 무 강　　　지 상 하 하

하니 其道大光이라 利有攸往은 中正하여 有慶이
　　 기 도 대 광　　　이 유 유 왕　　중 상　　　유 경

요 利涉大川은 木道乃行이라 益은 動而巽하여 日
　이 섭 대 천　　목 도 내 행　　익　　동 이 손　　　일

進无疆하며 天施地生하여 其益이 无方하니 凡益
진 무 강　　　천 시 지 생　　　기 익　　무 방　　　범 익

之道 與時偕行하나니라
지 도　여 시 해 행

⇨ 단에 말하였다. "익괘는 위에서 덜어 아래에 더해주니 백성의 기뻐함이 끝
이 없고, 위에서 아랫사람에게 낮추니 그 도가 크게 빛난다. 가는 바를 둠
이 이로움은 중정하여 경사가 있는 것이고, 큰 내를 건넘이 이롭다는 것은

익괘의 도가 행해지는 것이다. 익괘는 동함에 공손하여 날로 나아감이 끝이 없으며 하늘이 베풀고 땅이 낳아 그 유익함이 일정한 방소가 없으니, 무릇 익괘의 도는 때에 따라 함께 행하는 것이다.”

☞ 윗사람이 덜어서 아랫사람에게 베풀어줌은 의를 행하는 것인데, 군자는 의를 따를 뿐이다.

상사 象辭

象曰 風雷益이니 君子以하여 見善則遷하고 有過則
상왈 풍뢰익   군자이   견선즉천   유과즉

改하나니라
개

⇨ 상에 말하였다. “바람 불고 천둥 치는 것이 익괘이니, 군자가 이 이치를 본받아서 선을 보면 옮겨가고 허물이 있으면 고친다.”

☞ 우레와 바람은 서로 더해주기 때문에 익괘가 된 것이다(雷風二物相益者也, 改過遷善).

효사 爻辭

初九는 利用爲大作이니 元吉이라야 无咎리라 象曰
초구   이용위대작   원길   무구   상왈

元吉无咎는 下不厚事也일새라
원 길 무 구　　하 불 후 사 야

☞ 초구는 큰일을 하는 데 씀이 이로우니, 크게 잘해야 허물이 없는 것이다.
상에 말하였다. "크게 잘해야 허물이 없다는 것은 아래에 있는 자는 큰일을
할 수 없기 때문이다."

☞ 지위가 아래에 있는 자는 큰일을 담당할 수 없다.

六二는 或益之하며 十朋之龜도 弗克違하니 永貞
육이　　혹 익 지　　　십 붕 지 귀　　불 극 위　　　영 정

이면 吉하고 王用享于帝라도 吉하리라 象曰 或益
　　　길　　　왕 용 향 우 제　　　　길　　　　상 왈 혹 익

之는 自外來也라
지　　자 외 래 야

☞ 육이는 혹자가 도와주며 열 쌍이나 되는 거북도 어기지 못할 것이니, 정도
를 오랫동안 지키면 길하고, 왕이 상제에게 제사를 지내더라도 길한 것이
다. 상에 말하였다. "혹자가 도와준다는 것은 밖으로부터 오는 것이다."

☞ 허중의 덕을 오랫동안 굳게 지키면 길하다는 것은 효와 처한 자리가 모두 음
이기 때문에 경계한 것이다.

六三은 益之用凶事엔 无咎어니와 有孚中行이라야
육삼　　익 지 용 흉 사　　무 구　　　　유 부 중 행

告公用圭리라　象曰 益用凶事는 固有之也일새라
고 공 용 구　　　상 왈 익 용 흉 사　　고 유 지 야

⇨ 육삼은 더해주는 것을 흉한 일에 쓰면 허물이 없으나, 정성을 가지고 중도를 실천해야 홀을 사용하여 공에게 알릴 수 있는 것이다. 상에 말하였다. "도와주는 것을 흉사에 쓴다는 것은 본래 그 재질을 가지고 있기 때문이다."

☞ 규(圭)는 제후의 도장이다. 양의 자리에 거하고 동함의 지극에 거함은 행실을 강하고 과단성 있게 하는 자이다.

六四는 中行이면 告公從하리니 利用爲依며 遷國이
육사   중행   고공종   이용위의   천국

니라 象曰 告公從은 以益志也라
     상왈 고공종   이익지야

⇨ 육사는 중도를 행하면 임금에게 고함에 따를 것이니, (윗사람에게)의지하며 국도를 옮김이 이롭다. 상에 말하였다. "임금에게 고함에 따라주는 것은 유익하게 하려는 뜻이 있기 때문이다."

☞ 유순함으로써 위로는 군주에 의지하여 보필하고, 아래로는 백성이 편안하게 거처하도록 국도를 옮기는 것이다.

九五는 有孚惠心이라 勿問하여도 元吉하니 有孚
구오   유부혜심   물문   원길   유부

하여 惠我德하리라 象曰 有孚惠心이라 勿問之矣
     혜아덕   상왈 유부혜심   물문지의

며 惠我德이 大得志也라
   혜아덕   대득지야

⇨ 구오는 정성을 가지고 은혜로운 마음을 베푼다. 묻지 않아도 크게 길하니 정성을 가지고 나의 덕을 베푸는 것이다. 상에 말하였다. "정성을 가지고 은혜로운 마음을 베푸니 묻지 않아도 되며, 나의 덕을 베푸는 것은 크게 뜻을 얻는 것이다."

☞ 5효는 중정의 덕과 재능과 지위를 가지고 정성으로 남에게 은혜를 베푸는 자이다(分人以財謂之惠).

上九는 莫益之라 或擊之리니 立心勿恒이니 凶하니
상구   막익지   혹격지   입심물항   흉

라 象曰 莫益之는 偏辭也요 或擊之는 自外來也라
상왈 막익지   편사야   혹격지   자외래야

⇨ 상구는 아무도 도와주지 않는다. 혹자가 공격할 것이니, 마음을 정하되 항심이 없으니 흉하다. 상에 말하였다. "아무도 도와주지 않는다는 것은 편벽되었다는 말이고, 혹자가 공격한다는 것은 밖으로부터 오는 것이다."

☞ 상효는 강으로 익괘의 극에 처했으니 유익함을 구하기를 심하게 하는 자이다. 손괘는 나아가고 물러남에 과감하지 못하다(巽爲進退不果).

43. 택천쾌(澤天夬)

☰ 태상(兌上) 건하(乾下)

자연(自然)	인도(人道)	덕행(德行)
澤上於天 택 상 어 천	決而和 결 이 화	施祿及下 居德則忌 시 록 급 하 거 덕 칙 기

쾌괘의 자연은 위에 못이 있고 아래에는 하늘이 있어, 못이 하늘 위로 올라가 못이 터져서 물이 아래로 흘러가는 형상이다. 태괘의 덕은 기쁨과 생육함이고 건괘의 덕은 강건함과 성실함이나, 괘상을 살펴보면 음이 양을 타고 기뻐하는 모습이다.

자연을 모방하여 설정한 인도는 음을 척결하고 화합하는 것이다.

인도를 실천하는 덕행은 녹을 베풀어 아래에 미치게 하며, 덕에 거하여 금기사항을 법칙으로 만드는 것이다.

夬는 揚于王庭이니 孚號有厲니라 告自邑이요 不利
쾌　　양우왕정　　　　부호유려　　　　고자읍　　　불리

卽戎이며 利有攸往하니라
즉융　　　이유유왕

⇨ 쾌괘는 왕의 조정에서 밝힘이니, 지성으로 위태로움이 있다고 호령해야 한

다. 자신의 고을 사람에게 고할 것이요, 곧바로 무력을 쓰면 이롭지 않으

며, 가는 바를 둠이 이롭다.

☞ 쾌괘는 화합하지 못하는 소인을 과감하게 척결하고 화합하는 것이다

(決而能和).

象曰 夬는 決也니 剛決柔也니 健而說하고 決而
단왈　쾌　　결야　　강결유야　　　건이열　　　결이

和하니라 揚于王庭은 柔乘五剛也요 孚號有厲는
화　　　　양우왕정　　유승오강야　　　부호유려

其危乃光也요 告自邑不利卽戎은 所尙이 乃窮也요
기위내광야　　고자읍불리즉융　　소상　　내궁야

利有攸往은 剛長이 乃終也리라
이유유왕　　강장　　내종야

⇨ 단에 말하였다. "쾌괘는 척결함이니, 강이 유를 척결하는 것이니, 굳세고 기뻐하며 척결하고 화합한다. 왕의 조정에서 밝히는 것은 유가 다섯 강을 타고 있기 때문이고, 진실로 위태로움이 있다고 호령하는 것은 그 위태로움이 마침내 광대해졌기 때문이고, 자신의 고을 사람들에게 고하는 것은 숭상하는 것이 궁한 것이고, 가는 바를 둠이 이로움은 강의 자람이 이에 끝나는 것이다."

☞ 읍은 사읍이니, 자기 사읍부터 고한다는 것은 먼저 자기 자신을 다스려야 함을 말한 것이다.(修己安民)

상사 象辭

象曰 澤上於天이 夬니 君子以하여 施祿及下하며
상왈　택상어천　　쾌　　군자이　　　시록급하

居德하여 則忌하나니라
거덕　　　칙기

⇨ 상에 말하였다. "못이 하늘에 올라감이 쾌괘이니, 군자가 이 이치를 본받아서 녹을 베풀어 아래에 미치게 하며, 덕에 거하여 금기사항을 법제화한다."

☞ 연못의 물이 아래로 흘러내려서 만물을 이롭게 하는 상을 보고 아랫사람에게 은택을 베풂을 이른다.

효사 爻辭

初九는 壯于前趾니 往하여 不勝이니 爲咎리라 象
초구 　 장우전지 　 왕 　 　 불승 　 위구 　 　 상

曰 不勝而往이 咎也라
왈 　불승이왕 　 구야

➪ 초구는 나아가는 발에 씩씩함이 있으니, 나아가서 감당하지 못하니 허물이
　 되는 것이다. 상에 말하였다. "감당할 수 없는 데도 가는 것이 허물이다."

☞ 건체로 양으로서 양자리에 거하여 나아감을 강건하게 하니, 동하기를 조급하
　 게 하는 자이다.

九二는 惕號니 莫夜에 有戎이라도 勿恤이로다 象
구이 　 척호 　 모야 　 유융 　 　 물흌 　 　 상

曰 有戎勿恤은 得中道也일새라
왈 　유융물흌 　 득중도야

➪ 구이는 두려워하고 호소함이니, 한밤중에 적병이 쳐들어와도 걱정할 것이
　 없도다. 상에 말하였다. "적병이 쳐들어와도 근심할 것이 없음은 중도를 얻
　 었기 때문이다."

☞ 쾌괘는 양이 음을 척결함이니, 군자가 소인을 척결하는 때에 중도를 얻었으니,
　 처신하기를 지극히 잘하는 자이다.

九三은 壯于頄하야 有凶코 獨行하면 遇雨니 君子
구삼 　 장우구 　 　 유흉 　 독행 　 　 우우 　 군자

夬夬라 若濡有慍이면 无咎리라 象曰 君子는 夬夬
쾌 쾌   약 유 유 온   무 구   상 왈 군 자   쾌 쾌

라 終无咎也니라
   종 무 구 야

⇨ 구삼은 굳셈이 광대뼈에 나타나서 흉함이 있고 홀로 가면 비를 만나니, 군
   자는 결단할 것을 결단한다. 만약 유순하고 온화하게 하면 허물이 없는 것
   이다. 상에 말하였다. "군자는 결단할 것을 결단하기 때문에 끝내 허물이
   없는 것이다."

☞ 쾌괘는 강건을 숭상하는 때이니, 3효가 하괘의 위에 거하고 또 건괘의 극에
   처하여 결단하기를 강하고 과감하게 하는 자이다.

九四는 臀无膚하여 其行次且니 牽羊하면 悔亡하
구 사   둔 무 부   기 행 차 저   견 양   회 망

려마는 聞言하여도 不信하리다 象曰 其行次且는
         문 언   불 신   상 왈 기 행 차 저

位不當也요 聞言不信은 聰不明也라
위 부 당 야   문 언 불 신   총 불 명 야

⇨ 구사는 볼기에 살이 없어서 그 가는 것이 멈칫거리니, 양을 끌듯이 하면
   후회가 없겠지만 말을 듣고도 믿지 않을 것이다. 상에 말하였다. "그 감을
   멈칫거림은 자리가 마땅하지 않기 때문이고, 말을 듣고도 믿지 않음은 듣
   는 것이 밝지 못해서이다."

☞ 4효는 양으로 음의 자리에 거하여 강하게 결단함이 부족하니, 강력하게 끌어
   당겨서 여럿을 따르가면 후회가 없을 것임을 말한 것이다.

九五는 莧陸夬夬면 中行에 无咎니라 象曰 中行无
구오   현륙쾌쾌   중행   무구   상왈 중행무

咎나 中未光也라
구   중미광야

⇨ 구오는 현륙을 과감하게 끊으면 중도를 행함에 허물이 없는 것이다. 상에
   말하였다. "중도를 행함에 허물이 없으나 중도가 광대하지는 못하다."

☞ 현륙은 음이 성함을 이른다. 음은 양이 친하고자 하는 자이니, 의리상 결단하
   더라도 과감하게 하지 못하므로 중도가 광대하지 못한 것이다.

上六은 无號니 終有凶하니라   象曰 无號之凶은 終
상육   무호   종유흉   상왈 무호지흉   종

不可長也니라
불가장야

⇨ 상육은 하소연할 곳이 없으니, 끝내 흉함이 있다. 상에 말하였다. "하소연
   할 곳이 없어서 흉함은 끝이라 오래갈 수 없기 때문이다."

☞ 여러 군자가 때를 얻어 지극한 소인을 척결하여 제거하는 것이니, 그 형세가
   반드시 소진하는 것이다.

44. 천풍구(天風姤)

≡ 건상(乾上) 손하(巽下)

자연(自然)	인도(人道)	덕행(德行)
天下有風 천 하 유 풍	剛遇中正 天下大行也 강 우 중 정 천 하 대 행 야	后施命誥四方 후 시 명 고 사 방

　구괘의 자연은 위에 하늘이 있고 아래에는 바람이 있어, 하늘 아래 바람이 부는 상황이다. 건괘의 괘덕은 강건함과 성실함이고 그 괘의 재료는 순양이며, 손괘의 괘덕은 공손함과 들어감이고 그 괘의 재료는 음이 처음 생긴 것이니, 음과 양이 서로 만나 만물이 모두 빛나는 것이다.

　따라서 자연을 모방하여 설정한 인도는 강건한 자가 중도에 있으면서 덕행을 천하에 크게 실행하는 것이다.

　인도를 실천하는 덕행은 임금이 명령을 내려 천하 사람들에게 교화를 펴는 것이다.

姤는 女壯이니 勿用取女니라
구　　여 장　　물 용 취 녀

⇨ 구괘는 여자가 씩씩함이니, 여자 취함을 쓰지 말아야 한다.

☞ 비록 한 음이 매우 미약하나 점점 장성할 도가 있어 양에게 대적하는 자이다
　　(一陰甚微 然有漸壯之道 敵於陽者).

彖曰 姤는 遇也니 柔遇剛也라 勿用取女는 不可與
단 왈 구　　우 야　　유 우 강 야　　물 용 취 녀　　불 가 여

長也일새라 天地相遇하니 品物이 咸章也오 剛遇
장 야　　천 지 상 우　　품 물　　함 장 야　　강 우

中正하니 天下에 大行也니 姤之時義 大矣哉라
중 정　　천 하　　대 행 야　　구 지 시 의 대 의 재

⇨ 단에 말하였다. "구괘는 만남이니, 유가 강을 만나는 것이다. 여자 취함을 쓰
지 말라고 한 것은 오랫동안 함께할 수 없기 때문이다. 천지가 서로 만나 만물
이 모두 형체를 이루고, 강이 중정을 만나 천하에 (만남의 도가) 크게 행해지
는 것이니, 구의 때와 뜻이 크도다."

☞ 점점 성대해지는 음은 장차 양에 적대하여 양을 사라지게 하니, 오랫동안 함
께할 수 없는 것이다.

象曰 天下有風이 姤니 后以하여 施命誥四方하나니라
상왈 천하유풍　구　후이　　시명고사방

⇨ 상에 말하였다. "하늘 아래에 바람이 부는 것이 구괘이니, 후왕이 이것을
　본받아 명령을 내려 사방에 알린다."

☞ 후왕은 천지의 도를 재성하고 명령을 베풀어 사방에 가르침을 행했던 왕이다.

효사 爻辭

初六은 繫于金柅면 貞吉하고 有攸往이면 見凶하
초육　　계우금니　정길　　유유왕　　견흉

리니 羸豕孚蹢躅하나니라 象曰 繫于金柅는 柔道牽
이시부척촉　　　　상왈 계우금니　유도견

也일새라
야

⇨ 초육은 쇠말뚝에 매어놓으면 정고하여 길하고, 가는 바를 두면 흉함을 당할
　것이니, 파리한 돼지가 내달리고 날뛰는 것과 같다. 상에 말하였다. "쇠말
　뚝에 매어놓아야 하는 것은 음의 도가 이끌기 때문이다."

☞ 음이 비록 심히 미약하나 소홀히 해서는 안 됨을 말한 것이다(言陰雖甚微 不
　可忽也).

九二는 包有魚면 无咎하리니 不利賓하나라 象曰
구이　　포유어　　무구　　　　불리빈　　　　　상왈

包有魚는 義不及賓也라
포유어　　의불급빈야

⇨ 구이는 꾸러미에 물고기가 있듯이 하면 허물이 없는 것이니, 손님에게 미침
은 이롭지 않다. 상에 말하였다. "꾸러미에 있는 물고기는 의리상 손님에게
미칠 수 없다."

☞ 꾸러미에 물고기가 있듯이 해야 하는 것은, 2효가 초효를 만나서 밖으로 두
마음을 있게 해서는 안 됨을 이른다(二之遇初 不可使有二於外).

九三 臀无膚하여 其行이 次且니 厲하면 无大咎리
구삼　둔무부　　　기행　　차저　　려　　　　　무대구

라 象曰 其行次且는 行未牽也라
　　상왈　기행차저　　행미견야

⇨ 구삼은 볼기에 살이 없어서 그 가는 것이 머뭇거리니, 위태롭게 여기면 큰
허물이 없는 것이다. 상에 말하였다. "그 가는 것이 머뭇거림은 감을 연결
하지 못하는 것이다."

☞ 3효는 초효를 좋아하나 2효에게 시기와 미움을 받아서 그 거처가 불안하니,
볼기짝에 살이 없는 것과 같다(三說初而爲二所忌惡 其居不安 若臀之无膚也).

九四는 包无魚니 起凶하리라 象曰 无魚之凶은 遠
구사　　포무어　　기흉　　　　상왈　무어지흉은　　원

民也일새라
민야

➪ 구사는 꾸러미에 물고기가 없으니, 흉함이 발생할 것이라. 상에 말하였다. "꾸러미에 물고기가 없어서 흉함이 발생한다는 것은 백성을 멀리하기 때문이다."

☞ 꾸러미에 물고기가 없다는 것은 그 소유물을 잃음을 의미한다(亡其所有也).

九五는 以杞包瓜니 含章이면 有隕自天이리라 象曰
구오   이 기 포 과   함 장   유 운 자 천   상 왈

九五含章은 中正也요 有隕自天은 志不舍命也일새라
구 오 함 장   중 정 야   유 운 자 천   지 불 사 명 야

➪ 구오는 기나무 잎으로 오이를 싸는 것이니, 아름다움을 간직하고 있으면 하늘에서 떨어짐이 있을 것이다. 상에 말하였다. "구오가 아름다움을 간직했다는 것은 중정함이고, 하늘에서 떨어짐이 있음은 마음에 천명을 버리지 않기 때문이다."

☞ 기나무 잎으로 오이를 싼다는 것은 지극한 높은 자로서 지극히 낮은 사람까지 구함을 이른다(以至高而求至下).

上九는 姤其角이라 吝하니 无咎니라 象曰 姤其角
상 구   구 기 각   인   무 구   상 왈 구 기 각

은 上窮하여 吝也라
  상 궁   인 야

➪ 상구는 그 뿔로써 만남이라 막힘이니, 탓할 곳이 없다. 상에 말하였다. "그 뿔로써 만남은 위로 궁극하여 막히는 것이다."

☞ 사람이 서로 만남은 낮추고 굽혀야 서로 따라 화합한다(人之相遇 由降屈以相 從 乃能合也).

45. 택지췌(澤地萃)

태상(兌上) 곤하(坤下)

자연(自然)	인도(人道)	덕행(德行)
澤上於地 택 상 어 지	聚以正也 취 이 정 야	除戎器 戒不虞 제 융 기　계 불 우

　췌괘의 자연은 위에 못이 있고 아래에는 땅이 있어, 못이 땅 위에 올라가 있어 물이 모이는 형상이다. 태괘의 괘덕은 기쁨과 은택이고, 곤괘의 괘덕은 유순함과 순종함과 포용함이니, 이치를 따라서 순하게 모으므로 많이 모여 기뻐하는 것이다.

　따라서 자연을 모방하여 설정한 인도는 올바른 방법으로 모으는 것이다.

　인도를 실천하는 덕행은 무기를 손질하여 예측하지 못한 일에 경계하고 대비하여 모은 것을 헛되이 잃지 않는 것이다.

萃는 王假有廟니 利見大人하고 亨이라 利貞코 用
췌   왕 격 유 묘   이 견 대 인   형   이 정   용

大牲이 吉하니 利有攸往하나라
대 생   길   이 유 유 왕

⇨ 췌괘는 왕이 사당에 이르는 것이니, 대인을 만나봄이 이롭고 형통하는 것이
다. 정도로써 모음이 이롭고 큰 희생을 씀이 길하니, 가는 바를 둠이 이롭다.

☞ 췌괘의 교훈은 정도로써 모으는 것이며 예상하지 못한 일들을 대비해야 하는
것이다.

단사 彖辭

彖曰 萃는 聚也니 順以說하고 剛中而應이라 故로
단 왈 췌   취 야   순 이 열   강 중 이 응   고

聚也니라 王假有廟는 致孝享也요 利見大人亨은
취 야   왕 격 유 묘   치 효 향 야   이 견 대 인 형

聚以正也일새요 用大牲吉利有攸往은 順天命也니
취 이 정 야   용 대 생 길 이 유 유 왕   순 천 명 야

觀其所聚而天地萬物之情을 可見矣리라
관 기 소 취 이 천 지 만 물 지 정   가 견 의

⇨ 단에 말하였다. "췌괘는 모임이니, 순하고 기뻐하며 강이 가운데 자리에 있

고 응한다. 이 때문에 모임이 된다. 왕이 사당에 이르는 것은 효도로 제향을 지극히 함이고, 대인을 만나봄이 이롭다는 것은 바름으로써 모이기 때문이고, 큰 희생을 쓰고 가는 바를 둠이 이롭다는 것은 천명을 따르는 것이니, 모이는 것을 보면 만물의 실정을 볼 수 있는 것이다."

☞ 췌괘는 풍부한 때이니, 그 쓰임이 걸맞아야 한다.

상사 象辭

象曰 澤上於地 萃니 君子以하여 除戎器하여 戒不
상왈 택 상 어 지 췌   군 자 이   제 융 기   계 불

虞하나니라
우

⇨ 상에 말하였다. "못이 땅 위에 올라가 있는 것이 췌괘이니, 군자가 이 이치를 본받아서 병기를 손질하여 예측하지 못한 일에 대비한다."

☞ '계戒'는 대비하는 것이고 '우虞'는 헤아리는 것이다(戒者備也 虞者度也).

효사 爻辭

初六은 有孚나 不終이면 乃亂乃萃하릴새 若號하
초육   유부   부종   내 란 내 췌   약 호

면 一握爲笑하리니 勿恤하고 往하면 无咎리라 象
일 악 위 소   물 휼   왕   무 구   상

曰 乃亂乃萃는 其志亂也일새라
왈　내란내췌　　기지란야

⇨ 초육은 믿음이 있으나 끝까지 가지 못하면 혼란하게 모이기 때문에 만일
　정응을 고함쳐 부르면 한 무리들이 비웃을 것이나, 근심하지 말고 가면 허
　물이 없는 것이다. 상에 말하였다. "혼란하게 모인다는 것은 심지가 혼란하
　기 때문이다."

☞ 심지가 혼란한 것은 동류들에게 미혹되어 어지러워지기 때문이다(其心志爲同
　類所惑亂).

六二는 引하면 吉하여 无咎하리니 孚乃利用禴이리
육이　　인　길　　　무구　　　　　부내이용약

라 象曰 引吉无咎는 中하여 未變也일새라
　　상왈 인길무구　　중　　　미변야

⇨ 육이는 끌어당기면 길하여 허물이 없을 것이니, 정성을 드려 약제사를 씀이
　이로운 것이다. 상에 말하였다. "끌어당겨야 허물이 없다는 것은 중도가 있
　어서 변하지 않기 때문이다."

☞ 5효에게 믿음을 얻어야 5효와 서로 모인다(孚信于五 與五相聚矣).

六三은 萃如嗟如라 无攸利하니 往하면 无咎어니와
육삼　　췌여차여　　무유리　　　왕　　　무구

小吝하니라　象曰 往无咎는 上이 巽也일새라
소인　　　　상왈 왕무구　　상　　손야

⇨ 육삼은 모이려 하다가 (뜻을 이루지 못하여) 탄식한다. 이로운 것이 없으니, 가면 허물이 없지만 조금 후회한다. 상에 말하였다. "가서 허물이 없음은 상효가 공손하기 때문이다."

☞ 가면 허물이 없다는 것은 상효를 따르면 허물이 없을 수 있는 것이다(往從於上 可以无咎).

九四는 大吉이라야 无咎리라 象曰 大吉无咎는 位
구사   대길   무구   상왈 대길무구   위

不當也일새라
부당야

⇨ 구사는 대길하여야 허물이 없는 것이다. 상에 말하였다. "크게 길하여야 허물이 없다는 것은 자리가 마땅하지 않기 때문이다."

☞ 자리가 마땅하지 않으니, 모음을 정도로써 하지 않는 자이다(萃以不正者).

九五는 萃有位하고 无咎하나 匪孚어든 元永貞이면
구오   췌유위   무구   비부   원영정

悔亡하리라   象曰 萃有位나 志未光也일새라
회망   상왈 췌유위   지미광야

⇨ 구오는 모임에 지위가 있고 허물이 없으나, 믿지 않거든 크게 선하고 오랫동안 정도를 지키면 후회가 없을 것이다. 상에 말하였다. "모임에 지위가 있으나 뜻이 광대하지 못하기 때문이다."

☞ 음양이 서로 기뻐하여 뜻이 광대하지 못한 것이다(陰陽相悅 志未光也).

上六은 齎咨涕洟나 无咎니라 象曰 齎咨涕洟는 未
상육   재 자 체 이   무 구   상 왈 재 자 체 이   미

安上也라
안 상 야

⇨ 상육은 한탄하며 눈물 콧물을 흘리나, 허물은 없는 것이다. 상에 말하였다.
"한탄하고 눈물 콧물을 흘리는 것은 윗자리가 편안하지 못해서이다."

☞ 음유소인이 지위가 없으면서 모이기를 구하나 얻지 못하는 것이다(陰柔小人
无位 求萃不得).

46. 지풍승(地風升)

☷☴ 곤상(坤上) 손하(巽下)

자연(自然)	인도(人道)	덕행(德行)
地中生木 지 중 생 목	巽而順 손 이 순	順德 積小以高大 순 덕 적 소 이 고 대

　승괘의 자연은 위에 땅이 있고 아래에 바람(나무)이 있어, 땅속에서 나무가 자라 올라오는 것이다. 곤괘의 덕은 순하게 따름이고 손괘의 덕은 공손함과 들어감이다.

　따라서 자연을 모방하여 설정한 인도는 공손하고 이치에 따르는 것이다.

　인도를 실천하는 덕행은 명덕(이치)을 따라서 움직이는 것이니, 작은 덕을 쌓아서 높고 크게 하는 것이다.

　※ 명덕은 사람이 태어날 때 하늘에서 받은 것으로 밝은 이치이다.(明德者 人生所得於天 光明之理也)

升은 元亨하니 用見大人하되 勿恤하고 南征하면
승   원형   용견대인   물휼   남정

吉하리라
길

⇨ 승괘는 크게 형통하니 대인을 만나보되 근심하지 말고 남쪽으로 가면 길한
   것이다.

☞ 남쪽으로 나아간다는 것은 앞으로 나아감이다(南征前進也).

彖曰 柔以時升하여 巽而順하고 剛中而應이라 是
단왈 유이시승   손이순   강중이응   시

以大亨하니라 用見大人勿恤은 有慶也요 南征吉은
이대형   용견대인물휼   유경야   남정길

志行也라
지행야

⇨ 단에 말하였다. "유가 때에 따라 올라가서 공손하고 유순하고 강함과 중도
   로써 응한다. 이 때문에 크게 형통하는 것이다. 대인을 만나보되 근심하지
   말라는 것은, 경사가 있는 것이고, 남쪽으로 가면 길하다는 것은 뜻이 행해
   지는 것이다."

☞ 모여서 올라가는 것을 승괘라고 한다(聚而上者 謂之升).

象曰 地中生木이 升이니 君子以하여 順德하여 積
상왈 지중생목　　승　　　군자이　　　순덕　　적

小以高大하나니라
소이고대

⇨ 상에 말하였다. "땅속에서 나무가 자라나오는 것이 승괘이니, 군자가 이 이
　　치를 본받아서 덕을 순하게 닦아서 작은 것을 쌓아서 높고 크게 한다."

☞ 군자가 수신하여 덕업을 쌓는 것이다(順德者 修身也).

효사 爻辭

初六은 允升이니 大吉하나니라 象曰 允升大吉은 上
초육　　윤승　　　대길　　　　상왈　윤승대길　　상

合志也라
합지야

⇨ 초육은 믿고 올라감이니, 크게 길한 것이다. 상에 말하였다. "믿고 올라가
　　서 크게 길한 것은, 위와 뜻이 부합되는 것이다."

☞ 위는 2효를 이른다(上謂九二).

九二는 孚乃利用禴이니 无咎리라 象曰 九二之孚는
구이　부내이용약　　　무구　　　상왈 구이지부

有喜也라
유희야

⇨ 구이는 정성이 있어야 약제사를 씀이 이로운 것이니, 허물이 없을 것이다.
　상에 말하였다. "구이는 정성이 있으면 기쁨이 있는 것이다."

☞ 신하는 정성으로 윗사람을 섬겨야 함을 말한 것이다(臣以孚誠事上).

九三은 升虛邑이로다 象曰 升虛邑은 无所疑也라
구삼　승허읍　　　상왈　승허읍　　무소의야

⇨ 구삼은 빈 고을에 들어가는 것이다. 상에 말하였다. "빈 고을에 들어간다는
　것은 의심할 것이 없는 것이다.

☞ 나아감에 의심과 막힘이 없는 것이다(其進无疑阻也).

六四는 王用亨于岐山이면 吉하고 无咎하리라 象曰
육사　왕용향우기산　　　길　　　무구　　　상왈

王用亨于岐山은 順事也라
왕용향우기산　　순사야

⇨ 육사는 왕이 기산에서 제향을 하듯이 하면 길하고 허물이 없는 것이다. 상
　에 말하였다. "왕이 기산에서 제향을 하듯이 한다는 것은, 일을 순리대로
　한다는 것이다.

☞ 순함을 지극히 해야 함을 이른다(柔居坤 順之至也).

六五는 貞이라야 吉하여 升階로다 象曰 貞吉升階
육오   정   길   승계   상왈 정길승계

는 大得志也리라
   대득지야

⇨ 육오는 정고하게 지켜야 길하여 계단을 오르는 것처럼 쉬울 것이다. 상에
   말하였다. "정고하게 지키면 길하고 계단을 오르는 것처럼 쉽다는 것은, 크
   게 뜻을 얻는 것이다."

☞ 반드시 정고하게 지켜야 길함을 얻을 수 있다(必能正固則可以得吉).

上六은 冥升이니 利于不息之貞하니라 象曰 冥升在
상육   명승   이우불식지정   상왈 명승재

上하니 消不富也로다
상   소불부야

⇨ 상육은 어두운 곳으로 올라감이니, 그치지 않고 정도를 지켜야 이롭다. 상
   에 말하였다. "어두운 곳으로 올라가는 것은 위에 있기 때문이니, 사라져
   부자가 되지 않는 것이다."

☞ 나아갈 줄만 알고 그침을 모르는 자이다(知進而不知止者也).

47. 택수곤(澤水困)

≣ 태상(兌上) 감하(坎下)

자연(自然)	인도(人道)	덕행(德行)
澤无水 택 무 수	困而不失其所亨 곤 이 불 실 기 소 형	致命遂志 치 명 수 지

곤괘의 자연은 위에는 못이 있고 아래에는 물이 있어, 못의 물이 아래로 빠져나가 못에는 물이 없는 형상이며, 태괘의 괘상과 감괘의 괘상을 보면, 모두 양이 음에게 가려져서 형통하지 못하여 곤란한 상황이다.

따라서 자연을 모방하여 설정한 인도는 곤란한 상황에서도 그 형통하는 방법을 잃지 않는 것이다.

인도를 실천하는 덕행은 하늘에서 받은 소명을 다하여 뜻을 이루는 것이다. 하늘에서 받은 소명은 저마다 타고난 소질이다.

困은 亨하고 貞하니 大人이라 吉하고 无咎하니 有
곤   형   정   대인   길   무구   유

言이라도 不信하리라
언   불신

⇨ 곤괘는 형통하고 정도를 굳게 지켜야 하니, 대인이기 때문에 길하고 허물이
　 없는 것이다. (그러나) 말을 하더라도 믿지 않는다.

☞ 군자가 소인에게 가려져서 곤궁한 한 때이다(君子爲小人所揜蔽 窮困之時也).

彖曰 困은 剛揜也니 險以說하여 困而不失其所亨
단왈 곤   강엄야   험이열   곤이불실기소형

하니 其唯君子乎인저 貞大人吉은 以剛中也요 有
     기유군자호   정대인길   이강중야   유

言不信은 尙口乃窮也라
언불신   상구내궁야

⇨ 단에 말하였다. "곤괘는 강이 가려진 것이니, 험하나 기뻐하여 곤궁하여도
　 형통하는 도리를 잃지 않으니, 오직 군자만이 가한 것이다. 정도를 굳게 지
　 키는 대인이라야 길한 것은 강건함과 중도로써 하기 때문이고, '말을 하여
　 도 믿지 않는다'는 것은 구술을 숭상함이 궁하기 때문이다."

☞ 험하나 기뻐하는 것은, 군자가 천운을 즐거워하고 천명을 편안히 여기는 것이다(樂天安命).

상사 象辭

象曰 澤无水困이니 君子以하여 致命遂志하나니라
상왈　택무수곤　　　군자이　　　치명수지

⇨ 상에 말하였다. "못에 물이 없는 것이 곤괘이니, 군자가 이 이치를 본받아서 천명을 다하여 뜻을 이룬다."

☞ 험한 데 처하였으나 기뻐하는 것은 몸은 피곤하나 도는 형통하는 것이다(處險而說 是身雖困而道則亨也).

효사 爻辭

初六은 臀困于株木이라 入于幽谷하여 三歲라도 不
초육　　둔곤우주목　　　입우유곡　　　삼세　　　　부

覿이로다 象曰 入于幽谷은 幽不明也라
적　　　　상왈 입우유곡　유불명야

⇨ 초육은 볼기가 나무그루터기에 걸려서 곤궁한 것이라. 어두운 골짜기로 들어가서 3년이 지나도 만나보지 못하는 것이다. 상에 말하였다. "어두운 골짜기로 들어감은 어두워 밝지 못한 것이다."

☞ 끝까지 곤궁한 자이다(終困者也).

九二는 困于酒食이나 朱紱이 方來하리니 利用亨
구이　　　곤우주식　　　주불　　　방래　　　　　이용향

祀니 征이면 凶하나 无咎니라　象曰 困于酒食은
사　정이면　흉하나　무구　　　상왈　곤우주식

中이라 有慶也리라
중　　　유경야

⇨ 구이는 먹고 사는 데에 곤란하나 주불이 바야흐로 올 것이니, 제사를 지냄
　이 이롭고 나아가면 흉하나 허물이 없다. 상에 말하였다. "먹고 사는 데에
　곤란하나 주불이 오는 것은 중도로 하여 경사가 있는 것이다."

☞ 술과 음식에 곤궁하다는 것은 남에게 은혜를 베풀지 못하는 것이요, 주불은
　왕이 하사하는 의복이다(未能施惠於人, 朱黻王者之服也).

六三은 困于石하며 據于蒺藜라 入于其宮이라도
육삼　　　곤우석하며　거우질려　　입우기궁

不見其妻니 凶토다　象曰 據于蒺藜는 乘剛也일새
불견기처　흉토다　상왈　거우질려　　승강야

요 入于其宮不見其妻는 不祥也라
　　입우기궁불견기처　　불상야

⇨ 육삼은 돌에 곤란을 당하며 질려나무에 앉아 있다. 집에 들어가도 아내를
　만나보지 못하니 흉한 것이다. 상에 말하였다. "질려나무에 앉아 있다는 것
　은 강함을 탔기 때문이고, 집에 들어가도 아내를 만나보지 못함은 상서롭
　지 못한 것이다."

☞ 아내는 편안하게 하는 주체이니, 편안한 곳을 잃음을 이른다(妻所安之主也 失
　其所安者).

九四는 來徐徐는 困于金車일새니 吝하나 有終이
구사   내서서   곤우금거   인   유종

리라 象曰 來徐徐는 志在下也니 雖不當位나 有與
     상왈 내서서   지재하야   수부당위   유여

也니라
야

➡ 구사는 오기를 느리게 함은 쇠수레에 곤란을 당하기 때문이니, 막히나 마침
  은 있는 것이다. 상에 말하였다. "오기를 느리게 함은 뜻이 아래에 있어서
  이니, 비록 자리가 마땅하지 않으나 함께할 자가 있는 것이다."

☞ 쇠수레는 2효를 이르고 함께할 자는 초효이다(金車指九二).

九五는 劓刖이니 困于赤紱하나 乃徐有說하리니
구오   의월   곤우적불   내서유열

利用祭祀니라 象曰 劓刖은 志未得也요 乃徐有說
이용제사   상왈 의월   지미득야   내서유열

은 以中直也요 利用祭祀는 受福也리라
   이중직야   이용제사   수복야

➡ 구오는 코가 베이고 발이 베임이니, 적불에 곤란을 당하나 천천히 기쁨이
  있을 것이니, 제사를 지냄이 이롭다. 상에 말하였다. "코 베이고 발 베임은
  뜻을 얻지 못하는 것이고, 천천히 기쁨이 있음은 중도가 있고 정직하기 때
  문이고, 제사를 씀이 이로움은 복을 받는 것이다."

☞ 코 베이고 발 베임은 상하의 음에게 가려진 것이고, 적불에 곤란을 당함은 신
  하를 얻기 어려움을 이른다(上下皆揜於陰, 赤紱臣下之服).

上六은 困于葛藟와 于臲卼이니 曰動悔라하여 有
상육　　　곤우갈류　　우얼올　　　　왈동회　　　유

悔면 征하여 吉하리라 象曰 困于葛藟는 未當也요
회　　정　　　길　　　상왈 곤우갈류　　미당야

動悔有悔는 吉行也라
동회유회　　길행야

⇨ 상육은 칡덩굴과 위태로운 곳에서 곤란을 당함이니, 움직일 때마다 (잘못하면)후회가 있을 것이라 생각하여 뉘우치는 마음을 두면 감에 길한 것이다. 상에 말하였다. "칡덩굴에 곤란함을 당한다는 것은 자리가 마땅하지 않기 때문이고, 움직일 때마다 잘못하면 후회가 있게 될 것이라고 생각해야 하는 것은, 길함으로 가는 것이다."

☞ 갈류는 묶는 물건이고, 얼올은 위태롭게 움직이는 모양이다

(葛藟纏束之物, 臲卼危動之狀).

48. 수풍정(水風井)

☵ 감상(坎上) 손하(巽下)

자연(自然)	인도(人道)	덕행(德行)
木上有水 목 상 유 수	往來井井 왕 래 정 정	勞民勸相 노 민 권 상

　정괘의 자연은 위에는 물이 있고 아래에는 나무가 있어, 나무로 만든 두레박을 물속에 넣어 물을 퍼서 올리는 형상이다. 감괘의 덕은 물이 계속 흘러나오는 것이며 손괘의 덕은 들어감이니, 우물에 두레박을 넣어서 계속 퍼서 올려도 줄어들지 않는 것이다.

　따라서 자연을 모방하여 설정한 인도는 오고 가는 사람이 모두 그 우물을 자기의 우물로 쓰는 것이다.

　인도를 실천하는 덕행은 물이 만물을 길러내듯이 백성을 위로하고 서로 돕게 권하는 것이다.

井은 改邑하되 不改井이니 无喪无得하며 往來井井
정　개읍　　　불개정　　　무상무득　　　왕래정정

하나니 汔至亦未繘井에 羸其瓶이면 凶하니라
　　　흘지역미율정에　　이기병　　　흉

⇨ 정괘는 고을은 바꾸어도 우물은 바꿀 수 없으니, 잃는 것도 없고 얻는 것도
　 없으며, 오고 가는 사람이 그 우물을 우물로 쓰는 것이니, (두레박이 물에)
　 거의 이르렀더라도 우물의 속에 있는 두레박 끈을 끝까지 끌어올리지 않았
　 는데, 그 두레박을 깨뜨리면 흉하다.

☞ 항상함과 두루함은 우물의 도이다(常也周也　井之道也).

彖曰 巽乎水而上水井이니 井은 養而不窮也하니라
단왈　손호수이상수정　　　정　　양이불궁야

改邑不改井은 乃以剛中也요 汔至亦未繘井은 未有
개읍불개정　　내이강중야　　흘지역미율정　　미유

功也요 羸其瓶이라 是以凶也라
공야　　이기병　　　이시흉야

⇨ 단에 말하였다. "물속에 넣어서 물을 퍼 올리는 것이 정괘이니, 우물은 길
　 러주되 다하지 않는다. 고을은 바꾸어도 우물은 바꿀 수 없음은 강이 중위

에 있기 때문이고, 거의 이르렀더라도 우물 속에 있는 두레박줄을 아직 다
끌어올리지 않았다는 것은, 공이 없는 것이고, 두레박을 깨뜨리는 것은 흉
한 것이다."

☞ 군자의 도는 이룸을 귀하게 여긴다(君子之道 貴乎有成).

상사 象辭

象曰 木上有水井이니 君子以하여 勞民勸相하나니라
상 왈   목 상 유 수 정   군 자 이   노 민 권 상

▷ 상에 말하였다. "나무 위에 물이 있는 것이 정괘이니, 군자가 이 이치를 본
   받아서 백성을 위로하여 서로 돕는 것을 권면한다."

☞ 백성들을 위로하는 것은 손괘의 상이고, 서로 돕도록 권면하는 것은 감괘의
   상이다(勞民者巽風之象 勸相者坎水之象).

효사 爻辭

初六은 井泥不食이라 舊井에 无禽이로다 象曰 井
초육   정 니 불 식   구 정   무 금   상 왈 정

泥不食은 下也일새요 舊井无禽은 時舍也라
니 불 식   하 야   구 정 무 금   시 사 야

▷ 초육은 우물에 진흙이 있어서 먹지 못한다. 오래된 우물에는 날짐승이 없도

다. 상에 말하였다. "우물에 진흙이 있어서 먹지 못함은 아래에 있기 때문이고, 옛 우물에 날짐승이 없음은 때에 버려진 것이다."

☞ 우물의 물은 양강을 맑은 물로 삼는다(井以陽剛爲泉).

九二는 井谷이라 射鮒요 甕敝漏로다 象曰 井谷射
구이　　정곡　　사부　　옹폐루　　　　상왈　정곡사

鮒는 无與也일새라
부　　무여야

⇨ 구이는 우물이 골짜기에 있어서 붕어에게 쏟아지고, 두레박이 깨져서 새는 것과 같다. 상에 말하였다. "우물이 골짜기에 있어서 붕어에게 쏟아져 내린다는 것은 함께하는 이가 없기 때문이다."

☞ 우물은 위로 나오는 것을 공으로 삼는다(井以上出爲功.)

九三은 井渫不食하여 爲我心惻이로다 可用汲이니
구삼　　정설불식　　　위아심측　　　　　가용급

王明하면 並受其福하리라 象曰 井渫不食은 行을
왕명　　　병수기복　　　　상왈　정설불식　　행

惻也요 求王明은 受福也라
측야　　구왕명　　수복야

⇨ 구삼은 우물을 쳐서 깨끗한데도 먹어주지 않아서 내 마음이 슬프도다. 물을 길어 쓸 수 있으니, 왕이 현명하면 함께 그 복을 받을 것이다. 상에 말하였다. "우물을 쳐서 깨끗한데도 먹지 않음은 그냥 흘러감을 서글퍼함이요, 왕의 현명함을 구함은 복을 받기 위해서이다."

☞ 사람에게 재능과 지혜가 있는데 쓰임을 받지 못하는 것이다(人有才知而不見用).

六四는 井甃면 无咎리라　象曰 井甃无咎는 修井也
육사　　정추　　무구　　　　상왈 정추무구　　수정야

일새라

⇨ 육사는 우물에 벽돌을 쌓으면 허물이 없을 것이다. 상에 말하였다. "우물에 벽돌을 쌓으면 허물이 없다는 것은 우물을 수리하기 때문이다."

☞ 우물에 벽돌을 쌓는다는 비유는, 자신은 다스릴 수는 있으나 남에게 미치는 공이 없음을 이른다(无及物之功).

九五는 井冽寒泉食이로다　象曰 寒泉之食은 中正
구오　　정렬한천식　　　　　상왈 한천지식　　중정

也일새라
야

⇨ 구오는 우물에서 맑고 시원한 샘물을 먹는 것이다. 상에 말하였다. "시원한 샘물을 먹는 것은 중정하기 때문이다."

☞ 맑고 깨끗한 물을 사람에 비유하면 재능과 덕이 지극히 선하고 지극히 훌륭함을 이른다(其才其德이 盡善盡美).

上六은 井收勿幕하니 有孚라 元吉이니라　象曰 元
상육　　정수물막　　　유부　　원길　　　　상왈 원

吉在上이 大成也라
길재상　　대성야

⇨ 상육은 우물을 기르고 덮지 않으니, 성실함이 있는 것이라 크게 길하다. 상에 말하였다. "크게 길함으로 위에 있음은 크게 성공하는 것이다."

☞ 정괘는 위로 올라오는 것을 성공으로 여긴다(井以上爲成功).

49. 택화혁(澤火革)

☰ 태상(兌上) 이하(離下)

자연(自然)	인도(人道)	덕행(德行)
澤中有火 택 중 유 화	文明以說 大亨以正 문 명 이 열 대 형 이 정	治歷明時 치 력 명 시

　혁괘의 자연은 위에는 못이고 아래에는 불이 있어, 물속에 불이 있는 형상이다. 물이 성하면 불이 꺼지고 불이 성하면 물이 말라서 변혁하는 것이며, 태괘의 덕은 기쁨과 윤택함이고 이괘의 덕은 문명함과 붙음과 온화함이다.

　따라서 자연을 모방하여 설정한 인도는, 기뻐함으로 문명함에 붙어 있고, 정도로써 새롭게 변화시켜 크게 형통하는 것이다.

　인도를 실천하는 덕행은 해와 달이 가는 것(변화)을 익혀서 절기에 현명하게 대처하는 것이다.

革은 己日이라야 乃孚하리니 元亨하고 利貞하여
혁　　기일　　　　　내부　　　　원형　　　이정

悔亡하니라
회망

➪ 혁괘는 기일에 해야 믿을 것이니, 크게 형통하게 하고 정도를 지키면 이로
워 후회가 없는 것이다.

☞ 십간을 오행으로 묶으면 갑을은 목에 속하고, 병정은 화, 무기는 토, 경신은
금, 임계는 수에 속한다. 여기에서 토인 무(戊)와 기(己)는 변화와 중정과 평형
을 주관한다. 기일은 변혁하기에 가장 알맞은 때이다(變最貴時運).

단사 彖辭

象曰 革은 水火相息하며 二女同居하되 其志不相
단왈　혁　　수화상식　　　이녀동거　　　기지불상

得이 曰革이라 己日乃孚는 革而信之라 文明以說
득　　왈혁　　　기일내부　　혁이신지　　문명이열

하여 大亨以正하니 革而當할새 其悔乃亡하니라
　　　대형이정　　　혁이당　　　기회내망

天地革而四時成하며 湯武革命하여 順乎天而應乎
천지혁이사시성　　　탕무혁명　　　순호천이응호

人하니 革之時大矣哉라
인   혁 지 시 대 의 재

⇨ 단에 말하였다. "혁괘는 물과 불이 서로 멸식하며 두 여자가 한곳에 같이 살되, 그 뜻이 서로 맞지 않아서 바꾸는 것이다. 기일이 되어야 믿음은 개혁하여 믿게 하는 것이다. 문명하고 기뻐하여 크게 형통하고 바르니, 개혁하여 마땅하기에 후회가 없어진 것이다. 천지가 변혁하여 사계절이 이루어지며, 탕왕과 무왕이 혁명하여 하늘의 이치에 따르고 인심에 부응하였으니, 혁의 때가 크도다."

☞ 문명하면 이치가 다하지 않음이 없고, 기뻐하면 인심이 순하게 화합한다(革所以致其通也).

상사 象辭

象曰 澤中有火革이니 君子以하여 治曆明時하나니라
상 왈 택 중 유 화 혁   군 자 이   치 력 명 시

⇨ 상에 말하였다. "못 가운데 불이 있는 것이 혁괘이니, 군자가 이 이치를 본받아서 역수를 다스려 때를 밝힌다."

☞ 역수曆數는 해와 달과 별과 별자리가 움직이는 도수이다(星辰者天之期也).

初九는 鞏用黃牛之革이니라 象曰 鞏用黃牛는 不
초구   공용황우지혁   상왈 공용황우   불

可以有爲也일새라
가 이 유 위 야

⇨ 초구는 누런 소가죽으로 묶어야 하는 것이다. 상에 말하였다. "누런 소가죽
   으로 묶어야 하는 것은, 변혁할 수 없기 때문이다."

☞ 변혁은 때에 따라 지위가 있는 자가 신중하게 해야 한다.

六二는 己日이어야 乃革之니 征이면 吉하여 无咎
육이   기일   내혁지   정   길   무구

하리라 象曰 己日革之는 行有嘉也라
         상 왈 기 일 혁 지   행 유 가 야

⇨ 육이는 기일이 되어야 변혁할 수 있으니, 나아가면 길하여 허물이 없는 것
   이다. 상에 말하였다. "기일이 되어서 변혁해야 하는 것은 행함에 아름다움
   이 있는 것이다."

☞ 오행에서 동방의 목은 양기가 생성·발전되는 때이고, 서방의 금은 음기가
   생성·발전하는 때이며, 중앙의 토는 변화와 평형작용을 주관한다.(戊己土).

九三은 征이면 凶하니 貞厲할지니 革言이 三就면
구삼   정   흉   정 려   혁언   삼취

有孚리라 象曰 革言三就어니 又何之矣리오
유부   상왈 혁언삼취   우 하 지 의

⇨ 구삼은 나아가면 흉하니, 정도를 지키고 위태롭게 여겨야 하니, 변혁하여야 한다는 말을 세 번 하고 나아가면 믿을 것이다. 상에 말하였다. "변혁하여야 한다는 말을 세 번 하고 나아가야 하니, 또 어디로 가겠는가?"

☞ 지나치게 강하고 중도가 없으면서 조급하게 동하는 자이다(過剛不中 躁動之者也).

九四는 悔亡하니 有孚면 改命하여 吉하리라 象曰
구 사   회 망   유 부   개 명   길   상 왈

改命之吉은 信志也일새라
개 명 지 길   신 지 야

⇨ 구사는 후회가 없어질 것이니, 정성이 있으면 명을 바꿈에 길한 것이다. 상에 말하였다. "명을 바꿈에 길함은 상하가 그 뜻을 믿어주기 때문이다."

☞ 변혁하는 도는 상하의 믿음을 근본으로 여긴다(革之道 以上下之信爲本).

九五는 大人이 虎變이니 未占에 有孚니라 象曰 大
구 오   대 인   호 변   미 점   유 부   상 왈 대

人虎變은 其文이 炳也라
인 호 변   기 문   병 야

⇨ 구오는 대인이 호랑이가 변하듯 함이니, 점치지 않고도 믿음이 있다. 상에 말하였다. "대인이 호랑이처럼 변혁함은 그 문채가 빛나는 것이다."

☞ 용과 호랑이는 대인의 상이요, 대인이 호랑이가 변하듯 한다는 것은 자신을 새롭게 하고, 백성을 새롭게 함을 이른다(龍虎大人之象也, 謂自新新民).

上六은 君子는 豹變이요 小人은 革面이니 征이면
　　상육　　군자　　표변　　　소인　　혁면　　　정

凶하고 居貞이면 吉하리라 象曰 君子豹變은 其文
　　흉　　　거정　　　길　　　상왈　군자표변　　기문

이 蔚也요 小人革面은 順以從君也라
　　울야　　소인혁면　　순이종군야

⇨ 상육은 군자는 표범이 변하듯 하고 소인은 얼굴만 변하니, 나아가면 흉하고
　정도에 거하면 길한 것이다. 상에 말하였다. "군자가 표범처럼 변혁함은 그
　문채가 성한 것이고, 소인이 얼굴을 고침은 순하게 하여 군주를 따르는 것
　이다."

☞ 소인이 얼굴을 고친다는 것은, 비록 마음은 교화되지 못하나 또한 윗사람의
　명령과 가르침을 따름을 이른다(小人雖未能心化 亦以從上之敎令也).

50. 화풍정(火風鼎)

䷱ 이상(離上) 손하(巽下)

자연(自然)	인도(人道)	덕행(德行)
木上有火 목 상 유 화	烹飪而享上帝以養聖賢 팽 임 이 향 상 제 이 양 성 현	正位凝命 정 위 응 명

　정괘의 자연은 위에는 불이 있고 아래에는 나무가 있어, 나무 위로 불이 타는 형상이다. 나무를 불어 넣어 음식을 하는 뜻이 되고, 두 괘의 상으로 보면 위에는 덮개가 있고 가운데는 내용물이 있고 아래에는 발이 있어 솥의 형상이 된다.

　따라서 자연을 모방하여 설정한 인도는 음식을 만들어서 상제에게 배향하고 훌륭한 사람을 기르는 것이다.

　인도를 실천하는 덕행은 자신의 분수에 알맞게 천명(소명)에 부합하게 행동하는 것이다.

鼎은 元亨하니라
정　　　원형

⇨ 정괘는 크게 형통하는 것이다.

☞ 정은 물건을 삶고 익히는 기물이다. 괘상에서, 초효의 음은 발이 되고 2효·
3효·4효의 양은 배가 되며, 5효의 음은 귀가 되고, 상효의 양은 솥귀의 고리
가 되니, 정괘는 솥을 상징한다(鼎,烹飪之器, 下陰爲足, 二三四陽爲腹, 五陰爲
耳, 上陽爲鉉, 爲鼎之象).

象曰 鼎은 象也니 以木巽火는 亨飪也니 聖人이 亨
단왈 정　　상야　　이목손화　　팽임야　　성인　　팽

하여 以享上帝하고 以大亨하여 以養聖賢하니라
　　이향상제　　　이대팽　　　이양성현

巽而耳目聰明하며 柔進而上行하고 得中而應乎剛
손이이목총명　　　유진이상행　　　득중이응호강

이라 是以元亨하니라
　　시이원형

⇨ 단에 말하였다. "정은 (솥의)형상이니, 나무가 불에 들어가는 것은 음식을
하는 것이니, 성인이 음식을 마련하여 상제에게 제향하고, 크게 팽임하여

성인과 어진 사람을 기른다. 공손하고 이목이 총명하며, 음유가 나아가 위로 가고 중도를 얻었으며 양강에게 응한다. 이 때문에 크게 형통하는 것이다."

☞ 손괘는 이치에 순함이 되고, 이괘는 이목이 총명한 상이 된다(巽爲順於理, 離爲耳目聰明之象).

상사 象辭

象曰 木上有火鼎이니 君子以하여 正位하여 凝命하
상왈　목상유화정　　　군자이　　　정위　　　응명

나니라

⇨ 상에 말하였다. "나무 위에 불이 있는 것이 정괘이니, 군자가 이 이치를 본받아서 지위에 정당하게 하여 천명에 부합하게 한다."

☞ 정鼎이라는 이름은 바르다는 뜻이니, 그 거한 바의 자리가 바름을 이른다(鼎之名正也　謂正其所居之位).

효사 爻辭

初六은 鼎이 顚趾나 利出否하니 得妾以其子면 无
초육　정　전지　이출비　　　득첩이기자　　　무

咎리라 象曰 鼎顚趾나 未悖也요 利出否는 以從貴
구　　　상왈　정전지　미패야　　이출비　　이종귀

也라
야

⇨ 초육은 솥의 발이 뒤집혀 졌으나 찌꺼기를 꺼내기엔 이로우니, 첩을 얻어서 그 자식을 낳으면 허물이 없는 것이다. 상에 말하였다. "솥의 발이 뒤집혀 졌으나 이치를 거스르는 것이 아니니, 찌꺼기를 꺼내기에 이로움은 귀함을 따르는 것이다."

☞ 첩을 얻음은 보필할 훌륭한 사람을 얻음을 이르고, 귀한 이를 따른다는 것은 4효와 응함을 이른다(得妾謂得其人也, 從貴謂應四).

九二는 鼎有實이나 我仇有疾하니 不我能卽이면
구이 정유실 아구유질 불아능즉

吉하리라 象曰 鼎有實이나 愼所之也니 我仇有疾
길 상왈 정유실 신소지야 아구유질

은 終无尤也리라
종무우야

⇨ 구이는 솥에 음식물이 있으나 나의 원수에게 병통이 있으니, 나에게 다가오지 못하게 하면 길한 것이다. 상에 말하였다. "솥에 담겨진 음식물이 있으나 갈 곳을 삼가야 하니, 나의 원수에게 병통이 있다는 것은 끝내 허물이 없는 것이다."

☞ 나의 원수는 초효를 이르고, 갈 곳을 삼가야 하는 것은 5효와 응해야 함을 이른다.

九三은 鼎耳革하여 其行이 塞하여 雉膏를 不食하
구삼 정이혁 기행 색 치고 불식

나 方雨하여 虧悔終吉이리라 象曰 鼎耳革은 失其
방우 휴회종길 상왈 정이혁 실기

義也일새라
의 야

⇨ 구삼은 솥의 귀가 변혁하여 그 나아감이 막혀서 꿩의 고기를 먹지 못하나, 바야흐로 비가 내려서 뉘우침이 없어져 종국에는 길한 것이다. 상에 말하였다. "솥의 귀가 변함은 그 의를 잃었기 때문이다."

☞ 꿩의 고기를 먹지 못한다는 것은, 5효의 복록과 지위를 얻지 못함이고, 바야흐로 비가 온다는 것은 5효와 3효가 화합함을 이른다.

九四는 鼎이 折足하여 覆公餗하니 其形이 渥이라
구사 정 절족 복공속 기형 악

凶토다 象曰 覆公餗하니 信如何也오
흉 상왈 복공속 신여하야

⇨ 구사는 솥의 발이 부러져서 임금에게 바칠 음식을 엎었으니, 그 형벌이 무거우니 흉하도다. 상에 말하였다. "임금에게 바칠 음식을 엎었으니, 믿음이 어떠하겠는가."

☞ 솥의 발이 부러졌다는 것은, 4효는 위에 있어서 막중한 임무를 맡은 자인데 아래에 있는 초효와 응하여 임무를 감당하지 못함을 이른다(蔽於所私言不勝其任也).

六五는 鼎黃耳金鉉이니 利貞하니라 象曰 鼎黃耳는
육오 정황이금현 이정 상왈 정황이

中以爲實也라
중 이 위 실 야

⇨ 육오는 솥의 황색 귀에 쇠로 만든 솥귀의 고리니, 굳게 지킴이 이롭다. 상
   에 말하였다. "솥의 귀가 누렇다고 한 것은 중덕을 진실함으로 여기는 것
   이다."

☞ 솥귀의 고리는 솥의 바깥에 있으니, 6효를 가리킨다.

上九는 鼎玉鉉이니 大吉하여 无不利니라 象曰 玉
상 구   정 옥 현   대 길   무 불 리   상 왈 옥

鉉在上은 剛柔節也일새라
현 재 상   강 유 절 야

⇨ 상구는 솥에 옥으로 만든 솥귀의 고리이니, 크게 길하여 이롭지 않음이 없
   다. 상에 말하였다. "옥으로 만든 솥귀의 고리가 위에 있다는 것은 강유가
   절도에 알맞기 때문이다."

☞ 정괘는 위로 나오는 것을 쓰임으로 삼으니, 상효는 정괘의 공이 이루어진 것
   이며, 또한 상효는 양으로서 음의 자리에 있어서 강하면서 능히 온유한 것이
   다. 그래서 강유가 절도에 알맞다고 하였다(鼎 以上出爲用 處終鼎功之成也).

51. 중뢰진(重雷震)

䷲　진상(震上)　진하(震下)

자연(自然)	인도(人道)	덕행(德行)
洊雷 천 뢰	恐致福也 공 치 복 야	恐懼修省 공 구 수 성

　진괘의 자연은 위에 우레가 있고 아래에도 우레가 있어, 우레가 거듭거듭 진동하는 것이다. 진괘의 괘덕은 큰 소리를 내며 빠르게 진동함과 위엄과 진작시킴이 된다.

　따라서 자연을 모방하여 설정한 인도는 심한 진동이 거듭 있게 되면 재앙이 이를까 두려워하여 삼가고 삼가서 복을 받는 것이다.

　인도를 실천하는 덕행은 두려워하고 두려워하면서 수신하고 반성하여 자신을 돌아보는 것이다.

震은 亨하니 震來에 虩虩이면 笑言이 啞啞이리니
진 형 진래 혁혁 소언 액액

震驚百里에 不喪匕鬯하나니라
진 경 백 리 불 상 비 창

⇨ 진괘는 형통하니, 천둥이 칠 때에 두려워하고 두려워하면, 웃고 말함이 적
당할 것이니, 진동이 백리에 있는 사람을 놀라게 하더라도 숟가락과 울창
주를 잃지 않아야 한다.

☞ 액액은 웃고 말하는 것이 이치에 알맞은 모양이다(啞啞言笑和適之貌). 진괘의
교훈은 자신을 수신하고 반성하여 도로 나아가는 것이다.

彖曰 震은 亨하니 震來虩虩은 恐致福也요 笑言啞
단왈 진 형 진래혁혁 공치복야 소언액

啞은 後有則也라 震驚百里는 驚遠而懼邇也요 不
액 후유칙야 진경백리 경원이구이야 불

喪匕鬯은 出可以守宗廟社稷하여 以爲祭主也리라
상 비 창 출 가 이 수 종 묘 사 직 이 위 제 주 야

⇨ 단에 말하였다. "진괘는 형통하니, 천둥이 칠 때에 (자신을) 돌아보고 돌아보는
것은 두려워함으로써 복을 이루는 것이고, 웃고 말함이 순하고 마땅함은 두려

위한 뒤에야 법칙이 있게 되는 것이다. 진동이 백리까지 미친다는 것은, 멀리 있는 자를 놀라게 하고 가까이 있는 자를 두렵게 함이요, 숟가락과 울창주를 잃지 않는다는 것은 (진동이) 지나가면 종묘와 사직을 지켜서 제사의 주인이 되는 것이다."

☞ 숟가락과 울창주를 잃지 않는다는 것은, 정성과 공경이 지극하면 어떤 위엄과 두려움도 자신의 뜻을 잃게 하지 못함을 이른다.

상사 象辭

象曰 洊雷震이니 君子以하여 恐懼修省하나니라
상왈 천뢰진   군자이   공구수성

⇨ 상에 말하였다. "우레가 거듭된 것이 진괘이니, 군자가 이 이치를 본받아서 두려워하여 수신하고 반성하는 것이다."

☞ 군자는 하늘의 위엄을 두려워하여 자신을 돌아봄을 이른다.

효사 爻辭

初九는 震來虩虩이라야 後에 笑言啞啞이리니 吉
초구   진래혁혁   후   소언액액   길

하니라 象曰 震來虩虩은 恐致福也요 笑言啞啞은
      상왈 진래혁혁   공치복야   소언액액

後有則也라
후 유 칙 야

➪ 초구는 천둥이 칠 때에 두려워하고 두려워해야 그 뒤에 웃고 말함이 적당하
게 될 것이니, 길한 것이다. 상에 말하였다. "천둥이 칠 때에 돌아보고 돌아
보는 것은 두려워하여 복을 이루는 것이고, 웃고 말함이 절도에 맞는다는
것은 두려워한 뒤에 (자신의 행동에) 법칙이 있는 것이다."

☞ 초효는 진괘의 주체가 되었으니, 진동을 이루게 한 자이다.

六二는 震來厲라 億喪貝하여 躋于九陵이니 勿逐하
육 이 진 래 려 억 상 패 제 우 구 릉 물 축

면 七日得하리라 象曰 震來厲는 乘剛也일새라
칠 일 득 상 왈 진 래 려 승 강 야

➪ 육이는 천둥치는 것이 맹렬하다. 재물을 잃을 것을 예측하여 높은 언덕에
오르니, 쫓아가지 않으면 7일에 얻을 것이다. 상에 말하였다. "천둥치는 것
이 맹렬한 것은 강을 탔기 때문이다."

☞ 멀리 피하고 자신을 지키는 것은, 진괘에 대처하는 훌륭한 방법이다(避遠自守
는 處震之大方也).

六三은 震蘇蘇니 震行하면 无省하리라 象曰 震蘇
육 삼 진 소 소 진 행 무 생 상 왈 진 소

蘇는 位不當也일새라
소 위 부 당 야

➪ 육삼은 천둥소리에 놀라 정신을 잃었다가 깨어남이니, 우레가 지나가면 재

앙이 없을 것이다. 상에 말하였다. "천둥소리에 놀라 깨어난다는 것은 자리가 마땅하지 않기 때문이다."

☞ 3효는 음으로서 양의 지리에 거하여 바르지 않으니, 점치는 자가 만일 두려움으로 인하여 능히 가서 바르지 않는 곳을 떠나면 허물이 없는 것이다.

九四는 震이 遂泥라　象曰 震遂泥는 未光也로다
구 사　　진　　수 니　　상 왈 진 수 니　　미 광 야

➪ 구사는 우레가 마침내 (진창에)빠져 있다. 상에 말하였다. "우레가 마침내 진창에 빠졌다는 것은 광대하지 못한 것이다."

☞ 우레가 진창에 빠졌다는 것은, 상하의 거듭된 음의 사이에 빠져있어서 스스로 분발하여 일어나지 못하는 자이다.

六五는 震이 往來하여 厲하나 億无喪有事니라　象曰
육 오　　진　　왕 래　　려　　억 무 상 유 사　　상 왈

震往來厲는 危行也요 其事在中하니 大无喪也니라
진 왕 래 려　　위 행 야　　기 사 재 중　　대 무 상 야

➪ 육오는 천둥이 쳐서 오고 감이 위태로우나, 잘 생각하여 일삼고 있는 것이 있어도 잃지 않는다. 상에 말하였다. "천둥이 칠 때에 오고 감이 위태롭다는 것은 가면 위태로운 것이고, 그 일삼고 있다는 것은 중도에 있는 것이니, 크게 잃음이 없는 것이다."

☞ 오고 감이 위태로운 까닭은, 양강이 아닌데 도와주는 이가 없기 때문이다.

上六은 震이 索索하여 視矍矍이니 征이면 凶하니
상육　　진　　색색　　　시확확　　　정　　　　흉

震不于其躬이요 于其隣이면 无咎리니 婚媾는 有
진불우기궁　　　우기린　　　무구　　　혼구　　유

言이리라 象曰 震索索은 中未得也일새요 雖凶无
언　　　　상왈 진색색　　중미득야일새요　　수흉무

咎는 畏隣戒也일새라
구　　외린계야

⇨ 상육은 천둥이 침에 두리번두리번하여 보는 눈이 휘둥그레지니, 나아가면
흉하다. 벼락이 자기 몸에 떨어지지 않고 그 이웃에 떨어져서 허물이 없는
것이니, 혼구는 원망하는 말이 있다. 상에 말하였다. "천둥이 침에 두리번
두리번하는 것은 중도를 얻지 못했기 때문이고, 비록 흉하나 허물이 없다
는 것은, 이웃의 경계함을 두려워하기 때문이다."

☞ 혼구는 가까운 사람을 이르고, 이웃의 경계를 보고 두려워함은 재앙이 이르기
전에 미리 수양하고 반성하여 흉함을 피하는 것이다.

52. 중산간(重山艮)

☶☶ 간상(艮上) 간하(艮下)

자연(自然)	인도(人道)			덕행(德行)
兼山艮 겸 산 간	時止則止 시 시 즉 지	時行則行 시 행 즉 행	止其所也 지 기 소 야	思不出其位 사 불 출 기 위

　간괘의 자연은 위에 산이 있고 아래에도 산이 있어, 첩첩 산이 겹쳐진 형상이며, 간괘의 괘덕은 그침과 독실함과 진중함이다.

　따라서 자연을 모방하여 설정한 인도는 때가 그쳐야 하면 그치고, 때가 가야 하면 가서, 동할 때와 정할 때에 마땅한 때를 잃지 않고 제자리에 그치는 것이다.

　인도를 실천하는 덕행은 제자리를 벗어나지 않고 분수를 지킬 것을 생각하는 것이다.

艮其背면 不獲其身하며 行其庭하여도 不見其人하
간 기 배   불 획 기 신   행 기 정   불 견 기 인

여 无咎리라
     무 구

⇨ 간괘는 그 등에 그치면 몸을 보지 못하며 뜰에 가면서도 사람을 보지 못하
   여 허물이 없는 것이다.

☞ 사람이 그침을 편안하게 여기지 못하는 까닭은 욕심이 동하기 때문이며, 욕심
   은 보는 것으로부터 시작된다. 따라서 그 등에서 그쳐야 한다는 것은, 동함과
   정함을 욕심으로 하지 않고 각각 때에 알맞게 함을 이른다.

彖曰 艮은 止也니 時止則止하고 時行則行하여 動
단왈 간   지야   시 지 즉 시   시 행 즉 행   동

靜不失其時하니 其道光明이니 艮其止는 止其所也
정 불 실 기 시   기 도 광 명   간 기 지   지 기 소 야

일새라 上下敵應하여 不相與也일새 是以로 不獲
          상 하 적 응   불 상 여 야   시 이   불 획

其身 行其庭 不見其人 无咎也라
기신 행 기 정 불 견 기 인 무 구 야

⇨ 단에 말하였다. "간괘는 그침이니, 때가 그쳐야 할 경우에는 그치고, 때가 가야 할 경우에는 가서 동함과 정함이 때를 잃지 않아 그 도가 광명하니, 그칠 곳에 그침은 제자리에 멈추기 때문이다. 상괘와 하괘가 대적으로 응하여 서로 더불어 함께하지 않기 때문이니, 이 때문에 몸을 보지 못하며 뜰에 가면서도 사람을 보지 못하여 허물이 없는 것이다."

☞ 상괘와 하괘가 대적으로 응한다는 것은, 상하괘가 음은 음과 짝이 되고 양은 양과 짝이 되어, 정이 통하지 않아 불응하여 서로 더불어 함께하지 않고 제자리에 멈춤을 이른다.

[상사 象辭]

象曰 兼山이 艮이니 君子以하여 思不出其位하나니라
상 왈 겸 산   간   군 자 이   사 불 출 기 위

⇨ 상에 말하였다. "산이 겹쳐 있는 것이 간괘이니, 군자가 이 이치를 본받아서 제자리에서 벗어나지 않을 것을 생각한다."

☞ 제자리를 벗어나지 않는다는 것은 자신의 분수에 넘치는 생각을 하지 않음을 이른다.

[효사 爻辭]

初六은 艮其趾라 无咎하니 利永貞하니라 象曰 艮
초 육   간 기 지 무 구   이 영 정   상 왈 간

其趾는 未失正也라
기 지　　　　미 실 정 야

⇨ 초육은 그 발에서 멈춤이라 허물이 없으니, 정도를 오랫동안 지킴이 이롭다.
　상에 말하였다. "발에서 멈춤은 바름을 잃지 않는 것이다."

☞ 발꿈치는 동할 때에 먼저 움직이는 것이니, 발꿈치에 멈춤은 동하는 초기에
　멈춤을 이르고, 또한 음유이기 때문에 정도를 굳게 지켜야 하는 경계가 있는
　것이다.

六二는　艮其腓니　不拯其隨라　其心不快로다　象曰
육 이　　　간 기 비　　부 증 기 수　　기 심 불 쾌　　　　상 왈

不拯其隨는　未退聽也일새라
부 증 기 수　　　미 퇴 청 야

⇨ 육이는 그 장딴지에서 멈추니 구제하지 못하고 따르는 것이라 마음이 불쾌
　하도다. 상에 말하였다. "구제하지 못하고 따름은 위가 물러나 따르지 않기
　때문이다."

☞ 3효는 동함의 주체이나 지나치게 강하고 중도가 없어서 멈춤을 마땅하게 하
　지 못하나, 물러나 2효를 따르지 않는다. 장딴지는 동하고 멈춤을 스스로 하지
　못하고 다리에 따라 할 뿐이다.

九三은　艮其限이라　列其夤이니　厲薰心이로다　象曰
구 삼　　　간 기 한　　　열 기 인　　　여 훈 심　　　　　상 왈

艮其限이라　危薰心也라
간 기 한　　　위 훈 심 야

⇨ 구삼은 그 한계에서 멈춤이라. 그 등뼈를 가름과 같은 것이니, 위태로움이 마음을 태우도다. 상에 말하였다. "그 한계에서 멈추었기 때문에 위태로워서 마음이 타는 것 같은 것이다."

☞ 3효는 상괘와 하괘의 한계에 있으면서 멈춤의 주체자이다. 그러나 중도가 없고 양으로서 양의 자리에 거하여 결단하고 그침을 지극히 하여 위태로움이 심한 것이다.

六四는 艮其身이니 无咎니라 象曰 艮其身은 止諸
육사   간기신   무구   상왈 간기신   지저

躬也라
궁 야

⇨ 육사는 그 자신에서 멈춤이니 허물이 없다. 상에 말하였다. "그 자신에서 멈춘다는 것은 몸에만 멈추는 것이다."

☞ 4효는 음으로서 음의 자리에 거하여 멈춤을 마땅하게 하는 자이다. 그러나 신하로서 강양의 군주를 만나지 못하여 남을 멈추게 하지 못하고 자신만 멈출뿐이다.

六五는 艮其輔라 言有序니 悔亡하리라 象曰 艮其
육오   간기보   언유서   회망   상왈 간기

輔는 以中으로 正也라
보   이중   정야

⇨ 육오는 광대뼈에서 그친다. 말을 하는 데 순서에 맞게 하니 후회가 없는 것이다. 상에 말하였다. "광대뼈에서 그침은 중도로써 바르게 하기 때문

이다."

☞ 사람이 마땅히 삼가고 그쳐야 할 것은 오직 말과 행실인데, 5효는 위에 거하여 광대뼈에 해당하고, 광대뼈는 말이 말미암아서 나오는 곳이니, 광대뼈에서 그침은 말을 하는 데 절도와 순서가 있는 것이다.

上九는 敦艮이니 吉하니라 象曰 敦艮之吉은 以厚
상구   돈간   길   상왈   돈간지길   이후

終也일새라
종야

⇨ 상구는 멈춤에 돈독함이니, 길한 것이다. 상에 말하였다. "멈춤에 돈독하여 길함은 마침을 후하게 하기 때문이다."

☞ 천하의 일은 오직 끝까지 지킴이 어려우나, 상효는 강실로서 종극에 거하고 또 간을 이룬 주체로 멈춤에 지극하고 견고하고 독실히 하는 자이다.

53. 풍산점(風山漸)

☰ 손상(巽上) 간하(艮下)

자연(自然)	인도(人道)	덕행(德行)
山上有木 산 상 유 목	進以正 可以正邦也 진 이 정 가 이 정 방 야	居賢德 善俗 거 현 덕 선 속

점괘의 자연은 위에 바람이 있고 아래에는 산이 있어, 산의 위에 나무가 있는 형상이다. 손괘의 덕은 공손함과 들어감이고 간괘의 덕은 그침과 독실함과 진중함이니, 공손함으로 그쳐 있어 나아감에 막히지 않는 것이다.

따라서 자연을 모방하여 설정한 인도는 바름으로써 나아가 나라를 바로잡을 수 있는 것이다.

인도를 실천하는 덕행은 마음속에 현명하고 밝은 덕을 간직하여 풍속을 아름답게 하는 것이다.

漸은 女歸吉하니 利貞이니라
점　　여 귀 길　　　이 정

⇨ 점괘는 여자의 시집감이 길하니, 정도를 굳게 지킴이 이롭다.

☞ 점괘는 마땅한 순서를 따라 점진적으로 나아가고 갑자기 나아가지 않아, 마치
　여자가 시집갈 때 예수에 맞추어 나아가는 것과 같은 것이다.

단사 彖辭

象曰 漸之進也는 女歸의 吉也라 進得位하니 往有
단 왈　점 지 진 야　　여 귀　　길 야　　진 득 위　　　왕 유

功也요 進以正하니 可以正邦也니　其位는 剛得中
공 야　　진 이 정　　　가 이 정 방 야　　　기 위　　강 득 중

也라 止而巽할새 動不窮也라
야　　지 이 손　　　동 불 궁 야

⇨ 단에 말하였다. "점괘의 나아감은 여자가 시집감에 길한 것이다. 나아가 바
　른 자리를 얻었으니 가면 공덕이 있는 것이고, 나아가기를 정도로써 하니
　나라를 바로잡을 수 있으니, 그 자리는 강이 중을 얻었기 때문이다. (괘덕
　이) 그침과 공손함이므로 동함에 곤궁하지 않은 것이다."

☞ 점괘를 상하의 괘덕으로 보면 안은 멈추어 고요하고 밖은 손순하다. 그러므로
　그 나아가 동함이 곤궁함이 없는 것이다.

象曰 山上有木이 漸이니 君子以하여 居賢德하여
상왈 산상유목 점 군자이 거현덕

善俗하나니라
선 속

⇨ 상에 말하였다. "산 위에 나무가 있는 것이 점괘이니, 군자가 이 이치를 본
받아서 평소에 선량한 도덕을 실천하여 풍속을 아름답게 한다."

☞ 풍속을 선하게 함은, 하루아침 하루저녁에 이룰 수 있는 것이 아니다. 반드시
평소에 선량한 도덕을 실천하여 점진적으로 바꿔나가는 것이다.

初六은 鴻漸于干이니 小子厲하여 有言이나 无咎니
초육 홍점우간 소자려 유언 무구

라 象曰 小子之厲나 義无咎也니라
상왈 소자지려 의무구야

⇨ 초육은 기러기가 물가로 점점 나아감이니, 소자가 위태롭게 여겨 말이 있으
나 허물은 없다. 상에 말하였다. "소자가 위태롭게 여기나 의리에는 허물이
없는 것이다."

☞ 때와 질서를 잃지 않고 나아가는 것이 점괘이다. 기러기란 물건은 오는 것을
때에 맞게 하고, 무리로 나아감에 질서가 있는 새이다. 초효는 아랫자리에 있

어서 나아감이 있는 것이고, 유를 씀은 조급하지 않은 것이고, 응여가 없음은
얽매이지 않아 능히 점진적으로 나아가는 것이다.

六二는 震來厲라 億喪貝하여 躋于九陵이니 勿逐하
육이　　진래려　　억상패　　　제우구릉　　　물축

면 七日得하리라 象曰 震來厲는 乘剛也일새라
칠일득　　　　상왈　진래려　　　승강야

▷ 육이는 기러기가 점점 날아 반석으로 간 것이다. 음식을 먹는데 즐겁고 즐
거우니, 길한 것이다. 상에 말하였다. "음식을 먹는데 즐겁고 즐거움은 공
연이 배만 부른 것이 아니다."

☞ 음식을 먹는데 배반 부른 것이 아니라는 것은, 정응이 되는 군주와 함께 나아
가 화합하고 즐거워 뜻을 얻는 것이다.

九三은 鴻漸于陸이니 夫征이면 不復하고 婦孕이
구삼　　홍점우육　　　부정　　　불복　　　부잉

라도 不育하여 凶하니 利禦寇하니라 象曰 夫征不
불육　　　흉　　　이어구　　　　상왈　부정불

復은 離群醜也요 婦孕不育은 失其道也요 利用禦
복　　이군추야　　　부잉불육　　실기도야　　　이용어

寇는 順相保也라
구　　순상보야

▷ 구삼은 기러기가 육지로 점점 나아갔음이니, 남자는 가면 돌아오지 못하고
부인은 잉태하더라도 생육하지 못하여 흉하니, 도적을 막음이 이롭다. 상
에 말하였다. "남자는 가면 돌아오지 못함은 무리를 떠나서 부끄럽기 때문

이고, 부인은 잉태하더라도 생육하지 못함은 그 도를 잃었기 때문이고, 도적을 막음에 씀이 이로움은 순함으로 서로 보존하기 때문이다."

☞ 남자가 가면 돌아오지 못하고 부인이 잉태하여도 생육하지 못한다는 것은, 3효와 4효가 부정으로 화합함은 이치에 마땅하지 않음을 말한 것이다.

六四는 鴻漸于木이니 或得其桷이면 无咎리라 象曰
육사   홍점우목   혹득기각   무구   상왈

或得其桷은 順以巽也일새라
혹득기각   순이손야

⇨ 육사는 기러기가 나무로 점점 나아감이니, 혹 그 평평한 가지를 얻으면 허물이 없을 것이다. 상에 말하였다. "혹 평평한 가지를 얻음은 순하고 겸손하기 때문이다."

☞ 기러기가 나무로 점점 날아간다는 것은, 4효가 강한 3효의 위에 있어서 편안하지 못함을 의미하고, 평평한 가지를 얻었다는 것은 점친 자가 순하고 공손하게 대처하면 허물이 없다는 것이다.

九五는 鴻漸于陵이니 婦三歲를 不孕하나 終莫之勝
구오   홍점우릉   부삼세   불잉   종막지승

이라 吉하리라 象曰 終莫之勝吉은 得所願也라
    길   상왈 종막지승길   득소원야

⇨ 구오는 기러기가 높은 구릉으로 점점 나아감이니, 부인이 3년 동년 잉태하지 못하나 끝내는 아무도 이기지 못하여 길한 것이다. 상에 말하였다. "끝내 아무도 이기지 못하여 길함은 바라는 것을 얻는 것이다."

☞ 5효가 높은 지위에 있고 정응이 되는 2효가 아래에 있으나 3효와 4효에 막혀 있어서 대번에 화합할 수 없고, 점진적으로 만나서 화합하여 뜻을 이룸을 이르니, 모든 일은 올바른 이치로 돌아감을 말한다(事必歸正).

上九는 鴻漸于逵니 其羽可用爲儀니 吉하니라 象曰
상구   홍점우규   기우가용위의   길   상왈

其羽可用爲儀吉은 不可亂也일새라
기우가용위의길   불가난야

⇨ 상구는 기러기가 하늘길로 점점 나아감이니, 그 날개가 본보기가 될 만하니 길한 것이다. 상에 말하였다. "그 날개가 본보기가 될 만하여 길함은 어지럽힐 수 없기 때문이다."

☞ 하늘길이라는 것은 사통팔달하여 막히고 가려짐이 없는 뜻이다. 상효는 공손함의 지극함으로 점진적으로 순서에 마땅하게 끝까지 올라간 것이니, 사람에게 있어서는 이치에 통달하여 매사에 초월한 자이다.

54. 뇌택귀매(雷澤歸妹)

☳☱ 진상(震上) 태하(兌下)

자연(自然)	인도(人道)	덕행(德行)
澤相有雷 택 상 유 뢰	歸妹 人之終始也 귀매 인지종 시야	永終知敝 영종지폐

　귀매괘의 자연은 위에 우레가 있고 아래에는 못이 있어, 못 위에 우레가 있는 형상이다. 진괘의 괘덕은 동함과 위엄과 진작시킴이고, 태괘의 괘덕은 기뻐함과 윤택함과 생육함이다. 그리고 진괘는 가족에서 장남을 상징하고, 태괘는 가족에서 소녀를 상징하니, 소녀가 기쁨으로 동하여 시집가는 형상이다.

　따라서 자연을 모방하여 설정한 인도는 여자가 시집가는 것은 인류의 시작과 끝이다.

　인도를 실천하는 덕행은 남녀가 결혼을 하여 마침을 영구하게 할 것을 생각하며, 혼인의 단절이 되는 폐단이 무엇인지를 알아 찾아내는 것이다.

歸妹는 征하면 凶하니 无攸利하니라
귀매　　정하면　　흉하니　　무유리

⇨ 귀매괘는 나아가면 흉하니, 이로운 것이 없다.

☞ 상괘는 동함이고 하괘는 기뻐함이니, 기뻐함으로 동하여 동함에 마땅하지 않기 때문에 흉한 것이다.

彖曰 歸妹는 天地之大義也니 天地不交而萬物이
단왈 귀매　　천지지대의야　　　천지불교이만물

不興하나니 歸妹는 人之終始也라 說以動하여 所
불흥　　　　귀매　　인지종시야　　　열이동　　　　소

歸妹也니 征凶은 位不當也요 无攸利는 柔乘剛也
귀매야　　정흉　　위부당야　　　무유리　　유승강야

일새라

⇨ 단에 말하였다. "귀매괘는 천지의 큰 뜻이니, 천지가 사귀지 않으면 만물이 일어나지 않으니, 귀매괘는 인류의 시작과 끝이다. 기뻐함으로써 동하여 시집가는 것이 소녀이니, 가면 흉함은 자리가 마땅하지 않기 때문이고, 이로운 것이 없음은 유가 강을 탔기 때문이다."

☞ 자리가 마땅하지 않다는 것은 2효부터 5효까지 음양의 자리가 바뀐 것이고, 유가 강을 탔다는 것은 3효와 5효가 음으로서 강의 위에 있음을 이른다.

象曰 澤上有雷가 歸妹니 君子以하여 永終知敝하나
상왈 택상유뢰　　귀매　　군자이　　　영종지폐

니라

⇨ 상에 말하였다. "못 위에 우레가 있는 것이 귀매괘이니, 군자가 이 이치를
　본받아서 (마땅하지 않음을)오래 하고 끝까지 하면 폐단이 생김을 알아야
　한다.

☞ 마땅하지 않음을 오래 한다는 것은 그 정이 기쁨으로 동하여 바르지 못한 것
　이고, 모든 효가 다 바름을 얻지 못하였으니, 처한 자리가 모두 바르지 못한
　것이다.

효사 爻辭

初九는 歸妹以娣니 跛能履라 征이면 吉하리라　　象
초구　　귀매이제　　파능리　　정　　　　길　　　　상

曰 歸妹以娣니 以恒也요 跛能履吉은 相承也일새라
왈 귀매이제　　이항야　　파능리길　　상승야

⇨ 초구는 여동생을 시집보내되 잉첩으로서 보냄이니, 절름발이로도 능히 갈
　수 있는 것이니, 나아가면 길한 것이다. 상에 말하였다. "여동생을 시집보
　내는데 잉첩으로 보내니 항덕으로써 하는 것이고, 절름발이로 걸어가는 것
　이나 길함은 서로 받들기 때문이다."

☞ 초효는 아래에 거하였고 정응이 없으므로 잉첩의 상이 된다. 능력을 다 발휘하지 못함을 이른다. 절름발이도 능히 할 수 있다는 것은 평소에 하던 것을 하기 때문이다.

九二는 眇能視니 利幽人之貞하니라　象曰 利幽人之
구 이　　묘 능 시　　이 유 인 지 정　　　　상 왈　이 유 인 지

貞은 未變常也라
정　　미 변 상 야

⇨ 구이는 애꾸눈으로도 볼 수 있는 것이니, 유인처럼 정도를 지켜야 이롭다. 상에 말하였다. "유인이 정도를 굳게 지키는 것처럼 해야 이로움은 상도를 바꾸지 않기 때문이다."

☞ 애꾸눈으로 볼 수 있는 것은 밝게 보지 못함을 이르고, 유인은 덕을 드러내지 않고 안으로 간직하고 때를 기다리는 사람을 이른다.

六三은 歸妹以須니 反歸以娣니라　象曰 歸妹以須
육 삼　　귀 매 이 수　　반 귀 이 제　　　　상 왈　귀 매 이 수

는 未當也일새라
　미 당 야

⇨ 육삼은 여동생을 시집보냄에 첩으로 보내는 것이니, 시집갔다가 돌아와서는 손아래가 되는 것이다. 상에 말하였다. "여동생을 시집보냄에 첩으로 보낸다는 것은 자리가 마땅하지 않기 때문이다."

☞ 여동생을 첩으로 시집보내는 것은 정응이 없기 때문이고, 시집갔다가 돌아오는 것은 음으로서 양자리에 거하여 덕을 잃었기 때문이다.

九四는 歸妹愆期니 遲歸有時니라   象曰 愆期之志
구사   귀매건기   지귀유시   상왈 건기지지

는 有待而行也라
유 대 이 행 야

⇨ 구사는 여동생을 시집보냄에 혼기를 늦춤이니, 지체하여 시집감은 적당한
때가 있기 때문이다. 상에 말하였다. "혼기를 늦추는 뜻은 (적당한 때를)
기다렸다가 가려고 해서이다."

☞ 여인이 시집을 가는데 있어서, 상괘에 거함은 고귀함이 되고, 양의 덕은 현명
한 자질이 되고, 음의 자리에 거함은 부인의 도리가 되며, 혼기를 늦추어 시집
감은 훌륭한 배필을 찾기 위함이다.

六五는 帝乙歸妹니 其君之袂가 不如其娣之袂良하
육오   제을귀매   기군지메   불여기제짐메양

니 月幾望이면 吉하리라   象曰 帝乙歸妹不如其娣
월 기 망   길   상왈 제을귀매불여기제

之袂良也는 其位在中하여 以貴行也라
지 메 양 야   기 위 재 중   이 귀 행 야

⇨ 육오는 제을이 여동생을 시집보내는 상황이니, 그 군주의 소매가 잉첩의
소매의 아름다움만 못하니, 달이 거의 보름이 된 듯이 하면 길한 것이다.
상에 말하였다. "제을이 여동생을 시집보내는데, 그 여동생의 옷소매가 잉
첩의 아름다운 옷소매보다 못하다는 것은, 그 자리가 가운데에 있어 (중덕
이 있는) 행실을 귀하게 여기는 것이다."

☞ 역에서는 음이 높으면서 겸손하게 낮추는 것을 '제을귀매(帝乙歸妹)'라고 하였

고, 군주의 옷소매가 잉첩의 옷소매보다 아름답지 못하다는 것은, 겉치레보다 덕행을 귀하게 여긴 것이다. 제을은 은나라의 29대 왕이고, 은나라의 마지막 왕인 주의 부父이다.

上六은 女承筐无實하고 士刲羊无血이니 无攸利하
상육　　　여승광무실　　　　사규양무혈　　　　무유리

니라 象曰 上六无實은 承虛筐也라
상왈　상육무실　　승허광야

➪ 상육은 여자가 광주리를 받드나 내용물이 없고, 남자가 양을 잡으나 피가 없으니, 이로운 것이 없다. 상에 말하였다. "상육이 광주리를 받드나 내용물이 없다는 것은, 빈 광주리를 받드는 것이다."

☞ 고대에 천자나 제후들이 혼인할 때 종묘에 제물을 받쳤는데 여자는 광주리에 폐백을 담아서 받들었고, 남자는 양을 잡아 피로써 바쳤다. 남자가 피로써 제향을 받든 것은 기氣를 성하게 하려고 한 것이다.

55. 뇌화풍(雷火豐)

☷ 진상(震上) 이하(離下)

자연(自然)	인도(人道)	덕행(德行)
雷電皆至 뇌 전 개 지	勿憂宜日中 물 우 의 일 중	折獄致刑 절 옥 치 형

　풍괘의 자연은 위에 우레가 있고 아래에는 불이 있어, 천둥과 번개가 함께 이르러, 천둥이 치고 비가 와서 만물이 풍성하게 되는 형상이다. 진괘의 괘덕은 동함과 위엄과 진작시킴이고 이괘의 괘덕은 밝음과 붙음과 따뜻함이다.

　따라서 자연을 모방하여 설정한 인도는 근심하지 않고 해가 중천에 떠서 밝게 비추듯이 하는 것이다.

　인도를 실천하는 덕행은 송사를 밝게 판별하고 위엄 있게 형벌을 집행하는 것이다.

豐은 亨하니 王이 假之하나니 勿憂인댄 宜日中이
풍   형   왕   격지   물우   의일중

니라

⇨ 풍괘는 형통하니, 왕이 이를 것이니, 근심하지 않으려면 마땅히 해가 중천
에서 비추듯이 해야 한다.

☞ 풍괘는 밝음으로써 동하여 풍성함을 이루는 것이니, 한갓 근심만 하는 것은 유
익함이 없고 상도를 지켜 지나치게 성함에 이르지 않을 것을 생각해야 한다.

象日 豐은 大也니 明以動이라 故로 豐이라 王假之
단왈 풍   대야   명이동   고   풍   왕격지

는 尙大也요 勿憂宜日中은 宜照天下也라 日中則
   상대야   물우의일중   의조천하야   일중즉

昃하며 月盈則食하나니 天地盈虛도 與時消息온
측   월영즉식   천지영허   여시소식

而況於人乎며 況於鬼神乎여
이황어인호   황어귀신호

⇨ 단에 말하였다. "풍은 큰 것이니, 밝음으로써 동하기 때문에 풍성한 것이
다. 왕이 이른다는 것은 큼을 숭상함이고, 근심하지 않으려면 해가 중천에

있듯이 해야 함은 마땅히 천하를 비추어야 하기 때문이다. 해는 중천에 가
면 기울어지고 달은 차면 이지러지는 것이니, 천지의 기운이 차고 비는 것
에도 때에 따라 사라지고 불어나는데, 하물며 사람에 있어서이며 하물며
귀신에 있어서랴."

☞ 풍성할 때 대처하는 방도는, 중도를 지켜서 지나치게 성함에 이르지 않게 하
는 것과 풍성한 혜택을 두루 미치게 해야 함을 경계한 것이다.

상사 象辭

象曰 雷電皆至 豐이니 君子以하여 折獄致刑하나니라
상왈 뇌전개지 풍 군자이 절옥치형

⇨ 상에 말하였다. "우레와 번개가 함께 이름이 풍괘이니, 군자가 이 이치를
본받아서 옥사를 결단하고 형벌을 집행한다."

☞ 진괘의 덕은 동함과 위엄이고 이괘의 덕은 밝음과 붙음이니, 밝은 덕으로 옥
사를 결단하고 위엄으로 형벌을 집행하는 것이다.

효사 爻辭

初九는 遇其配主하되 雖旬이나 无咎하니 往하면
초구 우기배주 수순 무구 왕

有尙이리라 象曰 雖旬无咎는 過旬이면 災也리라
유상 상왈 수순무구 과순 재야

⇨ 초구는 그 짝이 되는 주인을 만나되, 비록 똑같은 양이나 허물이 없으니, 나아가면 가상한 일이 있는 것이다. 상에 말하였다. "비록 똑같은 양이나 허물이 없다는 것은, 대등함을 지나치면 재앙이 되는 것이다."

☞ 밝음과 동함이 서로 바탕이 되어 의지함은, 풍성함을 이루는 방도이다. 초효와 4효는 자리가 서로 응하고 같은 양으로 덕이 서로 같아 짝이 되어 풍성함을 이루는 것이다. 그러나 초효가 4효를 이겨서는 안 된다고 경계한 것이다.

六二는 豊其蔀라 日中見斗니 往하면 得疑疾하리
육이   풍 기 부   일 중 견 두   왕   득 의 질

니 有孚發若하면 吉하리라 象曰 有孚發若은 信以
  유 부 발 약   길   상 왈 유 부 발 약   신 이

發志也라
발 지 야

⇨ 육이는 차양을 두텁게 친 것이라 대낮에 북두성을 보는 상황이니, 나아가면 의심과 미움을 얻을 것이나 성의를 가지고 뜻을 표현하면 길한 것이다. 상에 말하였다. "성의를 가지고 뜻을 표현한다는 것은, 믿음으로 뜻을 드러내는 것이다."

☞ 밝음으로 동하여야 풍성함을 이룰 수 있는 것이다. 2효는 이괘의 주체가 되어 지극히 밝고 중도가 있으나, 짝이 되는 5효는 음으로서 어두워 밝음으로 동하지 못하기 때문에 대낮에 북두성을 본다고 하였다.

九三은 豊其沛하여 日中見沫요 折其右肱이니 无
구 삼   풍 기 패   일 중 견 매   절 기 우 굉   무

咎니라 象曰 豊其沛라 不可大事也요 折其右肱이
구   상왈 풍기패 불가대사야   절기우굉

라 終不可用也라
  종 불 가 용 야

⇨ 구삼은 휘장을 풍부하게 쳐서 대낮에도 작은 별을 보는 상황이라, 그 오른
  팔이 부러진 것과 같으니 허물을 돌릴 곳이 없는 것이다. 상에 말하였다.
  "휘장을 풍부하게 쳤으니 큰일을 할 수 없고, 오른팔이 부러졌으니 끝까지
  쓸 수 없는 것이다."

☞ 풍성함을 이루는 방도는 현명함과 동함이 서로 의지하여 이루어지는 것인데,
  3효는 밝은 체의 위에 거하여 양강으로 바름을 얻었으나 짝이 되는 상효는
  진괘의 극에 처하여 동할 수 없는 자이니, 마치 대낮에 작은 별을 보는 것같이
  어두워서 끝내 일을 할 수 없는 것과 같은 것이다.

九四는 豊其蔀라 日中見斗니 遇其夷主하면 吉하
구사   풍기부   일중견두   우기이주   길

리라 象曰 豊其蔀는 位不當也일새요 日中見斗는
    상왈 풍기부   위부당야   일중견두

幽不明也일새요 遇其夷主는 吉行也라
유부명야   우기이주   길행야

⇨ 구사는 차양을 많이 쳐서 대낮에도 북두성을 보니, 그 대등한 상대를 만나
  면 길한 것이다. 상에 말하였다. "차양을 많이 쳤다는 것은 자리가 마땅하
  지 않기 때문이고, 대낮에 북두성을 본다는 것은 어두워 밝지 못하기 때문
  이고, 대등한 상대를 만남은 길한 데로 나아가는 것이다."

☞ 차양을 많이 쳤다는 것은 자신은 중정하지 못하면서 혼암하고 유약한 군주를 만남을 이르고, 대등한 상대를 만나면 길하다는 것은 아랫사람에게 구하면 길함을 이른다.

六五는 來章이면 有慶譽하여 吉하리라 象日 六五
육오   내장   유경예   길   상왈 육오

之吉은 有慶也라
지길   유경야

⇨ 육오는 밝은 이를 오게 하면 경사와 명예가 있게 되어 길한 것이다. 상에 말하였다. "육오의 길함은 경사가 있는 것이다."

☞ 5효는 바탕이 비록 음유하나 지위가 높으니, 응효이고 밝음의 주체가 되는 2효를 받아들이면 밝음으로 동하게 되어 풍성함을 이루게 된다. 경사는 전체가 복을 받는 것이다.

上六은 豊其屋하고 蔀其家라 闚其戶하니 闃其无
상육   풍기옥   부기가   규기호   격기무

人하여 三歲라도 不覿이러니 凶하니라 象日 豊其
인   삼세   부적   흉   상왈 풍기

屋은 天際翔也야요 闚其戶 闃其无人은 自藏也라
옥   천제상야   규기호 격기무인   자장야

⇨ 상육은 집을 크게 짓고 그 집에 차양을 쳐놓았다. 그 집을 들여다보니 조용하여 사람이 없는 것과 같고, 3년이 지나도 만날 수 없으니 흉한 것이다. 상에 말하였다. "집을 크게 지었다는 것은 하늘 가로 나는 것과 같고, 그

문을 들여다봄에 고요하여 사람이 없는 것 같음은 스스로 숨은 것이다."

☞ 집을 크게 지었다는 것은 음유의 재질로 너무 높은 곳에 처함을 이르고, 집에 차양을 쳤다는 것은 음유로서 위에 있어 밝지 못함을 이르고, 3년이 지나도 만날 수 없다는 것은 풍성함의 극처에 있고 동함의 끝에 있어서 자만하고 조급히 동함을 오래되어도 변할 줄 모름을 이르고, 하늘가로 난다는 것은 풍성함의 극에 처하여 스스로 높은 체 함을 이른다. 풍성할 때에 대처하는 방도는 겸손하고 굽혀야 하는 것이다.

56. 화산려(火山旅)

☲☶ 이상(離上) 간하(艮下)

자연(自然)	인도(人道)	덕행(德行)
山上有火 산 상 유 화	止而麗乎明 지 이 리 호 명	明愼用刑 而不留獄 명 신 용 형 이 불 류 옥

 여괘의 자연은 위에 불이 있고 아래에는 산이 있어, 산 위에 불이 있어서, 그 자리에 머물러 있지 않고 타면서 나아가는 형상이다. 이괘의 괘덕은 밝음과 문명함이고, 간괘의 괘덕은 그침과 독실함과 진중함이다.

 따라서 자연을 모방하여 설정한 인도는 문명함에 붙어서 독실하게 멈춰 있어야 하는 것이다.

 인도를 실천하는 덕행은 밝음과 진실함으로 형벌을 쓰고, 감옥에 오랫동안 머물러 있지 않게 하는 것이다.

旅는 小亨하니 旅貞하면 吉하니라
여　　소형　　　여정　　　길

⇨ 여괘는 조금 형통하니, 나그네가 정도를 굳게 지키면 길한 것이다.

☞ 나그네의 정도는 지혜로움과 유순함과 중정한 덕이다.

단사 彖辭

彖曰 旅小亨은 柔得中乎外而順乎剛하고 止而麗乎
단왈　여소형　　유득중호외이순호강　　　　지이리호

明이라 是以小亨旅貞吉也니 旅之時義의 大矣哉라
명　　　시이소형여정길야　　　여지시의　　대의재

⇨ 단에 말하였다. "여괘가 조금 형통함은 음유가 외괘에서 중도를 얻었고 양
　강을 따르며, 밝음에 붙어서 멈춰 있기 때문이다. 이 때문에 조금 형통하고
　나그네가 정도를 굳게 지켜서 길한 것이니, 여괘의 때와 뜻이 크도다."

☞ 외괘인 이괘의 괘재를 보면 중효의 음이 상하효의 가운데 붙어 있어서 중도와
　양강을 따르는 상과 밝음에 붙어 있는 상이 되고, 내외괘를 함께 보면, 내괘의
　덕은 멈춤과 독실함이고 외괘의 덕은 밝음과 붙음이니 밝음에 독실하게 멈춰
　있는 상이다.

象曰 山上有火旅니 君子以하여 明愼用刑하며 而不
상왈 산상유화여　　군자이　　　명신용형　　　이불

留獄하나니라
류옥

⇨ 상에 말하였다. "산 위에 불이 있음이 여괘이니, 군자가 이 이치를 본받아
서 형벌을 씀을 밝게 하고 신중하게 하며, 감옥에 오랫동안 머물러 있지
않게 한다."

☞ 이괘의 괘덕은 밝음과 붙음이고, 간괘의 괘덕은 멈춤과 독실함과 신중함이다.
산위의 불은 한 곳에 머물러 있지 않고 타면서 나아간다. 이러한 자연현상을
보고 형벌을 쓸 때 밝게 판별하고 신중하게 처리하여, 감옥에 오래 머물지 않
게 하는 것이다.

初六은 旅瑣瑣니 斯其所取災니라 象曰 旅瑣瑣는
초육　　여쇄쇄　　사기소취재　　　상왈　여쇄쇄

志窮하여 災也라
지궁　　　재야

⇨ 초육은 여행자가 졸랑거림이니, 이 때문에 재앙을 취하게 된다. 상에 말하
였다. "나그네가 졸랑거림은 뜻이 궁하여 재앙이 있는 것이다."

☞ 뜻이 궁하다는 것은, 나그네의 도를 잃은 것이다.

六二는 旅卽次하여 懷其資하고 得童僕貞이로다 象
　육이　　여즉차　　　회기자　　　득동복정　　　　상

曰 得童僕貞은 終无尤也리라
　왈　득동복정　　　종무우야

⇨ 육이는 나그네가 머물 곳에 나아가 재물을 간직하고 올바른 시종을 얻은
　것이다. 상에 말하였다. "올바른 시종을 얻었다는 것은 끝내 허물이 없는
　것이다."

☞ 유순하고 중정하여 나그네의 도를 지켜서 주위의 도움을 받는 자이다.

九三은 旅焚其次하고 喪其童僕貞이니 厲하니라
　구삼　　여분기차　　　상기동복정　　　여

象曰 旅焚其次하니 亦以傷矣요 以旅與下하니 其
　상왈　여분기차　　　역이상의　　이려여하　　　기

義喪也라
　의상야

⇨ 구삼은 여행자가 머물 곳을 불태우고 올바른 시종을 잃었으니, 위태롭다.
　상에 말하였다. "여행자가 머물 곳을 불태웠으니 또한 해롭고, 여행자로서
　아랫사람과 친하니 의리를 상실한 것이다."

☞ 나그네로 처신하는 도리는 유순함과 겸손함인데, 3효는 거듭 강하고 중도가
　없으며, 또 간괘의 위에 거하여 스스로 높은 체하고 딱 그쳐 있으니, 곤궁함과
　재앙을 부르는 것이다.

九四는 旅于處하고 得其資斧하나 我心은 不快로다
구사　　여우처　　　　득기자부　　　　아심　　불쾌

象曰 旅于處는 未得位也니 得其資斧하나 心未快也라
상왈　여우처　　미득위야　　득기자부　　　심미쾌야

⇨ 구사는 여행자가 알맞게 처신하고 노자와 도끼를 얻었으나, 자신의 마음은
　 불쾌하도다. 상에 말하였다. "여행자가 알맞게 처신한다는 것은 지위를 얻
　 지 못함이니, 노자와 도끼를 얻으나 마음이 유쾌하지 못한 것과 같다."

☞ 4효는 양강으로 음유에 거하여 밝은 지혜와 몸을 낮추는 상이 되므로 나그네
　 의 마땅함을 얻음이 되며, 강명한 재질로써 5효를 받들고 2효와 응이 됨은 도
　 끼와 노자를 얻음이 되며, 오직 나그네로 여행하는 상황이고 아래에는 음유가
　 응하여 뜻을 펼칠 수 없으므로 그 마음에 불쾌한 것이 있는 것이다.

六五는 射雉一矢亡이니 終以譽命이니라　象曰 終
육오　　사치일시망　　　　종이예명　　　　　상왈　종

以譽命은 上逮也일새라
이예명　　　상체야

⇨ 육오는 꿩을 쏘아 하나의 화살로 잡으니, 마침내 명예와 복록을 얻는 것이
　 다. 상에 말하였다. "마침내 명예와 복록을 얻었다는 것은 (명예와 복록이)
　 위로 미치는 것이다."

☞ 꿩은 문명함을 상징하는 동물이니, 꿩을 잡는다는 것은 문명한 중도를 씀을
　 이른다.

⇨ 상구는 새가 둥지를 불태우니, 여행하는 사람이 먼서는 웃고 뒤에는 울부짖

上九는 鳥焚其巢니 旅人이 先笑後號咷라 喪牛于
상구　　조 분 기 소　　여 인　　선 소 후 호 도　　상 우 우

易니 凶하니라　象曰 以旅在上하니 其義焚也요 喪
이　　흉　　　상 왈 이 여 재 상　　기 의 분 야　　상

牛于易하니 終莫之聞也로다
우 우 이　　종 막 지 문 야

는다. 소를 경계에서 잃으니, 흉하다. 상에 말하였다. "나그네로서 위에 있
으니 의리상 불타게 되는 것이 되고, 소를 경계에서 잃으니 끝까지 듣지
못하도다."

☞ 나그네의 도리는 겸손하게 낮추고 유순하여야 자신을 보존할 수 있는데, 상효
는 이괘로 위에 있어서 불타는 상이 되고, 지나치게 강하고 높은 자리에 거하
여 겸손함과 유순함을 잃는 것이니, 소를 잃는 것으로서 비유하였다. 소는 순
함을 상징하는 동물이다.

57. 중풍손(重風巽)

☴ 손상(巽上) 손하(巽下)

자연(自然)	인도(人道)	덕행(德行)
隨風 수 풍	重巽以申命 중 손 이 신 명	申命行事 신 명 행 사

　손괘의 자연은 위에 바람이 있고 아래에도 바람이 있어, 바람이 연이어 불어서 만물에 스치는 모습이 마치 위에서 명령하여 아래에 미치는 것과 같은 형상이다. 손괘의 괘덕은 공손함과 들어감과 명령함이다.

　따라서 자연을 모방하여 설정한 인도는 거듭 공손함으로 거듭 명령을 내려 백성들에게 스며들어가 무젖게 하는 것이다.

　인도를 실천하는 덕행은 명령을 거듭 내려 일을 실행하게 하는 것이다.

巽은 小亨하니 利有攸往하며 利見大人하니라
손   소형   이유유왕   이견대인

⇨ 손괘는 조금 형통하니, 가는 바를 둠이 이로우며 대인을 만나봄이 이롭다.

☞ 손괘는 괘재가 한 음이 두 양의 아래에 있어 양강에게 손순하기 때문에 손괘

　라는 괘명을 붙인 것이다.

彖曰 重巽으로 以申命하니 剛이 巽乎中正而志行
단왈 중손   이신명   강   손호중정이지행

하며 柔皆順乎剛이라 是以小亨하니 利有攸往하며
　　유개순호강　　　시이소형　　　이유유왕

利見大人하니라
이견대인

⇨ 단에 말하였다. "거듭된 손으로 명령을 거듭하니, 강이 중정에 손순하여 뜻

　이 행해지며, 유가 모두 강에게 순종한다. 이 때문에 조금 형통하니, 가는

　바를 둠이 이로우며 대인을 봄이 이롭다."

☞ 손괘는 음이 주체가 되기 때문에 그 점이 조금 형통함이 되고, 음으로 양을

　따르기 때문에 또 가는 바를 둠이 이로운 것이며, 대인은 양강하고 중정한 5

　효를 이른다.

象曰 隨風이 巽이니 君子以하여 申命行事하나니라
상왈 수풍   손   군자이   신명행사

⇨ 상에 말하였다. "따라서 계속 이어서 부는 바람이 손괘이니, 군자가 이 이
치를 본받아서 명령을 거듭하고 정사를 행한다."

☞ 따르는 바람이라고 한 것은 앞의 바람이 지나가면 뒤의 바람이 따르는 것이
고, 명령을 거듭한다는 것은 간곡하게 반복한다는 뜻이다.

효사 爻辭

初六은 進退에 利武人之貞이니라   象曰 進退는 志
초육   진퇴   이무인지정   상왈 진퇴   지

疑也요 利武人之貞은 志治也라
의야   이무인지정   지치야

⇨ 초육은 나아가고 물러남에 무인처럼 강건하게 함이 이롭다. 상에 말하였다.
"나아가고 물러남에 강건하게 하지 못함은 마음에 의심이 있기 때문이고,
무인처럼 강건하게 함이 이롭다는 것은 마음이 다스려진 것이다."

☞ 초효는 음으로서 아래에 거하여 손의 주체가 되었으니, 낮추고 공손함이 지나
치다. 그러므로 진퇴를 과감히 하지 못하는 상이 된다.

九二는 巽在牀下니 用史巫紛若하면 吉하고 无咎리
구이   손재상하   용사무분약   길   무구

라 象曰 紛若之吉은 得中也일새라
   상왈 분약지길   득중야

⇨ 구이는 손순하게 침상의 아래에 있으니, 축사와 무당처럼 분주하게 하면
   길하고 허물이 없는 것이다. 상에 말하였다. "분주하게 하면 길하다는 것은
   (그렇게 해야 중도에 맞아) 중도를 얻었기 때문이다."

☞ 침상은 사람들이 편안하게 여기는 것이니, 침상의 아래에 있다는 것은 공손함
   이 지나친 것이다.

九三은 頻巽이니 吝하니라 象曰 頻巽之吝은 志窮
구삼   빈손   인   상왈 빈손지인   지궁

也라
야

⇨ 구삼은 공손함을 빈번하게 함이니 부끄러운 것이다. 상에 말하였다. "공손
   함을 빈번하게 하여 부끄럽다는 것은 뜻이 곤궁한 것이다."

☞ 지나치게 강하고 중하지 못하면서 하체의 위에 거하였으니 공손히 할 수 있는
   자가 아니요, 억지로 하여 여러 번 잃는 것이니 부끄러운 도이다.

六四는 悔亡하니 田獲三品이로다 象曰 田獲三品은
육사   회망   전획삼품   상왈 전획삼품

有功也라
유공야

⇨ 육사는 뉘우침이 없어질 것이니, 사냥하여 세 종류의 짐승을 얻도다. 상에
　말하였다. "사냥하여 세 종류의 짐승을 얻는다는 것은 공적이 있는 것이다."

☞ 4효는 상하의 양강에게 공손하니, 사냥하여 세 종류의 짐승을 얻은 것과 같이
　상하에 두루 미침을 이른다.

九五는 貞이면 吉하여 悔亡하여 无不利니 无初有
구 오 　 정 　 길 　 회 망 　 무 불 리 　 무 초 유

終이라 先庚三日하며 後庚三日이면 吉하리라 象
종 　 선 경 삼 일 　 후 경 삼 일 　 길 　 상

曰 九五之吉은 位正中也일새라
왈 구 오 지 길 　 위 정 중 야

⇨ 구오는 정도를 굳게 지키면 길하여 후회가 없어져서 이롭지 않음이 없으니,
　처음은 없고 마침은 있다. 경일보다 앞선 3일을 힘쓰고 경일보다 뒤에 있는
　삼일도 힘쓰면 길한 것이다. 상에 말하였다. "구오의 길함은 자리가 바르고
　중도가 있기 때문이다."

☞ 갑은 일의 시작이고 경은 변경의 시작이다. '무초유종'은 처음에는 좋지 못하
　나 변경하여 선하게 하는 것이다.

上九는 巽在牀下하여 喪其資斧니 貞에 凶하니라
상 구 　 손 재 상 하 　 상 기 자 부 　 정 　 흉

象曰 巽在牀下는 上窮也요 喪其資斧는 正乎아 凶
상 왈 손 재 상 하 　 상 궁 야 　 상 기 자 부 　 정 호 　 흉

也라
야

⇨ 상구는 손순함으로써 침상의 아래에 있어 물자와 도끼를 잃으니, 바르게 하더라도 흉하다. 상에 말하였다. "손순함으로써 침상의 아래에 있음은 자리가 끝에 있기 때문이요, 물자와 도끼를 잃음은 정말로 흉한 것이다."

☞ 공손하게 침상 아래에 있음은 공손함을 지나치게 하는 것이고, 그 물자와 도끼를 잃음은 결단력을 잃은 것이다.

58. 중택태(重澤兌)

☱ 상태(上兌) 하태(下兌)

자연(自然)	인도(人道)	덕행(德行)
麗澤 이 택	說之大 民勸矣 열 지 대 민 권 의	朋友講習 붕 우 강 습

　태괘의 자연은 위에 못이 있고 아래에도 못이 있어, 두 못이 서로 붙어 있는 형상이다. 태괘의 덕은 기뻐함과 만물을 끝없이 윤택하게 함과 길러줌이니, 서로 적셔주어 윤택하게 하고 서로 길러주어 기쁘게 하는 것이다.

　따라서 자연을 모방하여 설정한 인도는 기쁨을 크게 하는 것이니, 백성들을 권면하여 성실하고 힘쓰게 하는 것이다.

　인도를 실천하는 덕행은 붕우간에 서로 도와서 힘써 가르치고 학습하여 길러주는 것이다.

兌는 亨하니 利貞하니라
태　　　형　　　이정

▷ 태괘는 형통하니, 정도를 굳게 지킴이 이롭다.

☞ 괘재를 보면 태괘는 기뻐함이 외면에 드러나는 것이다. 그러나 도가 아닌 것
　으로 기뻐하기를 구하면 간사함과 아첨함이 되어 후회와 허물이 있게 된다(兌
　喜之見乎外也).

象曰 兌는 說也니 剛中而柔外하여 說以利貞이라
단왈 태　　열야　　강중이유외　　　　열이이정

是以順乎天而應乎人하여 說以先民하면 民忘其勞
시이순호천이응호인　　　　열이선민　　　민망기로

하고 說以犯難하면 民忘其死하나니 說之大 民勸
　　　열이범난　　　민망기사　　　　열지대 민권

矣哉라
의 재

▷ 단에 말하였다. 태괘는 기뻐함이니, 강이 중위에 있고 유가 밖에 있어 기뻐
　하되 정도를 지킴이 이롭다. 이 때문에 천리를 따르고 인심에 호응하여 기
　쁨으로 백성에게 솔선하면 백성들이 수고로움을 잊고, 기쁨으로 어려운 일

을 일으키면 백성들이 죽음을 잊으니, 기뻐함의 위대함은 백성들을 권면시키는 것이다."

☞ 양강이 중위에 거하였으니 마음속이 진실한 형상이고, 유효가 바깥에 있으니 남을 대하기를 온화하고 부드럽게 하는 형상이다.

상사 象辭

象曰 麗澤이 兌니 君子以하여 朋友講習하나니라
상 왈 이 택   태   군 자 이   붕 우 강 습

⇨ 상에 말하였다. "붙어 있는 못이 태괘이니, 군자가 이 이치를 본받아서 붕우들과 토론하고 익힌다."

☞ 두 못이 서로 붙어서 서로 적셔주니, 서로 유익하게 하는 현상을 붕우들과 토론하고 익혀서 서로 유익하게 하는 것으로 비유한 것이다.

※『예기』에 이런 말이 있다. "같은 문하에서 배우는 것을 붕이라 하고 뜻이 같은 사람을 우라고 한다(同門曰朋, 同志曰友)."

효사 爻辭

初九는 和兌니 吉하니라 象曰 和兌之吉은 行未疑
초 구   화 태   길   상 왈 화 태 지 길   행 미 의

也일새라
야

⇨ 초구는 화합하여 기뻐함이니, 길한 것이다. 상에 말하였다. "화합하여 기뻐해 길함은 행함에 의심스러운 것이 없기 때문이다."

☞ 초효가 비록 양효이나 기쁨의 체에 거하고 가장 낮은 자리에 있으며 계응하는 바가 없으니, 이는 몸을 낮추고 화합하고 따름으로써 기뻐함이다.

九二는 孚兌니 吉하고 悔亡하니라 象曰 孚兌之吉
구이   부태   길   회망   상왈 부태지길
은 信志也일새라
  신 지 야

⇨ 구이는 진실로 기뻐함이니, 길하고 후회가 없어진다. 상에 말하였다. "진실로 기뻐하여 길함은 성실한 마음 때문이다."

☞ 2효는 양강의 실함으로 가운데 자리에 거하였으니, 진실함이 마음속에 보존된 것이다(二剛實居中 孚信存於中也).

六三은 來兌니 凶하니라 象曰 來兌之凶은 位不當
육삼   내태   흉   상왈 내태지흉   위부당
也일새라
야

⇨ 육삼은 와서 기뻐하니, 흉한 것이다. 상에 말하였다. "와서 기뻐하여 흉함은 자리가 마땅하지 않기 때문이다."

☞ 3효는 아래에 있는 양과 가까우니, 자기 몸을 굽히고 도리가 아닌 것으로 찾아와 기뻐함이니 간사함과 아첨함이 된다.

九四는 商兌未寧이니 介疾이면 有喜리라 象曰 九
구사   상태미령   개질   유희   상왈 구

四之喜는 有慶也라
사 지 희   유 경 야

⇨ 구사는 기쁨함을 헤아리느라 편안하지 못하니, 절개를 지키고 사악함을 미
  워하면 기쁨이 있는 것이다. 상에 말하였다. "구사의 기쁨은 경사가 있는
  것이다."

☞ 4효는 위로 중정의 5효를 받들고 아래로 음유의 사특함을 가까이하였으니, 잃
  고 얻음은 따르는 바에 달려있다.

九五는 孚于剝이면 有厲리라 象曰 孚于剝은 位正
구오   부우박   유려   상왈 부우박   위정

當也일새라
당 야

⇨ 구오는 해치는 자를 믿으면 위태로움이 있는 것이다. 상에 말하였다. "해치
  는 자를 믿음은 자리가 정당하기 때문이다."

☞ 박괘는 음이 양을 사라지게 하는 것이고 음은 소인에 해당하니, 소인의 대비
  를 지극하게 하지 않으면 안 된다고 경계한 것이다.

上六은 引兌라 象曰 上六引兌는 未光也라
상육   인태   상왈 상육인태   미광야

⇨ 상육은 끌어당겨서 기뻐함이다. 상에 말하였다. "상육이 끌어당겨서 기뻐
  함은 빛나지 못한다."

☞ 상육은 기쁨의 주체가 되고 기쁨함의 극에 처하여 아래의 두 양을 이끌어서
  서로 기뻐하고자 한다. 이는 그칠 줄 모르는 자이다(兌易於說).

59. 풍수환(風水渙)

손상(巽上) 감하(坎下)

자연(自然)	인도(人道)	덕행(德行)
風行水上 풍 행 수 상	王假有廟 왕 격 유 묘	享于帝 立廟 향 우 제 입 묘

　환괘의 자연은 위에 바람이 있고 아래에는 물이 있어, 물의 위로 바람이 불어서 물결이 흩어지는 모습이다. 손괘의 덕은 공손함과 들어감과 명령을 내리는 것이며, 감괘의 덕은 빠짐과 받아들임과 쉬지 않고 흘러감이다.

　따라서 자연을 모방하여 설정한 인도는 흩어지는 것을 모으는 것이니, 왕이 사당에 이르러 정신을 모으는 것이다.

　인도를 실천하는 덕행은 먼저 정신을 모으는 것이니, 상제에게 제향하고 사당을 세워 정신을 모으고 민심을 모으게 하는 것이다.

渙은 亨하니 王假有廟며 利涉大川하니 利貞하니라
환　　형　　　　왕 격 유 묘　　　이 섭 대 천　　　　이 정

⇨ 환괘는 형통하니, 왕이 사당에 이르며, 큰 내를 건넘이 이로우니, 정도를
　지킴이 이롭다.

☞ 환괘는 바람이 물 위로 불어서 물결이 흩어지는 형상이니, 합하는 것을 공으
　로 삼는다(以合爲功).

彖曰 渙亨은 剛來而不窮하고 柔得位乎外而上同할
단 왈　환 형　　　강 래 이 불 궁　　　　유 득 위 호 외 이 상 동

새라 王假有廟는 王乃在中也요 利涉大川은 乘木
　　 왕 격 유 묘　　　왕 내 재 중 야　　　이 섭 대 천　　　승 목

하여 有功也라
　　 유 공 야

⇨ 단에 말하였다. "환괘가 형통함은 강이 와서 궁하지 않고, 유가 밖에서 제자
　리를 얻어 위와 함께하기 때문이다. 왕이 사당에 이른다는 것은 왕이 중에
　있는 것이요, 대천을 건넘이 이로움은 나무를 타서 공적이 있는 것이다."

☞ 5효를 공손하게 따름은 바로 위와 함께 하는 것이다. 4효와 5효는 군주와 신
　하의 자리이니, 흩어질 때를 당하여 가까이 있으면 그 뜻이 서로 통하니, 5효

와 함께 함은 바로 중도를 따르는 것이다(巽順於五는 乃上同也라 四五는 君臣
之位니 當渙而比면 其義相通이니 同五는 乃從中也라).

상사 象辭

象曰 風行水上이 渙이니 先王이 以하여 享于帝하
상 왈 풍 행 수 상　　　환　　　선 왕　　　이　　　향 우 제

며 立廟하니라
　　입 묘

⇨ 상에 말하였다. "바람이 물 위로 부는 것이 환괘이니, 선왕이 이 이치를 본
받아서 상제에게 제향하고 사당을 세운다."

☞ 사람이 흩어지는 것은 마음에서 시작되니, 흩어짐을 다스리는 것도 마음을 근
본으로 해야 한다.(人之離散 由乎中 治乎散 亦本於中)

효사 爻辭

初六은 用拯호되 馬壯하니 吉하니라 象曰 初六之
초 육　　용 증　　　마 장　　　길　　　　　상 왈 초 육 지

吉은 順也일새라
길　　순 야

⇨ 초육은 구제함을 쓰되 말이 건장하니, 길한 것이다. 상에 말하였다. "초육
의 길함은 순종하기 때문이다."

☞ 건장한 말은 2효를 이른다. 2효는 강중의 재질이 있고 초의 음효는 유순하며 2효와 초효가 모두 응효가 없으니, 응효가 없으면 친하고 가까워 서로 구한다 (馬謂二也).

九二는 渙에 奔其机면 悔亡하리라 象曰 渙奔其机
구 이   환   분 기 궤   회 망   상 왈 환 분 기 궤
는 得願也라
   득 원 야

⇨ 구이는 흩어지는 상황에 그 안석으로 달려가면 후회가 없어지는 것이다. 상에 말하였다. "흩어지는 상황에 안석으로 달려감은 바라는 것을 얻은 것이다."

☞ 흩어지는 때에는 합하는 것을 편안함으로 삼으니, 2효가 험한 가운데에 거하여 급히 초효에 나아감은 편안함을 구해서이다. 안석은 아래로 나아감이다(渙散之時 以合爲安 机者就下也).

六三은 渙其躬이면 无悔니라 象曰 渙其躬은 志在
육 삼   환 기 궁   무 회   상 왈 환 기 궁   지 재
外也일새라
외 야

⇨ 육삼은 그 몸에 있는 것을 흩으면 후회가 없다. 상에 말하였다. "그 몸에 있는 것을 흩으면 후회가 없다는 것은 뜻이 밖에 있기 때문이다."

☞ 뜻이 밖에 있다는 것은 상효와 서로 응함을 이르니, 오직 그 몸에 있는 것만 흩으면 후회가 없는 것이다. 즉 수신하면 후회가 없다(與上相應无悔).

六四는 渙其群이라 元吉이니 渙에 有丘는 匪夷所
육사 환기군   원길   환 유구 비이소

思리라 象曰 渙其群元吉은 光大也라
사   상왈 환기군원길   광대야

⇨ 육사는 흩어지는 상황에서 그 무리를 이루는 것이라 크게 길함이니, 흩어지
  는 상황에서 언덕처럼 많이 모임은 보통 사람이 생각할 수 있는 것이 아니
  다. 상에 말하였다. "흩어지는 상황에서 그 무리를 이루어 크게 길한 것은
  공덕이 광대한 것이다."

☞ 공손하고 겸손한 정도로 강중정의 군주를 보필하여 군신이 공을 함께하니, 이
  때문에 흩어지는 것을 구제하는 것이다(君臣同功 所以能濟渙也).

九五는 渙에 汗其大號면 渙에 王居니 无咎리라 象
구오 환 한기대호 환 왕거 무구   상

曰 王居无咎는 正位也라
왈 왕거무구   정위야

⇨ 구오는 흩어지는 상황에서 땀이 나도록 크게 부르면, 흩어지는 상황에 왕의
  자리에 걸맞게 대처함이니, 허물이 없는 것이다. 상에 말하였다. "왕의 자
  리에 걸맞게 대처하여 허물이 없게 됨은 바른 자리이기 때문이다."

☞ 환괘는 흩어짐을 해로움으로 여기니, 구제하여 합하게 함을 공덕으로 삼는다.
  땀이 나듯이 한다는 것은 합하는 도를 민심에 무젖게 함을 이른다.

上九는 渙에 其血去 逖出하면 无咎리라 象曰 渙其
상구 환 기혈거 적출   무구   상왈 환기

血은 遠害也라
혈   원 해 야

⇨ 상구는 흩어지는 상황에서 그 위험한 곳에서 떠나 멀리 가면 허물이 없어지는 것이다. 상에 말하였다. "그 위험한 곳에서 흩어짐은 해로움을 멀리하는 것이다."

☞ 상효는 3효와 응하나 3효가 험함의 궁극에 거하였으니, 상효가 만약 아래로 3효를 따르면 환산에서 벗어나지 못한다(血謂傷害).

60. 수택절(水澤節)

☵ 감상(坎上) 태하(兌下)

자연(自然)	인도(人道)	덕행(德行)
澤上有水 택 상 유 수	節以制度　不傷財　不害民 절 이 제 도　불 상 재　불 해 민	制數度　議德行 제 수 도　의 덕 행

　　절괘의 자연은 위에 물이 있고 아래에는 못이 있어, 못 위에 물이 고여 있는 형상이다. 못이 물을 받아들임은 한계가 있어 지나치면 넘쳐서 흘러내리는 것이다.

　　따라서 자연을 모방하여 설정한 인도는 높은 지위에 있는 자가 절도로써 법을 만들어 재물을 남용하지 않아 백성을 생활을 해치지 않는 것이다.

　　인도를 실천하는 덕행은 예의 수와 법도를 제정하여 덕행을 의논하고 실행하는 것이다.

節은 亨하니 苦節은 不可貞이니라
절   형   고 절   불 가 정

⇨ 절괘는 형통하니, 고통스러운 절제는 오랫동안 굳게 지킬 수 없다.

☞ 절괘는 절제함을 상징하지만 지나치게 절제해서는 안 된다(節卦象徵節制 但不
可以過度節制).

단사 彖辭

彖曰 節亨은 剛柔分而剛得中할새요 苦節不可貞은
단 왈 절 형   강 유 분 이 강 득 중   고 절 불 가 정

其道窮也일새라 說以行險하고 當位以節하고 中正
기 도 궁 야   열 이 행 험   당 위 이 절   중 정

以通하나라 天地節而四時成하나니 節以制度하여
이 통   천 지 절 이 사 시 성   절 이 제 도

不傷財하며 不害民하나니라
불 상 재   불 해 민

⇨ 단에 말하였다. "절괘가 형통함은 강효와 유효가 반반씩 나누어져 있고 강
이 중을 얻었기 때문이고, 고통스러운 절도를 굳게 지킬 수 없다는 것은
그 도가 궁극하기 때문이다. 기뻐함으로써 험한 일을 행하고, 지위를 맡아
서 절도를 지키고 중정으로써 하여 형통하는 것이다. 천지가 절도가 있어

서 사계절이 이루어지니, 절도로써 법도를 만들어 재물을 상하지 않게 하며 백성을 해치지 않아야 한다."

☞ 절제는 한계를 두어 멈추는 것이니, 중도에 알맞음을 귀하게 여기니, 지나치면 고통스러워 오랫동안 지킬 수 없다(節有限而止也 貴適中過則苦矣 不可固守也).

상사 象辭

象曰 澤上有水節이니 君子以하여 制數度하며 議德
상왈 택 상유수절   군자이   제수도   의덕

行하나니라
행

⇨ 상에 말하였다. "못 위에 물이 있는 것이 절괘이니, 군자가 이 이치를 본받아서 수의 많고 적음과 법도를 제정하며 덕행을 의논한다."

☞ 도리가 마음속에 있는 것을 덕이라 하고, 도리에 따라 행동하는 것을 덕행이라고 한다. 의리는 마땅하게 하는 것이니, 일의 마땅함을 따라서 절제함을 이른다(義者宜也 隨事之宜而裁之也).

효사 爻辭

初九는 不出戶庭이면 无咎리라 象曰 不出戶庭이나
초구   불출호면   무구   상왈   불출호정

知通塞也니라
지통색야

⇨ 초구는 문과 뜰을 나가지 않으면 허물이 없는 것이다. 상에 말하였다. "문과 뜰을 나가지 않아야 하나, 통함과 막힘을 알아야 한다."

☞ 초효는 절괘의 초기이기 때문에 삼가 지켜야 함을 경계하였다. 그러나 사람들이 말에 집착하여 '미생지신尾生之信'처럼 할까 두려워서 통함과 막힘을 알아야 한다고 했다.

九二는 不出門庭이라 凶하니라 象曰 不出門庭凶은
구이 　　불출문정 　　　흉 　　　상왈 불출문정흉

失時 極也일새라
실시 　극야

⇨ 구이는 문과 뜰을 나가지 않으니 흉하다. 상에 말하였다. "문과 뜰을 나가지 않아 흉함은 때를 잃음이 지극하기 때문이다."

☞ 문정을 나가지 않는다는 것은 2효가 양효로서 행할 만한 때를 만났으나 강하고 중정한 5효를 따르지 않고 사사로이 3효를 가까이하여 때를 잃는 것이다.

六三은 不節若이면 則嗟若하리니 无咎니라 象曰
육삼 　　부절약 　　　즉차약 　　　　무구 　　　상왈

不節之嗟를 又誰咎也리오
부절지차 　　우수구야

⇨ 육삼은 절도를 지키지 않으면 슬퍼할 것이니, 허물을 돌릴 곳이 없다. 상에 말하였다. 절도를 지키지 않아서 슬퍼함이니 또 누구를 탓하겠는가."

☞ 절제하는 도는 강함과 중도를 써야 하는데, 양을 타고 자리가 마땅하지 않다.

六四는 安節이니 亨하니라 象曰 安節之亨은 承上
육사　　　안절　　　　형　　　　상왈　 안절지형　　승상

道也라
도야

⇨ 육사는 절도 지키는 것을 편안하게 여김이니, 형통하는 것이다. 상에 말
　하였다. "절도 지키는 것을 편안하게 여겨서 형통함은 상도를 받들기 때
　문이다."

☞ 절제는 편안함을 선으로 삼는데, 음으로서 음의 자리에 거함은 정도를 편안하
　게 여기는 것이다. 상도는 5효를 이른다(節以安爲善).

九五는 甘節이라 吉하니 往하면 有尙하리라 象曰
구오　　감절　　　길　　　왕　　　유상　　　　상왈

甘節之吉은 居位中也일새라
감절지길　　거위중야

⇨ 구오는 절도 지키는 것을 만족하게 여기는 것이라 길하니, 나아가면 가상한
　일이 있는 것이다. 상에 말하였다. "절도 지키는 것을 만족하게 여겨서 길
　함은 처한 자리가 중정하기 때문이다."

☞ 5효는 지위를 담당하여 절제함을 중정으로써 한다.

上六은 苦節이니 貞이라도 凶하고 悔면 亡하리라
상육　　고절　　　정　　　　흉　　　회　　망

象曰 苦節貞凶은 其道窮也일새라
상왈　고절정흉　　　기도궁야

➪ 상육은 절도 지키는 것을 괴롭게 여기니, 바르더라도 흉하고, 뉘우쳐 고치면 흉함이 없어지는 것이다. 상에 말하였다. "절도 지키는 것을 괴롭게 여겨서 바르더라도 흉함은, 그 도가 궁극하기 때문이다."

☞ 절괘의 끝이라 지나치게 절제하여 고통스러워 오랫동안 지키지 못한다.

61. 풍택중부(風澤中孚)

䷼ 손상(巽上) 태하(兌下)

자연(自然)	인도(人道)	덕행(德行)
澤上有風 택 상 유 풍	說而巽 孚乃化邦也 열 이 손 부 내 화 방 야	議獄緩死 의 옥 완 사

　중부괘의 자연은 위에 바람이 있고 아래에는 못이 있어, 못 위의 물에 바람이 스치어 물결이 일어 움직이게 하는 형상이다. 태괘의 괘덕은 기쁨과 윤택하게 함과 길러줌이고 손괘의 덕은 공손함과 들어감과 명령하는 것이다.

　따라서 자연을 본받아 설정한 인도는 기쁨과 공손함으로 행동하여 믿음이 나라의 백성들을 교화시키는 것이다.

　인도를 실천하는 덕행은 죄인들도 믿고 기뻐할 수 있게 옥사를 신중하게 의논하여 사형을 늦추는 것이다.

中孚는 豚魚면 吉하니 利涉大川하고 利貞하니라
중부 　　돈 어　　 길　　 이섭대천　　　 이 정

⇨ 중부괘는 믿음이 돼지와 물고기에까지 미치게 하면 길하니, 큰 내를 건넘이
　 이롭고 정도를 지킴이 이롭다.

☞ 중부괘는 윗사람은 지성으로 아랫사람을 대하고, 아랫사람은 믿음으로 윗사
　 람을 따라 믿음으로 남을 감동시키는 것이다(中孚者信以感物也).

단사 彖辭

象曰 中孚는 柔在內而剛得中할새니 說而巽할새
단왈　 중부　　 유재내이강득중　　　　　 열이손

孚乃化邦也니라 豚魚吉은 信及豚魚也요 利涉大川
부내화방야　　　 돈어길　　 신급돈어야　　 이섭대천

은 乘木舟虛也요 中孚하고 以利貞이면 乃應乎天
　 승목주허야　　 중부　　　이이정　　　 내응호천

也리라
야

⇨ 단에 말하였다. "중부괘는 유가 안에 있고 강이 중을 얻었기 때문이니, 기
　 뻐하고 공손하기 때문에 믿음이 마침내 나라를 감화시키는 것이다. 돼지와
　 물고기라도 길함은 정성이 돼지와 물고기에게도 미치는 것이고, 큰 내를
　 건넘이 이로움은 나무배를 탔는데 비어 있기 때문이고, 중심으로 믿고 정

도 지킴을 이롭게 여기면 마침내 천리에 부응할 것이다."

☞ 믿음이 돼지와 물고기에게도 미친다는 것은 믿음의 도가 지극함을 이른다. 돼
지는 조급하고 물고기는 어리석다(信能及於豚魚 信道至矣. 豚躁魚冥).

상사 象辭

象曰 澤上有風이 中孚니 君子以하여 議獄하며 緩
상왈　택상유풍　　　중부　　군자이　　　　의옥　　　완

死하나니라
사

▷ 상에 말하였다. "못 위에 바람이 부는 것이 중부괘이니, 군자가 이 이치를
본받아서 옥사를 의논하며 사형을 늦춘다."

☞ 군자는 옥사를 의논할 때는 진심을 다하고 사형을 결정할 때는 측은한 마음을
다한다(君子之於議獄盡其忠 於決死極於惻).

효사 爻辭

初九는 虞하면 吉하니 有他면 不燕하리라 象曰 初
초구　　우　　　길　　　유타　　불연　　　　　상왈　초

九虞吉은 志未變也일새라
구우길　　지미변야

⇨ 초구는 잘 헤아려서 믿으면 길하니, 다른 마음을 두면 편안하지 못한 것이다. 상에 말하였다. "초구가 잘 헤아려서 믿으면 길하다는 것은 뜻을 바꾸지 말아야 하기 때문이다."

☞ 처음에 믿을 만한 사람을 잘 헤아린 다음에 믿어야 하기 때문에 경계를 둔 것이며, 이미 얻고 또 다른 사람을 믿으면 편안하지 못하다(度其可信而後從也).

九二는 鳴鶴이 在陰이어늘 其子和之로다 我有好
구 이　　명 학　　재 음　　　　　기 자 화 지　　　아 유 호

爵하여 吾與爾靡之하노라 象曰 其子和之 中心願
작　　　오 여 이 미 지　　　상 왈 기 자 화 지 중 심 원

也라
야

⇨ 구이는 우는 학이 그늘에 있는데 그 새끼가 화답하도다. 나에게 좋은 술잔이 있는데 내 그대와 함께 술잔을 들겠노라. 상에 말하였다. "새끼가 화답함은 중심으로 원하기 때문이다."

☞ 지극한 정성은 멀고 가까움, 어두운 곳과 밝은 곳, 어디에 있어도 감응하여 서로 통함을 이른다(至誠感通).

六三은 得敵하여 或鼓 或罷 或泣 或歌로다 象曰
육 삼　　득 적　　　　혹 고 혹 파 혹 읍 혹 가　　　상 왈

或鼓 或罷는 位不當也일새라
혹 고 혹 파　　위 부 당 야

⇨ 육삼은 적을 만나서 혹 북치고 혹 그만두며, 혹 흐느껴 울기도 하고 혹 노래하도다. 상에 말하였다. "혹 북치고 혹 그만둠은 자리가 마땅하지 않기 때문이다."

☞ 동하고 그침과 근심하고 즐거움이 오직 믿는 자에게 달려있으니, 군자의 소행은 아니다(動息憂樂 皆係乎所信也).

六四는 月幾望이니 馬匹이 亡하면 无咎리라 象曰
육 사　　月기 망　　　　馬 필　　망　　　무 구　　　상 왈

馬匹亡은 絶類하여 上也라
마 필 망　　절 류　　　상 야

⇨ 육사는 달이 거의 보름이 되었으니, 말이 짝을 잃으면 허물이 없는 것이다. 상에 말하였다. "말의 짝이 없어져야 함은 동류를 끊어 버리고 위로 올라가야 하기 때문이다."

☞ 신임하는 도는 오직 전일하게 함에 달려있다. 5효를 따르고 또 초효를 따르면 전일하지 못한 것이다(孚道在一).

九五는 有孚攣如면 无咎리라 象曰 有孚攣如는 位
구 오　　유 부 련 여　　무 구　　상 왈 유 부 련 여　　위

正當也일새라
정 당 야

⇨ 구오는 믿음이 가지고 연합하면 허물이 없는 것이다. 상에 말하였다. "믿음을 가지고 연합한다는 것은 자리가 정당하기 때문이다."

☞ 5효는 군주의 자리로 신임의 주체이니, 지극한 정성으로 천하 사람들을 감동
시켜 한마음으로 묶여 있듯이 해야 한다.

上九는 翰音이 登于天이니 貞이라도 凶하도다 象
상구   한음   등우천   정   흉   상

曰 翰音登于天이니 何可長也리오
왈 한음등우천   하가장야

⇨ 상구는 한음이 하늘로 올라갔으니, 정도를 지키더라도 흉하도다. 상에 말
하였다. "한음이 하늘에 올라갔으니, 어찌 오래가겠는가?"

☞ 닭은 나는 소리만 내고 실제로는 날지 못하는 것이니, 진실함이 안에서는 상
실되고 겉으로만 화려한 자이다. 믿을 사람이 아닌데 믿어서 흉하게 되는 것
이다(信非所信而凶也).

62. 뇌산소과(雷山小過)

☷ 진상(震上) 간하(艮下)

자연(自然)	인도(人道)	덕행(德行)
山上有雷 산 상 유 뢰	小者過而亨也 소 자 과 이 형 야	行過乎恭 喪過乎哀 用過乎儉 행 과 호 공 상 과 호 애 용 과 호 검

    소과괘의 자연은 위에 우레가 있고 아래에는 산이 있어, 산의
위에서 천둥이 치는 형상이다. 진괘 괘의 재료는 아래에 하나의
양이 있고, 간괘 괘의 재료는 위에 하나의 양이 있어, 음이 지나
치게 많은 것이다.

    따라서 자연을 모방하여 설정한 인도는 조금 지나치게 해야
중도에 알맞아 형통하는 것이다.

    인도를 실천하는 덕행은 행실은 공손함을 지나치게 하고, 상
례는 슬픔을 지나치게 하고, 재물을 소비할 때에는 검소함을 지
나치게 하여 중도에 적중하게 하는 것이다.

小過는 亨하니 利貞하니 可小事요 不可大事니 飛
소과　　 형　　 이정　　 가소사　 불가대사　 비

鳥遺之音에 不宜上이요 宜下면 大吉하리라
조유지음　 불의상　　 의하　 대길

➪ 소과괘는 형통하니, 정도를 굳게 지킴이 이로우니, 작은 일은 가하고 큰일
　은 불가하니, 나는 새가 소리를 남김에는 올라감은 마땅하지 않고 내려옴
　이 마땅하다는 교훈이 있으니, (마땅하게 하면) 크게 길한 것이다.

☞ 올라감은 마땅하지 않고 내려옴이 마땅하다는 것은, 지나침을 아래로 과하게
　해야 하고 위로 과하게 하면 안 됨을 이른다. 과하게 함은 바름으로 나아가는
　것이다(過所以就正也).

彖曰 小過는 小者過而亨也니 過以利貞은 與時行
단왈　 소과　　 소자과이형야　　 과이이정　　 여시행

也니라 柔得中이라 是以小事吉也요 剛失位而不中
야　　 유득중　　 시이소사길야　　 강실위이부중

이라 是以不可大事也니라 有飛鳥之象焉하니라 飛
이라　 시이불가대사야　　 유비조지상언　　 비

鳥遺之音 不宜上宜下 大吉은 上逆而下順也일새라
조유지음　 불의상의하 대길　　 상역이하순야

⇨ 단에 말하였다. "소과괘는 작은 일이 지나쳐야 형통한 것이니, 지나치게 하되 정도를 지킴이 이로움은 때와 더불어 행해야 하기 때문이다. 음유가 중을 얻었기 때문에 작은 일이 길한 것이고, 양강이 지위를 잃고 중도를 얻지 못하기 때문에 큰일은 불가한 것이다. 나는 새의 상이 있다. 나는 새가 소리를 남김에 올라감은 마땅하지 않고 내려옴이 마땅하여 대길함은, 올라감은 거스르는 것이고 내려옴은 순리이기 때문이다."

☞ 소과괘는 조금 과하게 해야 형통한다. 음유가 지위와 중도를 얻었기 때문에 작은 일은 과하고 큰일은 불가한 것이다.

상사 象辭

象曰 山上有雷小過니 君子以하여 行過乎恭하며 喪
상왈　산 상 유 뢰 소 과　　군 자 이　　　행 과 호 공　　　　상

過乎哀하며 用過乎儉하나니라
과 호 애　　　용 과 호 검

⇨ 상에 말하였다. "산 위에 우레가 있는 것이 소과괘이니, 군자가 이 이치를 본받아서 행실은 공손함을 과하게 하며, 장례의 일은 슬픔을 과하게 하며, 재물을 쓸 때는 검소함을 과하게 해야 한다."

☞ 때가 마땅히 과하게 해야 할 경우에 과하게 함은 과함이 아니고 마땅함이 된다(時當過而過者宜也).

初六은 飛鳥니 以凶이니라 象曰 飛鳥以凶은 不可
초육　　비조　　이흉　　　상왈 비조이흉　　불가

如何也라
여 하 야

⇨ 초육은 나는 새처럼 빠르게 올라가니 흉한 것이다. 상에 말하였다. "나는
　　새처럼 빠르게 올라가서 흉함은 어떻게 할 수 없는 것이다."

☞ 소과괘의 경계는 올라가는 것은 도리를 거스르는 것이고, 내려오는 것은 도리
　　를 따르는 것이다.

六二는 過其祖하여 遇其妣니 不及其君하고 遇其臣
육이　　과 기 조　　　우 기 비　　불 급 기 군　　　우 기 신

이면 无咎리라 象曰 不及其君은 臣不可過也라
　　무 구　　상 왈 불 급 기 군　　신 불 가 과 야

⇨ 육이는 할아버지를 지나가 할머니를 만나니, 군주에게 이르지 않고 신하를
　　만나면 허물이 없는 것이다. 상에 말하였다. "군주에게 이르지 말아야 함은
　　신하의 분수를 지나쳐서는 안 되기 때문이다."

☞ 할아버지를 지나 할머니를 만난다는 것은 양을 지나 도리어 음을 만나는 것이
　　니, 과하게 하되 너무 과하게 하지 않는 것이다. 소과의 때에는 같은 덕으로
　　서로 응한다.

九三은 弗過防之면 從或戕之니 凶하리라 象曰 從
구삼　　불과방지　　종혹장지　　　흉　　　　　상왈 종

或戕之니 凶如何也오
혹장지　　흉 여 하 야

⇨ 구삼은 지나치게 방비하지 않으면 따라와서 혹 해칠 것이니 흉한 것이다.
　상에 말하였다. "따라와서 혹 해칠 것이니 흉함이 어떠하겠는가?"

☞ 음이 과할 때는 반드시 양을 해치고 소인의 도가 성하면 반드시 군자를 해치
　니, 소인을 방비하는 도는 자신을 바르게 함이 우선이다
　(防小人之道 正己爲先).

九四는 无咎하니 弗過遇之니 往厲必戒라 勿用永
구사　　무구　　　불과우지　　왕려필계　　　물용영

貞이니라 象曰 弗過遇之는 位不當也오 往厲必戒
정　　　　　상왈 불과우지　　위부당야　　왕려필계

는 終不可長也일새라
　종 불 가 장 야

⇨ 구사는 허물이 없으니 지나지 않고 만나니, 가면 위태로우므로 반드시 경계
　해야 하며, 오랫동안 굳게 지킴을 쓰지 말아야 한다. 상에 말하였다. "지나
　치지 않고 만난다는 것은 자리가 마땅하지 않기 때문이고, 가면 위태로우
　므로 반드시 경계해야 하는 것은 끝내 오래 할 수 없기 때문이다."

☞ 4효는 음이 과한 때를 당하여 강으로서 유에 처하여 강함이 지나치지 않으니
　허물이 없는 것이다. 가면 위태로움이 있음은 유를 버리고 강으로 나아가는
　것이다(四當小過之時하여 以剛處柔하여 剛不過也니 是以无咎라往은 去柔而以
　剛進也라).

六五는 密雲不雨는 自我西郊니 公이 弋取彼在穴이
육오   밀운불우   자아서교   공   익취피재혈

로다 象曰 密雲不雨는 已上也일새라
상왈   밀운불우   이상야

⇨ 육오는 구름이 빽빽하나 비가 오지 않음은, 우리 서쪽교외로부터 하기 때문
   이니, 공이 저 구멍에 있는 것을 쏘아서 잡도다. 상에 말하였다. "빽빽하게
   구름이 끼었으나 비가 오지 않음은 너무 올라갔기 때문이다."

☞ 구름만 빽빽하고 비가 오지 않는 것은, 음이 이미 위에 있어서 화합되지 못함
   을 이른다(陰陽不合).

上六은 弗遇過之니 飛鳥離之라 凶하니 是謂災眚이
상육   불우과지   비조이지   흉   시위재생

니라 象曰 弗遇過之는 已亢也라
상왈   불우과지   이항야

⇨ 상육은 만나지 않고 지나치고 떠나가니, 나는 새가 멀리 떠나가는 것이라
   흉하니, 이는 재앙이 생김을 이른다. 상에 말하였다. "만나지 않고 지나치
   고 떠나감은 (음이) 너무 높이 올라갔기 때문이다."

☞ 6효는 음으로서 동체의 끝에 거하여 이치를 어김에 너무 지나친 것이니, 나는
   새의 신속함과 같으니, 이 때문에 재앙이 생기는 것이다(災者天殃 眚者人爲).

63. 수화기제(水火旣濟)

䷾ 감상(坎上) 이하(離下)

자연(自然)	인도(人道)	덕행(德行)
水在火上 수 재 화 상	初吉終亂 利貞 초 길 종 란　이 정	思患而豫防之 사 환 이 예 방 지

　기제괘의 자연은 위에 물이 있고 아래에는 불이 있어, 물이 불 위에 있는 형상이다. 각 효의 위치를 보면 여섯 효가 모두 제 자리를 얻어 양은 양의 자리에 있고, 음은 음의 자리에 있어서 각 효가 마땅함을 얻은 것이니, 만사가 이루어진 괘이다.

　따라서 기제괘 괘의 재료를 모방하여 설정한 인도는 처음에는 길하나 끝에 가서는 혼란할 수 있으니, 정도를 굳게 지키는 것이다.

　인도를 실천하는 덕행은 일을 이루고 나서 정도로써 굳게 지키지 않으면 근심이 이를 것을 생각하여 미리 예방하는 것이다.

旣濟는 亨小하니 利貞하니 初吉하고 終亂하니라
기 제　　형 소　　　이 정　　　초 길　　　종 란

⇨ 기제괘는 형통함이 작은 것이니 정도를 굳게 지킴이 이롭다. 처음에는 길하
고 끝에는 혼란하다.

☞ 기제괘는 천하만사가 이미 이루어진 때이니 완성을 상징하며 수성의 어려움
을 경계한 것이다(象徵完成也).

象曰 旣濟亨은 小者亨也니 利貞은 剛柔正而位當也
단 왈　기 제 형　　소 자 형 야　　이 정　　강 유 정 이 위 당 야

일새라 初吉은 柔得中也요 終止則亂은 其道窮也라
　　　초 길　　유 득 중 야　　종 지 즉 란　　기 도 궁 야

⇨ 단에 말하였다. "기제괘가 형통함은 작은 것이 형통함이니, 정도를 지킴이
이로움은 강유가 바르고 자리가 마땅하기 때문이다. 처음에 길함은 유가
중도를 얻었기 때문이고, 그쳐 있으면(만족하면) 혼란하게 됨은 그 도가 다
하기 때문이다."

☞ 처음에 길함은 막 이룰 때이고, 끝에 혼란함은 이룸이 지극하면 뒤집히기 때
문이다. 이로움이 성취한 것을 굳게 지키는 데 있다(利在貞固以守之也).

象曰 水在火上이 旣濟니 君子以하여 思患而豫防之
상왈 수재화상　　기제　　군자이　　　사환이예방지

하나니라

⇨ 상에 말하였다. "물이 불 위에 있는 것이 기제괘이니, 군자가 이 이치를 본
　받아서 환난이 올 것을 생각하여 미리 방비한다."

☞ 일이 이미 이루어졌으면 반드시 파괴됨이 있는 것이다. 그래서 미리 헤아려
　방비하고 경계해야 하는 것이다.

효사 爻辭

初九는 曳其輪하며 濡其尾면 无咎리라 象曰 曳其
초구　　예기륜　　　유기미　　무구　　　상왈　예기

輪은 義无咎也니라
륜　　의무구야

⇨ 초구는 수레바퀴를 끌 듯이 가며, 그 꼬리를 적시듯이 하면 허물이 없는
　것이다. 상에 말하였다. "수레바퀴를 끌 듯이 해야 하는 것은, 그렇게 해야
　의리상 허물이 없기 때문이다."

☞ 수레바퀴를 뒤로 끌고 꼬리를 적신다는 것은 나아가지 말아야 함을 경계한
　말이다(旣濟之時 不知已則至於咎也).

六二는 婦喪其茀이나 勿逐하면 七日에 得하리라
육이 부상기불 물축 칠일 득

象曰 七日得은 以中道也라
상왈 칠일득 이중도야

⇨ 육이는 부인이 수레의 가리개를 잃었으나, 쫓아가 찾지 않아도 7일에 얻을
것이다. 상에 말하였다. "7일에 얻음은 중도로써 하기 때문이다."

☞ 부인婦人이란 그 당시의 여인 중의 군자를 가리킨다. 여인 중의 소인을 '여자
女子'라고 하였다.

九三은 高宗이 伐鬼方하여 三年克之니 小人勿用이
구삼 고종 벌귀방 삼년극지 소인물용

니라 象曰 三年克之는 憊也라
    상왈 삼년극지 비야

⇨ 구삼은 고종이 귀방을 정벌하여 3년 만에 이겼으니, 소인은 쓰지 말아야
한다. 상에 말하였다. "3년 만에 이겼다는 것은 고달픈 것이다."

☞ 고종高宗은 상尙(BC1765~BC1122)나라의 22대 왕이다. 귀방鬼方은 상나라와
주(BC1121~BC249)의 시대 서북쪽에 있었던 종족의 명칭이다.

六四는 繻에 有衣袽하고 終日戒니라 象曰 終日戒
육사 수 유의여 종일계 상왈 종일계

는 有所疑也라
  유소의야

⇨ 육사는 배에 물이 점점 스며듦에 옷과 헌 옷을 가지고 종일토록 경계해야 한다. 상에 말하였다. "종일토록 경계함은 의심할 것이 있기 때문이다."

☞ 이루어진 일이 절반을 지나면 서서히 파괴되는 것이 자연의 법칙이다. 인사에 있어서는 미리 대비해야 함을 경계한 것이다(物極必反).

九五는 東隣殺牛 不如西隣之禴祭 實受其福이니라
구 오   동 린 살 우 불 여 서 린 지 약 제 실 수 기 복

象曰 東隣殺牛 不如西隣之時也니 實受其福은 吉
상 왈 동 린 살 우 불 여 서 린 지 시 야   실 수 기 복   길

大來也야라
대 래 야

⇨ 구오는 동쪽 이웃에서 소를 잡아 제사를 지내는 것이, 서쪽 이웃에서 검소한 제사를 지내 실제로 그 복을 받음만 못하다. 상에 말하였다. "동쪽 이웃에서 소를 잡아 제사 지냄이, 서쪽 이웃의 때에 맞는 제사를 지냄만 못하니, 실제로 그 복을 받음은 길함이 크게 오는 것이다."

☞ 소를 잡는 것은 성대한 제사이고 '약禴'은 간략한 제사이다. 제사로써 시운의 중요함을 말하였다.

※『맹자』에서는 하지 않아도 저절로 되는 것은 천운(시운)이라고 하였다(莫之爲而爲者 天也).

上六은 濡其首라 厲하니라 象曰 濡其首厲니 何可
상 육   유 기 수   려   상 왈 유 기 수 려   하 가

久也리오
구 야

⇨ 상육은 그 머리를 적심이니 위태롭다. 상에 말하였다. "머리를 적셔 위태로
  움이니 어찌 오래 할 수 있겠는가?"

☞ 이루어진 것이 궁극함에 이르렀고, 감괘(험함)의 극함으로 음으로써 처하였으
  니 매우 위태로운 것이다.

64. 화수미제(火水未濟)

☲☵ 이상(離上) 감하(坎下)

자연(自然)	인도(人道)	덕행(德行)
火在水上 화 재 수 상	不當位 剛柔應也 부 당 위 강 유 응 야	愼辨物 居方 신 변 물 거 방

　미제괘의 자연은 위에 불이 있고 아래에는 물이 있어, 불이 물의 위에 있는 형상이다. 각 효의 위치를 보면 여섯 효가 모두 제자리를 잃어, 음은 양의 자리에 있고 양은 음의 자리에 있어, 마땅하지 않아서 아무것도 이루지 못한 상태이다. 그러나 효마다 응함의 원조가 있다.

　따라서 자연을 모방하여 설정한 인도는 자리는 비록 마땅하지 않으나, 양강과 음유가 서로 응하고 서로 도와서 형통할 수 있는 방도가 있다.

　인도를 실천하는 덕행은 신중하게 물건을 변별하여 제자리에 있게 하는 것이다.

未濟는 亨하니 小狐汔濟나 濡其尾니 无攸利하니라
미제　　형　　　소 호 흘 제　　유 기 미　　　무 유 리

⇨ 미제괘는 형통하니, 어린 여우가 거의 건넜으나 그 꼬리를 적시니, 이로운
것이 없다.

☞ 역은 변역하여 다하지 않기 때문에, 기제괘의 뒤에 미제괘로 받아서 마친 것
이다(易者 變易而不窮也 故旣濟之後 受之以未濟而終焉).

彖曰 未濟亨은 柔得中也요 小狐汔濟는 未出中也
단왈　미제형　　유 득 중 야　　소 호 흘 제　　미 출 중 야

요 濡其尾无攸利는 不續終也라 雖不當位나 剛柔
　유 기 미 무 유 리　　불 속 종 야　　수 부 당 위　　강 유

應也니라
응 야

⇨ 단에 말하였다. "미제괘가 형통함은 유가 중도를 얻었기 때문이고, 어린 여
우가 거의 건넜다는 것은 험한 가운데에서 아직 벗어나지 못한 것이고, 꼬
리를 적셔 이로운 것이 없다는 것은 끝마침을 잇지 못하는 것이다. 비록
자리가 마땅하지 않으나 강과 유가 서로 응한다."

☞ 미제괘는 미완성을 상징한다(未濟象徵未完成).

象曰 火在水上이 未濟니 君子以하여 愼辨物하여
상왈 화재수상　　미제　　군자이　　　　신변물

居方하나니라
거 방

⇨ 상에 말하였다. "불이 물 위에 있는 것이 미제괘이니, 군자가 이 이치를 본
받아서 신중하게 사물을 분별하여 제자리에 있게 한다."

☞ 미제괘는 물과 불이 사귀지 못하여 서로 쓰임이 되지 못하고, 괘의 여섯 효가
모두 제자리를 잃었기 때문에 미제라 한 것이다(未濟 水火不交 不相爲用 卦之
六爻 皆失其位 故爲未濟).

효사 爻辭

初六은 濡其尾니 吝하나니라 象曰 濡其尾는 亦不知
초육　　유기미　　인　　　　　상왈 유기미　　　역부지

極也라
극 야

⇨ 초육은 그 꼬리를 적시니 막히는 것이다. 상에 말하였다. "그 꼬리를 적심
은 또한 알지 못함이 지극한 것이다."

☞ 짐승이 물을 건널 때는 반드시 꼬리를 드는데, 꼬리가 젖으면 건너가지 못한
다(獸之濟水 必揭其尾니 尾濡則不能濟也).

九二는 曳其輪이면 貞하여 吉하리라 象曰 九二貞
구이 예기륜 정하여 길하리라 상왈 구이정

吉은 中以行正也일새라
길 중이행정야

⇨ 구이는 수레바퀴를 끌 듯이 가면 정도를 지키는 것이라 길한 것이다. 상에 말
  하였다. "구이가 정도를 지켜서 길함은 중도로써 바름을 행하기 때문이다."

☞ 수레바퀴를 거꾸로 끌어 그 세를 줄이고 그 나아감을 늦춰야 하니, 강을 쓰기
  를 지나치게 함을 경계한 것이다(倒曳其輪 殺其勢 緩其進 戒用剛之過也).

六三은 未濟에 征이면 凶하나 利涉大川하니라 象
육삼 미제 정이면 흉하나 이섭대천하니라 상

曰 未濟征凶은 位不當也일새라
왈 미제정흉 위부당야

⇨ 육삼은 미제에 나아가면 흉하나 큰 내를 건넘은 이롭다. 상에 말하였다.
  "미제에 가면 흉하다는 것은 자리가 마땅하지 않기 때문이다."

☞ 험함이 끝남은 험함을 벗어날 이치가 있다. 위에 강양의 응이 있으니, 만약
  험함을 건너고 가서 따른다면 구제할 것이다. 그러므로 대천을 건넘이 이로운
  것이다(坎者險也陷也).

九四는 貞이면 吉하여 悔亡하리니 震用伐鬼方하여
구사 정이면 길하여 회망하리니 진용벌귀방하여

三年에야 有賞于大國이로다 象曰 貞吉悔亡은 志行
삼년에야 유상우대국이로다 상왈 정길회망 지행

也라
야

⇨ 구사는 정도를 굳게 지키면 길하여 후회가 없는 것이니, 떨쳐 일어나서 귀방을 정벌해서 3년이 되어야 대국에게 상을 받는 것이다. 상에 말하였다. "정도를 굳게 지켜야 길하여 뉘우침이 없어짐은 뜻이 행해지는 것이다."

☞ 천하의 어려움을 구제함은 강건한 재질이 아니면 할 수 없다. 옛사람들은 심하게 힘쓰는 것을 귀방을 정벌한다고 하였다(鬼方之伐 貞之至也).

六五는 貞이라 吉하여 无悔니 君子之光에 有孚하
육오 정 길 무회 군자지광 유부

여 吉하니라 象曰 君子之光은 其暉吉也라
길 상왈 군자지광 기휘길야

⇨ 육오는 정도를 지켜 길하여 후회가 없으니, 군자의 빛남에 정성이 있어서 길한 것이다. 상에 말하였다. "군자의 빛남은 그 밝고 길한 것이다."

☞ 5효는 문명의 주체이다. 그러므로 그 빛남을 말하였다. 군자의 덕이 성하고 공로가 실제로 이에 걸맞음은 정성이 있기 때문이다(君子德輝而功實稱之 有孚也).

上九는 有孚于飮酒면 无咎어니와 濡其首면 有孚에
상구 유부우음주 무구 유기수 유부

失是하리라 象曰 飮酒濡首 亦不知節也라
실시 상왈 음주유수 역부지절야

⇨ 상구는 믿음을 가지고 술을 마시면 허물이 없지만, 머리를 적시도록 마시면 믿음이 있더라도 마땅함을 잃는 것이다. 상에 말하였다. "술을 마시는데 머리를 적심은 또한 절제를 모르는 것이다."

☞ 상효는 지위가 없으니 구제할 의무가 없다. 천운을 즐거워하고 천명을 따르면 되는 것이다. 술을 마심은 스스로 즐거워함이요, 유부는 스스로 마음속에 있는 것을 믿는 것이다(當樂天順命而已 飮酒自樂也 有孚自信于中也).

임계주역 I 육십사괘 해

林溪周易 I · 六十四卦 · 解

이규희 역주

조현숙 · 최경애 교열

三 一 文 化 院

▣ 역전서(易傳序)

易은 變易也니 隨時變易하여 以從道也라 其爲書
역 　 번역야 　 수시번역 　 이종도야 　 기위서

也廣大悉備하여 將以順性命之理하며 通幽明之故
야광대실비 　 장이순성명지리 　 통유명지고

하며 盡事物之情하여 而示開物成務之道也니 聖人
　 진사물지정 　 이시개물성무지도야 　 성인

之憂患後世 可謂至矣로다 去古雖遠이나 遺經이
지우환후세 가위지의 　 거고수원 　 유경

尙存이라 然而前儒는 失意以傳言하고 後學은 誦
상존 　 연이전유 　 실의이전언 　 후학 　 송

言而忘味하니 自秦而下로 蓋无傳矣라 予生千載之
언이망미 　 자진이하 　 개무전의 　 여생천재지

後하여 悼斯文之湮晦하여 將俾後人으로 沿流而求
후 　 도사문지인회 　 장비후인 　 연류이구

源일새 此傳所以作也라 易有聖人之道四焉하니 以
원 　 차전소이작야 　 역유성인지도사언 　 이

言者尙其辭하고 以動者尙其變하고 以制器者尙其
언자상기사 　 이동자상기변 　 이제기자상기

象하고 以卜筮者尙其占하니 吉凶消長之理와 進退
상 　 이복서자상기점 　 길흉소장지리 　 진퇴

存亡之道가 備於辭하니 推辭考卦하면 可以知變이니
존망지도 　 비어사 　 추사고괘 　 가이지변

象與占은 在其中矣니라 君子居則觀其象而玩其辭
상여점 　 재기중의 　 군자거즉관기상이완기사

하고 動則觀其變而玩其占하나니 得於辭요 不達其
동 즉 관 기 변 이 완 기 점 　　　득 어 사 　　부 달 기

意者는 有矣어니와 未有不得於辭而能通其意者也
의자 　　유의 　　　　미 유 부 득 어 사 이 능 통 기 의 자 야

라 至微者는 理也요 至著者는 象也니 體用一源이
지 미 자 　　리 야 　　지 저 자 　　상 야 　　체 용 일 원

요 顯微无間이니 觀會通하여 以行其典禮하면 則
현 미 무 간 　　　관 회 통 　　　이 행 기 전 례 　　즉

辭无所不備라 故로 善學者는 求言을 必自近하나
사 무 소 불 비 　　고 　　선 학 자 　　구 언 　　필 자 근

니 易於近者는 非知言者也라 予所傳者는 辭也니
이 어 근 자 　　비 지 언 자 야 　　여 소 전 자 　　사 야

由辭以得其意는 則在乎人焉이라
유 사 이 득 기 의 　　즉 재 호 인 언

有宋元符二年己卯正月庚申에 河南程頤正叔은 序
유 송 원 부 이 년 기 묘 정 월 경 신 　　　하 남 정 이 정 숙 　　　서

하노라

국 역

　　역은 변역함이니 때에 따라 변역하여 도를 따르는 것이다. 주역책은 광대
하여 모두 갖추어져 있어 장차 성명의 이치를 순히 하고 유명의 원인을 통달
하고 사물의 실정을 다하여, 사물의 이치를 깨우쳐주어 일을 이루게 하는

방도를 보여준 것이니, 성인이 후세를 근심하심이 지극하다고 이를 만하다.

지나간 옛날은 비록 멀지만 남아있는 경전은 아직 보존되어 있다. 그러나 선유들은 말만 전하여 뜻을 잃고 후학들은 말만 암송하여 의미를 잃었으니, 진나라 이래로는 전함이 없었다. 나는 천년 후에 태어나서 이 글이 없어짐을 안타깝게 여겨 장차 후세 사람들에게 흐름을 거슬러 올라가 근원을 찾게 하였으니, 이것이 「역전」을 짓게 된 이유이다.

역에는 성인의 도가 네 가지가 있으니, 이것을 써서 말하는 자는 그 말을 숭상하고, 이것을 써서 행동하는 자는 그 변화를 숭상하고, 이것을 써서 기물을 만드는 자는 그 모양을 숭상하고, 이것을 써서 점을 치는 자는 그 점괘를 숭상한다. 길흉·소장의 이치와 진퇴·존망의 방도가 말에 갖추어져 있으니, 말을 미루어 괘를 상고하면 변화를 알 수 있으니, 상과 점이 그 가운데에 들어 있다.

군자가 거처할 때에는 그 상을 관찰하여 글을 익히고 행동할 때에는 변화를 관찰하여 점사를 살펴보니, 말을 알고도 뜻을 통달하지 못한 자는 있지만 말을 알지 못하고서 뜻을 통달할 수 있는 자는 있지 않다.

지극히 은미한 것은 이치이고 지극히 드러난 것은 상이다. 본체와 쓰임이 한 근원이요 드러남과 은미함이 간격이 없으니, 만나서 통하는 것을 보아 전례대로 행하면 말이 갖추어지지 않음이 없다. 그러므로 잘 배우는 자는 반드시 가까운 데서 말을 구하니, 가까운 것을 쉽게 여기는 자는 진리를 아는 자가 아니다. 내가 전하는 것은 말이니, 말로 말미암아 뜻을 아는 것은 사람에게 달려있다.

송나라 원부2년 기묘년 정월 경신일에 하남의 정이 정숙이 서문을 쓰다.

▣ 역서(易序)

易之爲書는 卦爻彖象之義備하여 而天地萬物之情
역지위서　　　괘효단상지의비　　　이천지만물지정

이 見하니 聖人之憂天下來世 其至矣로다 先天下
　　현　　　성인지우천하내세 기지의　　　선천하

而開其物하고 後天下而成其務라 是故로 極其數하
이개기물　　　후천하이성기무　　시고　　극기수

여 以定天下之象하고 著其象하여 以定天下之吉凶
　　이정천하지상　　　저기상　　　이정천하지길흉

하니 六十四卦와 三百八十四爻는 皆所以順性命之
　　육십사괘　　삼백팔십사효　　개소이순성명지

理하고 盡變化之道也라 散之在理則有萬殊하고 統
리　　진변화지도야　　산지재리즉유만수　　통

之在道則无二致하니 所以易有太極하여 是生兩儀
지재도즉무이치　　　소이역유태극　　　사생양의

하니 太極者는 道也요 兩儀者는 陰陽也니 陰陽은
　　태극자　　도야　　양의자　　음양야　　음양

一道也요 太極은 无極也라 萬物之生에 負陰而抱
일도야　　태극　　무극야　　만물지생　　부음이포

陽하여 莫不有太極하며 莫不有兩儀하니 絪縕交感
양　　　막불유태극　　　막불유양의　　　인온교감

하여 變化不窮이라 形一受其生하고 神一發其智하
　　변화불궁　　　형일수기생　　　신일발기지

여 情僞出焉하며 萬緖起焉하니 易은 所以定吉凶
　　정위출언　　　만서기언　　　역　　소이정길흉

하여 而生大業이라 故로 易者는 陰陽之道也요 卦
이생대업 고 역자 음양지도야 괘

者는 陰陽之物也요 爻者는 陰陽之動也니 卦雖不
자 음양지물야 효자 음양지동야 괘수부

同이나 所同者는 奇偶요 爻雖不同이나 所同者는
동 소동자 기우 효수부동 소동자

九六이라 是以로 六十四卦爲其體하고 三百八十四
구륙 시이 육십사괘위기체 삼백팔십사

爻互爲其用하여 遠在六合之外하고 近在一身之中
효호위기용 원재육합지외 근재일신지중

하여 暫於瞬息과 微於動靜에 莫不有卦之象焉하며
잠어순식 미어동정 막불유괘지상언

莫不有爻之義焉하니 至哉라 易乎여 其道는 至大
막불유효지의언 지재 역호 기도 지대

而无不包하고 其用은 至神而无不存하니 時固未始
이무불포 기용 지신이무부존 시고미시

有一 而卦未始有定象하며 事固未始有窮 而爻亦未
유일 이괘미시유정상 사고미시유궁 이효역미

始有定位라 以一時而索卦면 則拘於无變이니 非易
시유정위 이일시이색괘 즉구어무변 비역

也요 以一事而明爻면 則窒而不通이니 非易也며
야 이일사이명효 즉질이불통 비역야

知所謂卦爻象 象之義而不知有卦爻象象之用도 亦
지소위괘효단 상지의이부지유괘효단상지용 역

非易也라 故로 得之於精神之運 心術之動하여 與
비역야 고 득지어정신지운 심술지동 여

天地合其德하며 與日月合其明하며 與四時合其序
천 지 합 기 덕　　　 여 일 월 합 기 명　　　 여 사 시 합 기 서

하며 與鬼神合其吉凶然後에 可以謂之知易也라 雖
　　 여 귀 신 합 기 길 흉 연 후　　 가 이 위 지 지 역 야　　 수

然이나 易之有卦는 易之已形者也요 卦之有爻는
연　　　 역 지 유 괘　　　 역 지 이 형 자 야　　 괘 지 유 효

卦之已見者也니 已形已見者는 可以言知어니와 未
괘 지 이 현 자 야　　 이 형 이 견 자　　 가 이 언 지　　　 미

形未見者는 不可以名求하니 則所謂易者는 果何如
형 미 견 자　　 불 가 이 명 구　　　 즉 소 위 역 자　　 과 하 여

哉아 此는 學者所當知也니라
재　　 차　　 학 자 소 당 지 야

국 역

『주역』책에는 괘·효·단·상의 뜻을 갖추어져 천지만물의 실정이 드러나
있으니, 성인이 천하후세를 근심하심이 지극하다. 천하보다 앞서서 사물의
이치를 열어주고, 천하보다 뒤에 하여도 그 일을 이루게 한다. 이 때문에 그
수를 지극히 하여 천하의 상을 정하고 그 상을 드러내어 천하의 길흉을 정하
였으니, 64괘와 384효는 모두 성명의 이치를 따르게 하고 변화의 도에 다
대처하게 한 것이다.

흩어져서 이치에 있으면 만 가지로 다름이 있고, 통합하여 도에 있으면
두 가지 이치가 없다. 이 때문에 역에 태극이 있어 이것이 양의를 낳는 것이
니, 태극은 도이고 양의는 음양이니, 음양은 하나의 도이며 태극은 무극이
다. 만물이 태어날 적에 음을 등지고 양을 안아 태극이 있지 않음이 없고

양의가 있지 않음이 없으니, 천지의 기운이 쌓이고 교감하여 변화가 다하지 않는다.

형체가 한번 생명을 받고 정신이 한번 지혜를 발하여 진실과 거짓이 생겨나며 만 가지 단서가 일어나니, 역은 길흉을 정하여 대업을 낳는 것이다. 그러므로 역은 음양의 도이고 괘는 음양의 물건이고 효는 음양의 동함이니, 괘는 비록 같지 않으나 같은 것은 양수와 음수이고, 효는 비록 같지 않으나 같은 것은 구와 육이다. 이 때문에 64괘가 본체가 되고 384효가 서로 쓰임이 되어 멀리는 육합의 밖에 있고 가까이는 한 몸의 가운데에 있어, 짧은 순식간과 움직이고 고요함의 작은 것에도 괘의 상이 있지 않음이 없고 효의 뜻이 있지 않음이 없는 것이다.

지극하다, 역이여! 그 도가 지극히 커서 포함하지 않은 것이 없고 그 쓰임이 지극히 신묘하여 있지 않은 것이 없으니, 때는 진실로 일찍이 똑같음이 없고 괘는 일찍이 정해진 상이 없으며, 사물은 일찍이 다함이 없고 효 역시 일찍이 정해진 위치가 없다. 한 때로써 괘를 찾으면 변화가 없음에 구애되니 역이 아니고, 한 가지 일로써 효를 밝히면 막혀서 통하지 못하니 역이 아니며, 이른바 괘·효·단·상의 뜻만 알고, 괘·효·단·상의 쓰임을 알지 못해도 역이 아니다.

그러므로 정신의 운용과 마음의 움직임에서 터득하여 천지와 덕이 합하고 일월과 밝음이 합하고 사계절과 순서가 합하고 귀신과 길흉이 합한 뒤에야 역을 안다고 말할 수 있는 것이다. 그러나 역에 괘가 있는 것은 역의 이치가 이미 나타난 것이고 괘에 효가 있는 것은 괘의 의미가 이미 드러난 것이니, 이미 나타나고 이미 드러난 것은 말로써 알 수 있으나, 아직 나타나지 않고 아직 드러나지 않은 것은 이름을 붙여 구할 수 없으니, 이른바 역은 과연 어떠한 것인가? 이는 배우는 자가 마땅히 알아야 할 것이다.

임계주역 I 육십사괘 해

林溪周易 I · 六十四卦 · 解

- ▣ 팔괘 생성도(八卦 生成圖)
- ▣ 소성괘 구성(小成卦 構成)
- ▣ 복희 팔괘도(伏羲 八卦圖)
- ▣ 문왕 팔괘도(文王 八卦圖)
- ▣ 팔괘 가족 차서도(八卦家族次序圖)
- ▣ 십이소식괘(十二消息卦)
- ▣ 육십사괘 일람표 (六十四卦 一覽表)
- ▣ 육십사괘 색인표(六十四卦 索引表)

▣ 팔괘 생성도(八卦 生成圖)

八坤地 팔곤지 坤三絕 곤삼절	七艮山 칠간산 艮上連 간상련	六坎水 육감수 坎中連 감중련	五巽風 오손풍 巽下絕 손하절	四震雷 사진뢰 震下連 진하련	三離火 삼리화 離中絕 이중절	二兌澤 이태택 兌上絕 태상절	一乾天 일건천 乾三連 건삼련	八卦 팔괘
☷	☶	☵	☴	☳	☲	☱	☰	
太陰 태음 ☷			少陽 소양 ☳			少陰 소음			太陽 태양		四象 사상

(표 구조)

太陰 태음	少陽 소양	少陰 소음	太陽 태양	四象 사상
⚏	⚎	⚍	⚌	
음陰 (--)		양陽 (—)		兩儀 양의
◐ (태극 문양)				太極 태극

▣ 소성괘 구성(小成卦 構成)

괘상(卦象)	괘명(卦名)	괘의 상징(象徵)	괘의 특징(特徵)
☰	건괘(乾卦)	일건천(一乾天)	건삼련(乾三連)
☱	태괘(兌卦)	이태택(二兌澤)	태상절(兌上絕)
☲	이괘(離卦)	삼리화(三離火)	이중절(離中絕)
☳	진괘(震卦)	사진뢰(四震雷)	진하련(震下連)
☴	손괘(巽卦)	오손풍(五巽風)	손하절(巽下絕)
☵	감괘(坎卦)	육감수(六坎水)	감중련(坎中連)
☶	간괘(艮卦)	칠간산(七艮山)	간상련(艮上連))
☷	곤괘(坤卦)	팔곤지(八坤地)	곤삼절(坤三絕)

▣ 복희 팔괘도(伏羲 八卦圖)

태(兌)	건(乾)	손(巽)
☱	☰	☴
동남(東南)	남(南)	서남(西南)
리(離)		감(坎)
☲		☵
동(東)		서(西)
진(震)	곤(坤)	간(艮)
☳	☷	☶
동북(東北)	북(北)	서북(西北)

▣ 문왕 팔괘도(文王 八卦圖)

손(巽)	리(離)	곤(坤)
☴	☲	☷
동남(東南)	남(南)	서남(西南)
진(震)		태(兌)
☳		☱
동(東)		서(西)
간(艮)	감(坎)	건(乾)
☶	☵	☰
서북(西北)	북(北)	동북(東北)

▣ 팔괘 가족 차서도(八卦家族次序圖)

건괘(乾卦) 부(父) ☰			곤괘(坤卦) 모(母) ☷		
진괘(震卦) ☳	감괘(坎卦) ☵	간괘(艮卦) ☶	손괘(巽卦) ☴	이괘(離卦) ☲	태괘(兌卦) ☱
장남(長男)	중남(中男)	소남(少男)	장녀(長女)	중녀(中女)	소녀(少女)

▣ 십이소식괘(十二消息卦)

중천건 ☰ 사월(巳)	천풍구 오월(午)	천사둔 미월(未)	천지비 신월(申)
택천쾌 진월(辰)			풍지관 유월(酉)
뇌천대장 묘월(卯)			산지박 술월(戌)
지천태 인월(寅)	지택림 축월(丑)	지뢰복 자월(子)	중지곤 해월(亥)

▣ 육십사괘 일람표 (六十四卦 一覽表)

1 중천건 重天乾	2 중지곤 重地坤	3 수뢰준 水雷屯	4 산수몽 山水蒙	5 수천수 水天需	6 천수송 天水訟	7 지수사 地水師	8 수지비 水地比

9 풍천소축 風天小畜	10 천택리 天澤履	11 지천태 地天泰	12 천지비 天地否	13 천화동인 天火同人	14 화천대유 火天大有	15 지산겸 地山謙	16 뇌지예 雷地豫

17 택뢰수 澤雷隨	18 산풍고 山風蠱	19 지택림 地澤臨	20 풍지관 風地觀	21 화뢰서합 火雷噬嗑	22 산화비 山火賁	23 산지박 山地剝	24 지뢰복 地雷復

25 천뢰무망 天雷无妄	26 산천대축 山天大畜	27 산뢰이 山雷頤	28 택풍대과 澤風大過	29 중수감 重水坎	30 중화리 重火離	31 택산함 澤山咸	32 뇌풍항 雷風恒

33 천산돈 天山遯	34 뇌천대장 雷天大壯	35 화지진 火地晉	36 지화명이 地火明夷	37 풍화가인 風火家人	38 화택규 火澤睽	39 수산건 水山蹇	40 뇌수해 雷水解

41 산택손 山澤損	42 풍뢰익 風雷益	43 택천쾌 澤天夬	44 천풍구 天風姤	45 택지췌 澤地萃	46 지풍승 地風升	47 택수곤 澤水困	48 수풍정 水風井

49 택화혁 澤火革	50 화풍정 火風鼎	51 중뢰진 重雷震	52 중산간 重山艮	53 풍산점 風山漸	54 뇌택귀매 雷澤歸妹	55 뇌화풍 雷火豊	56 화산려 火山旅

57 중풍손 重風巽	58 중택태 重澤兌	59 풍수환 風水渙	60 수택절 水澤節	61 풍택중부 風澤中孚	62 뇌산소과 雷山小過	63 수화기제 水火旣濟	64 화수미제 火水未濟

■ 육십사괘 색인표(六十四卦 索引表)

하괘 \ 상괘	일건천 乾三連	이태택 兌上絕	삼리화 離虛中	사진뢰 震下連	오손풍 巽下絕	육감수 坎中連	칠간산 艮上連	팔곤지 坤三絕
일건천	1 중천건	43 택천쾌	14 화천대유	34 뇌천대장	9 풍천소축	5 수천수	26 산천대축	11 지천태
이태택	10 천택리	58 중택태	38 화택규	54 뇌택귀매	61 풍택중부	60 수택절	41 산택손	19 지택림
삼리화	13 천화동인	49 택화혁	30 중화리	55 뇌화풍	37 풍화가인	63 수화기제	22 산화비	36 지화명이
사진뢰	25 천뢰무망	17 택뢰수	21 화뢰서합	51 중뢰진	42 풍뢰익	3 수뢰준	27 산뢰이	24 지뢰복
오손풍	44 천풍구	28 택풍대과	50 화풍정	32 뇌풍항	57 중풍손	48 수풍정	18 산풍고	46 지풍승
육감수	6 천수송	47 택수곤	64 화수미제	40 뇌수해	59 풍수환	29 중수감	4 산수몽	7 지수사
칠간산	33 천산돈	31 택산함	56 화산려	62 뇌산소과	53 풍산점	39 수산건	52 중산간	15 지산겸
팔곤지	12 천지비	45 택지췌	35 화지진	16 뇌지예	20 풍지관	8 수지비	23 산지박	2 중지곤

▣ 이규희(李圭姬)
■ 성균관대학교. 박사졸업
■ 삼일문화원 출판사, 임계학당 대표

▣ 조현숙(趙賢淑)
■ 성균관대학교 유학대학원 석사졸업
■ ㈜ 티케이물산 대표

▣ 최경애(崔卿愛)
■ 한국외국어대학교 철학과 강사
■ 고운 최치원도서관 연구원

임계주역 I 육십사괘 해

초판 인쇄 2021년 11월 10일
초판 발행 2021년 11월 25일

역 자 李圭姬
발행인 李圭姬
발행처 三一文化院
주 소 서울시 종로구 운니동 65-1 오피스텔월드 502호
전화번호 010-5282-8413 (정창균 사무국장)
네이버블로그 삼일문화원(https://blog.naver.com/samil384/222538989612)

보급처 ㈜박이정 | 경기도 하남시 조정대로45 미사센텀비즈 7층 749호
전 화 031) 792-1195
이메일 pijbook@naver.com
등 록 2014년 8월 22일 제2020-000029호

ISBN 978-11-5848-662-4 03140

* 책값은 뒤표지에 있습니다.